本书是教育部人文社会科学重点研究基地重大项目"英国社会转型研究"(项目批准号：16JJD770026)的成果之一,得到南开大学世界近现代史研究中心资助

国家出版基金项目
NATIONAL PUBLICATION FOUNDATION

国家"十三五"重点图书出版规划项目
教育部人文社会科学重点研究基地重大项目

英国社会转型研究丛书

主　编　钱乘旦

维多利亚时代的道德建设

姜德福　著

南京师范大学出版社

图书在版编目(CIP)数据

维多利亚时代的道德建设/姜德福著. —南京：
南京师范大学出版社，2021.3
（英国社会转型研究丛书/钱乘旦主编）
ISBN 978-7-5651-4756-2

Ⅰ.①维… Ⅱ.①姜… Ⅲ.①公民教育－社会公德教育－研究－英国－19世纪 Ⅳ.①D756.14

中国版本图书馆 CIP 数据核字(2021)第 045162 号

丛 书 名	英国社会转型研究丛书
丛书主编	钱乘旦
书 名	维多利亚时代的道德建设
著 者	姜德福
策划编辑	郑海燕 朱海榕
责任编辑	郑海燕
出版发行	南京师范大学出版社
地 址	江苏省南京市玄武区后宰门西村 9 号(邮编:210016)
电 话	(025)83598919(总编办) 83598412(营销部) 83598712(编辑部)
网 址	http://press.njnu.edu.cn
电子信箱	nspzbb@njnu.edu.cn
照 排	南京开卷文化传媒有限公司
印 刷	上海雅昌艺术印刷有限公司
开 本	787 毫米×1092 毫米 1/16
印 张	18.5
字 数	284 千
版 次	2021 年 3 月第 1 版 2021 年 3 月第 1 次印刷
书 号	ISBN 978-7-5651-4756-2
定 价	882.00 元(第 1 辑 9 册)
出 版 人	张志刚

南京师大版图书若有印装问题请与销售商调换

总　序

钱乘旦

《英国社会转型研究丛书》由南京师范大学出版社出版,这是英国史研究领域的又一项成果,通过这项研究,我们希望对英国工业革命以来社会方面的各种变化进行深入的探讨,进而寻找一些对中国现代化有益的启迪。

作为世界上第一个完成现代转型的国家,英国确实很值得了解。工业革命改变了社会结构,原有的社会体系容不下新的变化,于是冲突就出现了,造成了许多社会问题,比如劳工问题、妇女问题、犯罪问题、贫穷问题、教育问题、儿童问题、人口结构问题等等。这些问题在传统的农业社会是被自然消化的,溶解在农村共同体之中。工业革命把它们分解成一个一个单独的问题,而且每一个问题都可能变得非常严重,影响国家的整体发展。由于英国是现代化的先行者,它是在茫然中逐步意识到这些问题的,用了很长的时间才发现在经济迅速发展的情况下社会也是快速变化的,单凭积累财富无法解决社会问题;而社会问题不予解决,就会引发混乱,影响国家大局稳定,造成严重后果。在弄清楚这个道理后,英国又用更长的时间去设法解决这些问题,而解决的过程又非常艰难曲折,充满挑战,绝非一蹴而就。所以,了解这些过程和解决问题的办法就很有必要了,它能提供很好的知识参照,为思考中国的问题开启路径。

我们这套丛书的目的就是通过深入的学术研究，了解英国的那些问题，探讨其解决方案，评估其结果。从历史的发展看，英国在解决社会问题方面是基本成功的，工业革命造成的一系列严重的社会问题到 20 世纪下半叶差不多都解决了，从那个时候起，英国社会就一直相对稳定，很少发生严重冲突。当然，新的问题也会产生，比如英帝国解体遗留的有色人种移民问题，由此引发的种族隔阂和文化差异问题等，这些问题又需要人们寻找新的解决方案。

　　我曾多次说过：任何国家的现代化必须完成三项任务，一是建立现代国家，二是发展现代经济，三是建设现代社会。建立现代国家是现代化的前提，没有这个前提，便不能展开现代化。发展现代经济是现代化的关键内容，由此而形成工业社会。建设现代社会是现代化过程中最艰巨的任务，随着工业社会的出现，整个社会都要发生变化，引发一系列深刻的社会变革；而现代化能否成功，往往取决于社会现代化能不能完成。在英国，建立现代国家的过程从都铎王朝就开始了，经历漫长的变化到 18 世纪才基本结束。接下来就进入了经济快速发展的时期，启动了工业革命，使英国成为世界上第一个工业化国家。第三项任务几乎与工业革命同时出现，但人们的认识非常滞后，一直到 19 世纪下半叶才认真执行，进入了所谓的"改革年代"。由此，我们看到了一系列的社会改革，逐一解决了工业革命带来的许多问题。经过大约一个世纪的努力，第三项任务才大体完成了，一个比较清晰的现代国家在英国出现。为完成这三项任务，英国差不多用了五百年时间！

　　英国是第一个进入现代转型过程的国家，因此它不慌不忙（事实上是不知不觉）地完成了这三项任务；而且，这三项任务几乎是一项接一项出现的，因此相比于其他国家，英国的发展过程相对悠闲（而且缓慢）。然而对其他国家来说，就不能如此不慌不忙、不紧不慢了，因为作为现代化的后来者，它们必须"追赶"，才能跟上时代的步伐。所以在其他国家，现代化的三项任务经常是重叠的,也就是一项任务套一项任务,也许同时呈现在人们面前。如此之下,英国的经历就相当重要了,我们看一看英国的经历,就应该知道现代化需要解决哪些问题,以及会碰到哪些问题,还有英国是如何解决的。后起国家的领导者们尤其需要了解这些,以便他们在领导国家的过程中多有远见,少走弯路。

中国现代化面对着这种情况,中国的现代化有一种紧迫感。就目前而言,中国现代化大体上处在第一项任务基本完成、第二项任务成绩斐然、第三项任务刚开始被人们意识到并开始打算去完成的阶段上。为此,这套书就把重点放在英国社会转型研究方面了,以期对读者们有所启示。

2020年2月2日,于北大

目　录

1　　总　序 / 钱乘旦

6　　导　论

22　**第一章　维多利亚宫廷的道德垂范**
24　　一、女王伉俪的忠贞爱情
31　　二、王室子女的道德教育
36　　三、宫廷道德风气的改善

44　**第二章　禁酒运动**
46　　一、酗酒问题的恶化
54　　二、禁酒组织及其活动
80　　三、禁酒运动的成效

85　**第三章　社会净化运动**
87　　一、日益严重的卖淫问题
99　　二、废除《传染病法》运动
106　三、社会净化运动

131　**第四章　教会与道德建设**
134　一、教会与禁酒运动

146　二、教会与社会净化运动

156　**第五章　思想文化界的道德关怀**
158　一、恩格斯对英国道德问题的认识
172　二、马修·阿诺德的道德思想
187　三、塞缪尔·斯迈尔斯的道德思想
210　四、查尔斯·狄更斯的道德关怀

221　**第六章　有关道德问题的立法**
224　一、有关政治腐败问题的立法
235　二、有关卖淫问题的立法
242　三、有关食品掺假问题的立法

256　**结　语**

267　**参考文献**

279　**译名对照**

294　**后　记**

导 论

1. 选题意义与价值

作为现代化进程的先行国,英国花费了近百年时间,完成了从传统向现代的社会转型。英国在社会转型过程中遭遇的问题、对这些问题的解决及其经验教训,一直是学术界英国史研究中受到重点关注的问题。但是,相对于劳资关系、环境污染、贫困救济、犯罪等问题,英国转型过程中的社会道德问题研究并没有得到足够的重视。

在近代转型时期,英国社会出现诸多社会道德问题。经济生活中的造假、投机、欺骗,酗酒问题与卖淫问题的恶化,甚至犯罪问题的增多,都和道德失范有着极大的关系。这些社会道德问题极大地影响了英国社会的秩序稳定和发展,甚至威胁到国家政权的稳固。为此,英国政府、教会和社会有识之士大声疾呼,他们或者倡导回归传统道德;或者积极探索新的社会道德规范,试图填补道德真空;或者通过强化宗教信仰,来洗涤被污染的灵魂,强化道德教化;或者由国家政权出面,通过法制手段,用法律来解决道德失范而引发的社会问题。通过长期努力,一种适合现代工业社会的道德规范逐渐确立,并与法律一道,成为英国现代工业社会发展的保障。

作为原生形态的现代化国家,英国在近代社会转型时期遭遇的社会道德问题,政府、教会和社会有识之士对这些问题的认识,他们提出的思想主张,采取的措施与行动,这些措施与行动的成效、经验与教训,都具有典型性和极高的学术研究价值。与此同时,这项研究不仅对那些在社会转型时期都要经历"道德阵痛"的国家,而且对我国解决改革开放以来出现的社会道德问题,都具有极大的借鉴意义。

2. 研究概况综述

作为英国历史上一个非常重要的转型时期,维多利亚时代一直是史家们研究的重点课题,国内外史学界关于维多利亚时代的研究成果可谓汗牛充栋。在这些研究成果中,有相当多的综合性研究或专题性研究成果涉及维多利亚时代道德问题,只不过多为一带而过,并未赋予其过多笔墨。而专以维多利亚时代道德问题为主题的研究成果,在整个维多利亚时代研究成果中只占极小份额。大致来看,关于维多利亚时代道德问题的研究成果以专题研究居多,且主要围绕以下问题展开。

第一,关于维多利亚时代禁酒运动的研究。

酗酒问题是维多利亚时代的一个严重社会问题,禁酒运动是维多利亚时代道德建设的重要组成部分。国外史学界对这一问题的研究成果较多,且以英国史学界的研究成果为主。早在1854年,理查德·巴雷特(Richard Barrett)就出版了《禁酒运动:起源、过程与成就》,对英国禁酒运动的缘起、进展以及取得的成绩做了分析。① 在这之后,这方面的研究成果就一直未断。塞缪尔·库林(Samuel Couling)的《大不列颠及爱尔兰禁酒运动史》,对自兴起时到作者所处年代的禁酒运动做了比较全面的描述。② 威廉·霍伊尔(William Hoyle)的《饮酒50年,及其对这个国家的财富与工业利益的影响》对禁酒运动开展以来取得的成绩做了回顾,认为禁酒运动的目标远未达到,禁酒运动目标的实现任重道远。③ P. T. 温斯基尔(P. T. Winskill)的《禁酒运动及其参加者》重点对禁酒运动的支持者与参加者进行了研究。④ 约瑟夫·朗特里(Joseph Rowntree)和阿瑟·舍韦尔(Arthur Sherwell)的《禁酒问题与社会改革》对19世纪的禁酒运动做了总结性

---

① Richard Barrett, *The Temperance Movement: Its Rise, Progress and Results*, London: Mark Lane, 1854.
② Samuel Couling, *History of the Temperance Movement in Great Britain and Ireland*, London: William Tweedie, 1862.
③ William Hoyle, *Fifty Years of Drinking, and Its Influence upon the Wealth and Industrial Well-Being of the Nation*, Manchester: United Kingdom Alliance, 1880.
④ P. T. Winskill, *The Temperance Movement and Its Workers*, London: Blackie and Son, 1892.

研究,与威廉·霍伊尔一样,他们也认为禁酒运动的目标还没有真正实现。① 布莱恩·哈里森(Brian Harrison)的《饮酒与维多利亚时代的人:1815—1872年英国的禁酒问题》分阶段研究了禁酒运动,并对各个社会阶层、各种社会力量在禁酒运动中的表现及作用做了深入分析。② A. E. 丁格尔(A. E. Dingle)的《维多利亚时代英国的禁售运动:联合王国联盟,1872—1895》对"联合王国禁止贩运所有烈酒联盟"(United Kingdom Alliance for the Suppression of the Traffic in all Intoxicating Liquors)开展的通过立法打击酒类贸易的斗争做了描述,分析了禁酒运动失败背后的一些深层次原因。③ 莉莲·刘易斯·希曼(Lilian Lewis Shiman)的《维多利亚时代英国的反饮酒斗争》对禁酒运动的诸多因素做了分析,尤其在福音禁酒、主日停业运动、蓝带运动等方面做了很好的研究。④ 约翰·格里纳韦(John Greenaway)的《饮酒与1830年以来的不列颠政治:一项关于政策制定的研究》分析了饮酒对1830年以来英国政治的影响,并对英国解决酗酒问题的六种方法做了述评。⑤ 由于国外相关著作与论文数量众多,这里只选取具有代表性的若干著作加以说明。相比之下,国内史学界对维多利亚时代禁酒运动的研究就显得单薄许多。到目前为止,还没有相关的专门著作问世,已有成果都为期刊论文或学位论文。其中主要的有:许志强的《19世纪英国禁酒运动与工人文化转向》、曾亚英的《英国维多利亚时期的女性酗酒现象分析》、魏子任和丁双双的《近代英国陆军士兵酗酒问题及禁酒

---

① Joseph Rowntree and Arthur Sherwell, *The Temperance Problem and Social Reform*, London: Hodder and Stoughton, 1899.
② Brian Harrison, *Drink and the Victorians: The Temperance Question in England 1815 – 1872*, London: Faber and Faber, 1971.
③ A. E. Dingle, *The Campaign for Prohibition in Victorian England: The United Kingdom Alliance, 1872 – 1895*, London: Croom Helm, 1980.
④ Lilian Lewis Shiman, *Crusade Against Drink in Victorian England*, Basingstoke: Macmillan, 1988.
⑤ John Greenaway, *Drink and British Politics Since 1830: A Study in Policy-Making*, Basingstoke: Palgrave Macmillan, 2003.

运动》、邱振裕的《论 1829—1853 年英国的禁酒运动》、陈礼伟的《马修神父与 19 世纪爱尔兰禁酒运动研究》、王晨辉的《英国 19 世纪禁酒运动研究》等。① 从国内外学界已有的研究成果来看,在以下问题上还有许多研究工作可做,如教会在禁酒运动中的作用,无论是国教会、天主教会,还是不奉国教派、福音派,他们在禁酒运动中的作用还有待进一步研究;各种禁酒组织之间的关系还有待厘清;禁酒运动中的宣传工作仍然需要深入探索;对道德劝诫与法律强制在禁酒运动中的作用的研究也还不能令人满意。

第二,关于维多利亚时代社会净化运动的研究。

卖淫问题是维多利亚时代又一个严重的社会问题,废除《传染病法》运动、以改造妓女和消除卖淫现象为目的的社会净化运动也成为维多利亚时代道德建设研究的重要组成部分。朱迪思·R. 沃尔克维茨(Judith R. Walkowitz)的《卖淫与维多利亚社会:女性、阶级与国家》从女性、阶级与国家的角度对废除《传染病法》运动进行了研究,分析了废除《传染病法》运动当中代表性人物、主要协会组织的活动及其作用。② 保罗·麦克休(Paul McHugh)的《卖淫与维多利亚时代社会改革》研究了维多利亚时代社会改革在解决卖淫问题上进行的努力,描述了"废除派"在废除《传染病法》运动中所使用的斗争手段,分析了废除协会与教会各派组织在废除《传染病法》运动中的地位与作用。③ 葆拉·巴特利(Paula Bartley)的《卖淫:1860—

---

① 许志强:《19 世纪英国禁酒运动与工人文化转向》,《苏州科技学院学报》2014 年第 3 期,第 53—59 页;曾亚英:《英国维多利亚时期的女性酗酒现象分析》,《绵阳师范学院学报》2015 年第 1 期,第 133—137 页;魏子任、丁双双:《近代英国陆军士兵酗酒问题及禁酒运动》,《军事历史研究》2013 年第 3 期,第 64—71 页;邱振裕:《论 1829—1853 年英国的禁酒运动》,南京大学硕士学位论文,2015 年;陈礼伟:《马修神父与 19 世纪爱尔兰禁酒运动研究》,南京大学硕士学位论文,2016 年;王晨辉:《英国 19 世纪禁酒运动研究》,北京师范大学博士学位论文,2015 年。
② Judith R. Walkowitz, *Prostitution and Victorian Society: Women, Class, and the State*, Cambridge: Cambridge University Press, 1980.
③ Paul McHugh, *Prostitution and Victorian Social Reform*, London: Routledge, 1980.

1914年英国的预防与改革》对维多利亚时代严重的卖淫问题进行了分析,对社会净化运动中的感化与矫正妓女、对年轻女工与少女提供教育与培训、援助单亲母亲、向议会请愿推进相关立法工作、提升男性性道德、打击色情出版物等活动,进行了较为全面的描述,对社会净化运动中两大组织"白十字军"和"全国警惕协会"的活动做了分析,对社会净化运动的成效做了全面深入的探讨。① 爱德华·布里斯托(Edward Bristow)的《恶习与警惕:1700年以来不列颠的净化运动》对17世纪晚期到现代英国历史上开展的道德运动进行了研究,认为"全国警惕协会"的建立及其活动是19世纪英国道德运动的一个高潮。② 特雷弗·费舍尔(Trevor Fisher)的《丑闻:维多利亚晚期不列颠的性政治》分析了维多利亚时代晚期围绕废除《传染病法》运动的政治斗争,肯定了废除《传染病法》运动及约瑟芬·巴特勒在维多利亚时代道德建设中的作用。③ L.哈伊-库珀(L. Hay-Cooper)的《约瑟芬·巴特勒及其社会净化工作》详细叙述了约瑟芬·巴特勒对维多利亚时代社会净化运动的贡献。④ 另外,迈克尔·马森(Michael Mason)的《维多利亚时代性观念的形成》、杰弗里·威克斯(Jeffrey Weeks)的《性、政治与社会:1800年以来的性控制》、斯蒂芬·彼得罗(Stefan Petrow)的《道德管制:1870—1914年的都市警察与内政部》等书虽非专门研究废除《传染病法》运动和社会净化运动的专著,但也都涉及这方面的内容。⑤ 国内学

---

① Paula Bartley, *Prostitution: Prevention and Reform in England, 1860-1914*, London: Routledge, 2000.
② Edward Bristow, *Vice and Vigilance: Purity Movements in Britain Since 1700*, Dublin: Gill and Macmillan, 1977.
③ Trevor Fisher, *Scandal: The Sexual Politics of Late Victorian Britain*, Gloucestershire: Alan Sutton Publishing Ltd., 1995.
④ L. Hay-Cooper, *Josephine Butler and Her Work for Social Purity*, London: S. P. C. K., 1922.
⑤ Michael Mason, *The Making of Victorian Sexual Attitudes*, Oxford: Oxford University Press, 1994; Jeffrey Weeks, *Sex, Politics and Society: The Regulation of Sexuality Since 1800*, Harlow: Longman Group Ltd., 1981; Stefan Petrow, *Police Morals: The Metropolitan Police and the Home Office, 1870-1914*, Oxford: Clarendon Press, 1994.

界在这方面的专门研究非常少,仅见于少数几篇论文,如韩红华的《19世纪英国城市的娼妓问题》,曾亚英的《维多利亚时期英国城市的娼妓问题》,邹翔的《维多利亚时代的〈接触传染病法〉与中下层妇女的废法运动》,毛利霞的《19世纪末英格兰社会净化运动》《约瑟芬·巴特勒与维多利亚时代废除〈传染病法〉运动》《19世纪英国围绕性病防治的争端》等。[1] 从这些成果来看,以往学界的研究还存在以下不足:对除了巴特勒夫人以外的社会净化运动中的重要人物研究不够,对报刊在社会净化运动中的作用重视不够,对社会净化组织的斗争手段与方法研究不够深入,对社会净化运动中的两大组织"白十字军"和"全国警惕协会"的研究不足,对教会在社会净化运动中的地位与作用重视不够。

第三,关于维多利亚时代打击食品掺假问题的研究。

从19世纪起,国外学界特别是英国学界就开始了对维多利亚时代打击食品掺假问题的研究。但直到20世纪60年代,这方面的研究才开始引起重视。约翰·伯内特(John Burnett)的《丰裕与贫乏:1815年以来的英国食品史》对1860年和1875年英国关于食品掺假的两个法令进行了重点研究。[2] 英格堡·保卢斯(Ingeborg Paulus)的《追求洁净食品:不列颠立法的社会学研究》也重点研究了包括1875年法令和1899年法令在内的19世纪下半叶英国食品立法的发展进程。[3] 迈克尔·弗伦奇(Michael

---

[1] 韩红华:《19世纪英国城市的娼妓问题》,南京大学硕士学位论文,2007年;曾亚英:《维多利亚时期英国城市的娼妓问题》,《妇女研究论丛》2005年第3期,第69—73页;邹翔:《维多利亚时代的〈接触传染病法〉与中下层妇女的废法运动》,《世界近现代史研究》(第八辑),北京:社会科学文献出版社,2011年,第142—152页;毛利霞:《19世纪末英格兰社会净化运动》,《历史教学》2017年第12期,第51—59页;毛利霞:《约瑟芬·巴特勒与维多利亚时代废除〈传染病法〉运动》,《北方论丛》2015年第4期,第101—107页;毛利霞:《19世纪英国围绕性病防治的争端》,《世界历史》2016年第5期,第17—28页。

[2] John Burnett, *Plenty and Want: A Social History of Food in England from 1815 to the Present Day*, Harmondsworth: Penguin, 1966.

[3] Ingeborg Paulus, *The Search for Pure Food: A Sociology of Legislation in Britain*, London: Martin Robertson and Co. Ltd., 1974.

French)和吉姆·菲利普斯(Jim Phillips)的《受骗还是中毒? 1875—1938年联合王国的食品监管》对1875年至1938年间英国的食品监管进行了全面研究,维多利亚时代的打击食品掺假问题是其重要内容之一。① 另外,罗杰·斯科拉(Roger Scola)的《养育维多利亚时代的城市:1770—1870年曼彻斯特的食品供应》②、R. C. 切恩赛德(R. C. Chirnside)和 J. H.哈曼思(J. H. Hamence)的《"尽职的化学家":1874—1974年分析化学协会史》③等著作中也都有关于维多利亚时代打击食品掺假问题的研究内容。国内学界对维多利亚时代打击食品掺假问题的研究成果不多,专著只有一部,即魏秀春的《英国食品安全立法与监管史研究(1860—2000)》④;相关论文有若干篇,如刘金源、骆庆的《19世纪伦敦市场上的牛奶掺假问题》,魏秀春的《1875—1914年英国牛奶安全监管的历史考察》,兰教材的《19世纪初英国食品药品掺假泛滥的历史原因》《论英国媒体的食品药品掺假观(1850—1860)》,温小辉的《维多利亚时期英国食品掺假问题研究》等。⑤ 需要指出的是,国内外学界的相关研究成果都是从食品安全的角度来开展研究的,虽说许多研究成果很深入也很全面,且对打击食品掺假涉及的商业道德有所涉猎,但并未将其作为重点来进行深入研究,没有对打击食品掺假在构建维多利亚时代商业道德方面的作用做出应有的评价。

---

① Michael French and Jim Phillips, *Cheated Not Poisoned? Food Regulation in the United Kingdom, 1875‑1938*, Manchester: Manchester University Press, 2000.
② Roger Scola, *Feeding the Victorian City: The Food Supply of Manchester, 1770‑1870*, Manchester: Manchester University Press, 1992.
③ R. C. Chirnside and J. H. Hamence, *The Practising Chemists: A History of the Society for Analytical Chemistry, 1874‑1974*, London: The Society for Analytical Chemistry, 1974.
④ 魏秀春:《英国食品安全立法与监管史研究(1860—2000)》,北京:中国社会科学出版社,2013年。
⑤ 刘金源、骆庆:《19世纪伦敦市场上的牛奶掺假问题》,《世界历史》2014年第1期,第66—75页;魏秀春:《1875—1914年英国牛奶安全监管的历史考察》,《历史教学》2010年第12期,第27—32页;兰教材:《19世纪初英国食品药品掺假泛滥的历史原因》,《哈尔滨师范大学社会科学学报》2018年第3期,第142—144页;兰教材:《论英国媒体的食品药品掺假观(1850—1860)》,《吉林广播电视大学学报》2018年第12期,第122—124页;温小辉:《维多利亚时期英国食品掺假问题研究》,河北大学硕士学位论文,2018年。

除了上述三类较为集中地探讨道德建设问题的研究之外,学界还对以下问题开展了研究。

首先,对于教会在维多利亚时代道德建设中的作用问题,学界有足够的认识,在一些相关研究成果中也涉及教会在禁酒运动、社会净化运动中的作用,涉及教会在主日学校及街坊文教馆(Settlement Houses)的建立与运行中的作用,但少有专门的研究成果。如前文所述,在学界研究维多利亚时代禁酒运动和社会净化运动的成果中,有不少都谈到了教会在其中的作用问题。而在学界研究主日学校和街坊文教馆的成果中,也可以看到这方面的情况。例如,托马斯·沃尔特·拉奎尔(Thomas Walter Laqueur)的《信仰与尊重:1780—1850年的主日学校与工人阶级文化》、特吕格弗·R. 索福森(Trygve R. Tholfsen)的《维多利亚时代主日学校中的道德教育》、丰华琴的《社会底层的福音——英国街坊文教馆的兴起与功能探析》、许志强的《英国主日学校运动的背景、发展与影响》、陈翠翠的《试论1780—1870年的英国主日学校》等,都或多或少谈到了教会在其中的作用。①

其次,在维多利亚时代,"面对前所未有的变革,当时的文人在思考道德,也即在分析和讨论人应该怎样生活、人与人之间应该是何种关系"②。对于思想文化界在维多利亚时代道德建设中的作用,学界更多地关注这一时期文学创作尤其是小说的作用,这方面的成果也最多。蔡熙的《西方狄更斯研究的道德批评传统及其反思》介绍了西方学界对狄更斯创作中的道

---

① Thomas Walter Laqueur, *Religion and Respectability: Sunday Schools and Working Class Culture, 1780—1850*, New Haven: Yale University Press, 1976; Trygve R. Tholfsen, "Moral Education in the Victorian Sunday School", *History of Education Quarterly*, Vol.20, No.1 (Spring, 1980), pp.77-99;丰华琴:《社会底层的福音——英国街坊文教馆的兴起与功能探析》,《学海》2010年第3期,第126—132页;许志强:《英国主日学校运动的背景、发展与影响》,《历史教学》2011年第14期,第52—57页;陈翠翠:《试论1780—1870年的英国主日学校》,苏州科技学院硕士学位论文,2010年。
② 乔修峰:《巴别塔下:维多利亚时代文人的词语焦虑与道德重构》,北京:中国社会科学出版社,2017年,第1页。

德关怀的重视,①实际上这也在很大程度上反映了国内外学界对维多利亚时代英国作家们的道德关怀的认识与肯定。正如有学者所说,"强烈的社会责任感、批判意识和道德感是维多利亚时期现实主义小说的特点"②。这方面的著作与论文数量较多,在此恕不一一列举。学界对这一时期旅居英国的弗里德里希·恩格斯在《英国工人阶级状况》中体现出来的道德关怀多有研究,这些研究成果分析了恩格斯对工人阶级道德状况的关怀、对利己主义和金钱至上的道德观念的批判。③ 马修·阿诺德的思想一直受到学界关注,相关研究成果很多。在这些成果中,有些成果研究了阿诺德思想中的道德思想。西德尼·库绫(Sidney Coulling)的《马修·阿诺德及其批评者:关于阿诺德争论的研究》分析了阿诺德对市侩习气等道德问题的批判。④ 袁晓军的《文化观念与市侩习气:马修·阿诺德的文化与社会批评》探讨了阿诺德对维多利亚时代社会各个阶层的市侩习气的批评。⑤ 殷企平的《"文化辩护书":19世纪英国文化批评》探讨了阿诺德对消费文化的回应。⑥ 塞缪尔·斯迈尔斯的《自己拯救自己》等书影响很大,人们常常将塞缪尔称为"西方成功学之父",将他的一系列著作称为励志类书籍。

---

① 蔡熙:《西方狄更斯研究的道德批评传统及其反思》,《湖南工业大学学报》2016年第1期,第104—108页。
② 蒋承勇等:《英国小说发展史》,杭州:浙江大学出版社,2006年,第110页。
③ 国内学界相关研究主要有刘戎:《从恩格斯〈英国工人阶级状况〉论当代中国工人阶级的道德现状与认同》,《江苏社会科学》2012年第2期;刘星:《简论〈英国工人阶级状况〉的阶级伦理思想》,《南昌大学学报》2006年第6期;池小平:《无产阶级道德原则的精辟阐述——学习恩格斯〈英国工人阶级状况〉札记》,《内蒙古电大学刊》2006年第2期;杨新新:《诚信首先是经济范畴——重读恩格斯〈英国工人阶级状况〉序言》,《许昌学院学报》2004年第6期;高兆明:《主观善、客观善与商业道德——重读恩格斯〈英国工人阶级状况〉1892年序》,《浙江社会科学》2004年第1期;吴仁平:《恩格斯对资产阶级利己主义和金钱道德的批判及其意义——读恩格斯〈英国工人阶级状况〉》,《宜春学院学报》1995年第1期;朱法贞:《恩格斯伦理思想简论》,《杭州大学学报》1989年第1期。
④ Sidney Coulling, *Matthew Arnold and His Critics: A Study of Arnold's Controversies*, Athens: Ohio University Press, 1974.
⑤ 袁晓军:《文化观念与市侩习气:马修·阿诺德的文化与社会批评》,北京:中国文史出版社,2015年。
⑥ 殷企平:《"文化辩护书":19世纪英国文化批评》,上海:上海外语教育出版社,2013年。

总体来看,学界对维多利亚时代思想文化界的道德关怀的研究还有不足。对狄更斯的道德关怀的研究多关注于他的小说,而他在各种场合发表的演讲,他的随笔、评论等却没有得到足够的重视和分析。对恩格斯在《英国工人阶级状况》中表达的道德思想的研究缺乏整体性,进而影响到对恩格斯道德思想的整体评价。对阿诺德的"文化救世"思想产生的社会文化背景分析中忽略了道德问题产生的影响,对"文化救世"思想中的道德因素重视不够。对斯迈尔斯则是热衷于译介其作品,却没有对其道德思想进行深入研究,国内学界仅有两篇硕士学位论文对其做了相关研究。[1]

再次,关于维多利亚时代的政治腐败问题,学界在这方面的研究也有不少,但多作为英国文官制度改革与议会改革的原因或背景来描述,而且多是一带而过,真正将政治腐败问题及其治理作为主题进行专门研究的不多。例如,程西筠的《由恩赐官职到择优录士——十九世纪中叶英国文官制度的改革》,陈友义的《试论19世纪中期英国文官制度改革》,施兴和、舒一新的《一八六七年英国议会改革起因、动因、后果简论》等都属于这一类的研究成果,在探讨政治腐败问题及其治理方面着墨不多。[2] 与18世纪英国政治腐败问题受到学界高度关注不同,维多利亚时代的政治腐败问题受到的关注度明显较低,相关的研究成果相应也少很多。科尼利厄斯·奥利里(Cornelius O'Leary)的《1868—1911年不列颠选举舞弊行为的消除》,以1868年至1911年为研究时段,对这一时期几次大选中的舞弊问题进行了分析,并对政府通过立法来解决这一问题的过程及成效做了评析。[3] 凯

---

[1] 裴子卫:《塞缪尔·斯迈尔斯的道德教育思想及其当代启示》,西华师范大学硕士学位论文,2016年;潘锐:《斯迈尔斯品格教育理论研究》,湖南师范大学硕士学位论文,2014年。
[2] 程西筠:《由恩赐官职到择优录士——十九世纪中叶英国文官制度的改革》,《世界历史》,1980年第5期,第3—11页;陈友义:《试论19世纪中期英国文官制度改革》,《嘉应大学学报》2003年第1期,第90—93页;施兴和、舒一新:《一八六七年英国议会改革起因、动因、后果简论》,《历史教学问题》1996年第3期,第24—29页。
[3] Cornelius O'Leary, *The Elimination of Corrupt Practices in British Elections, 1868-1911*, New York: Oxford University Press, 1962.

瑟琳·里克斯（Kathryn Rix）的《"不列颠选举舞弊行为消除了?"对1883年〈取缔选举舞弊及非法行为法〉作用的重新评价》则对1883年《取缔选举舞弊及非法行为法》的实施效果做了重新评价。① 张延华的《廉洁与效率：英国两次文官制度改革的共同价值取向》，从廉洁与效率两个维度来研究英国的文官制度改革。② 吴宪的《19世纪末20世纪初英国政治腐败问题探析》，对维多利亚时代政治腐败的表现、原因、影响及政府应对措施进行了研究。③ 邓若迅在《英国贿赂罪改革研究》中，谈到了1889年《公共机构腐败行为法》在打击腐败中的作用。④ 张怀印在《19世纪英国治理选举舞弊现象的法律规制及其借鉴》中，对19世纪英国选举舞弊问题的表现、后果及政府通过的相关法律及其治理效果进行了较为全面的研究。⑤ 但总的说来，对维多利亚时代政治腐败问题的研究还有一些有待加强的地方，如已有研究成果很少将政治腐败作为一个道德建设问题来看待，因而只注重了法律规范，缺少了对道德因素在这方面作用的分析，而且对法律规范之外其他因素的作用也研究不够。

最后，对维多利亚女王及其宫廷在这一时期英国道德建设上的作用的研究，学界显得很不足。国内外关于维多利亚女王的传记很多，学界对她在当时英国政治生活中的地位与作用的研究成果也不少。虽然学界基本认可维多利亚女王及其宫廷在塑造维多利亚道德风尚方面发挥了积极作用，但深入全面的研究成果极少。笔者在"中国知网"上只搜到一篇对维多

---

① Kathryn Rix, "'The Elimination of Corrupt Practices in British Elections?', Reassessing the Impact of the 1883 Corrupt Practices Act", *English Historical Review*, Vol.123, No.500 (February, 2008), pp.65-97.
② 张延华:《廉洁与效率:英国两次文官制度改革的共同价值取向》,《山东师范大学学报》2002年第1期,第31—34页。
③ 吴宪:《19世纪末20世纪初英国政治腐败问题探析》,辽宁大学硕士学位论文,2014年。
④ 邓若迅:《英国贿赂罪改革研究》,《中国刑事法杂志》2012年第3期,第111—116页。
⑤ 张怀印:《19世纪英国治理选举舞弊现象的法律规制及其借鉴》,《湖南科技大学学报》2008年第2期,第67—71页。

利亚女王的社会道德形象进行研究的硕士学位论文。① 在不多的研究成果中,维多利亚女王夫妇的忠贞爱情、他们对子女的严格教育与道德培育,往往成为研究的重点内容。但是,维多利亚女王刻意塑造的道德形象是通过什么途径对民众产生影响的,女王宫廷道德风气的转变是如何实现的,女王宫廷道德风气对社会上层发挥了怎样的作用,这些问题的研究都有待进一步加强。

在维多利亚时代的道德建设过程中,各种协会、志愿组织发挥了重要作用。因此,有些学者将研究目光放在这类志愿组织身上。这方面的研究成果有:M. J. D. 罗伯茨(M. J. D. Roberts)的《塑造英国人的品德:1787—1886 年英国的志愿协会与道德改革》②、袁弋胭的《19 世纪英国中产阶级自愿社团研究》③等。在对维多利亚时代道德建设的评价上,有些学者认为道德整肃、道德改善或道德建设实际是统治阶级社会控制的有效手段。阿兰·亨特(Alan Hunt)在《监管道德:道德规范的社会史》中对此做了研究。④ 对维多利亚时代道德建设进行全面高度思考的研究成果不多,而格特鲁德·西梅尔法布(Gertrude Himmelfarb)的《社会堕落:从维多利亚时代的美德到现代价值观》正是这样的著作,作者在这本书中阐述了维多利亚时代倡导的美德向维多利亚价值观的转变及其影响。⑤ 无论是对道德改善组织的个案研究,还是对维多利亚时代道德建设的整体研究,都还有许多工作可做。

---

① 霍翔:《英国维多利亚女王的历史形象》,苏州科技大学硕士学位论文,2018 年。
② M. J. D. Roberts, *Making English Morals: Voluntary Association and Moral Reform in England, 1787-1886*, Cambridge: Cambridge University Press, 2004.
③ 袁弋胭:《19 世纪英国中产阶级自愿社团研究》,北京:中国社会科学出版社,2017 年。
④ Alan Hunt, *Governing Morals: A Social History of Moral Regulation*, Cambridge: Cambridge University Press, 1999.
⑤ Gertrude Himmelfarb, *The De-Moralization of Society: From Victorian Virtues to Modern Values*, New York: Vintage Books, 1995.

3. 内容简介

维多利亚时代(1837—1901)是英国社会转型的关键时期。这一时期,资本主义虽然促进了生产力的极大发展,但也带来了巨大的社会道德危机。信仰缺失,拜金主义横行,权力与财富成为衡量价值的唯一标准。在这种情况下,经济生活中的造假、投机、欺骗,酗酒问题与卖淫问题的恶化,甚至犯罪问题的增多,都和道德失范有着极大的关系。为扭转这种局面,各种社会力量大声疾呼强化道德建设,各类道德建设的组织纷纷涌现,形成一场道德整肃与道德建设的热潮。这场热潮既是维多利亚时代的英国人对自由市场经济的诱惑的反应,也表现出他们对自由市场经济给社会道德带来的损害的焦虑。

维多利亚女王即位后,有感于此前宫廷堪忧的道德状况,决心重新树立宫廷在全国民众面前的道德形象。女王展现给国民的形象不仅是一个女王,还是一个贤妻良母,她生活严谨、工作刻苦、充满责任感。女王夫妇美满幸福的婚姻生活,他们对王室子女的道德教育,他们对高尚道德的倡导与呼吁,使得维多利亚宫廷成为当时英国社会道德的典范与引导者。

针对当时英国社会存在的道德问题,社会各界纷纷发动起来,他们通过建立希望联合会、联合王国联合会、十字架联盟、不列颠女性禁酒协会、全国禁酒联盟、博尔顿禁酒协会、格拉斯哥禁酒协会等全国性或地方性组织与机构,开展禁酒运动;通过建立社会净化联盟、公共道德促进会、道德改良联盟、英格兰教会净化协会、白十字军等全国性或地方性组织与机构,开展社会净化运动;通过建立博尔顿慈善节俭协会等全国性或地方性组织与机构,开展其他方面的风俗改良运动。

在维多利亚时代,英国出现了继清教运动之后又一次大规模的宗教复兴运动,"牛津运动"、福音主义运动、卫理公会等纷纷兴起或持续活跃。这些教派与运动的主张不尽相同,但无论它们之间的分歧如何,都有一个共同的特征,这就是各派的教义主张总体上与王室及社会有识之士积极倡导的道德伦理相契合。教会积极参与禁酒运动与社会净化运动,建立了主日学校,对青少年进行宗教和道德教育;创办了街坊文教馆,将维多利亚时代的道德观念灌输给穷人,让他们知道,勤奋与节制是获得成功的关键。这些教派与运动帮助上流社会复兴了道德责任感,也帮助大众恢复了道德礼仪的一些标准。

思想文化界人士在道德建设中发挥了重要作用,他们利用各种途径,积极倡导人们过有道德的生活,对道德失范现象进行揭露与抨击,为树立维多利亚时代的道德规范发出强有力的声音。旅居英国的恩格斯十分关注工人阶级的道德,对这个问题做了深入分析,也对资产阶级道德给予了批评。马修·阿诺德主张大力发挥"文化"的道德教谕功能,以此来改变社会上的庸俗风气与功利主义观念。塞缪尔·斯迈尔斯在他的一系列著作中提倡自助、勤勉、节制、整洁、节俭的美德,认为这些是获得成功的重要因素。查尔斯·狄更斯有感于社会道德的堕落,他在作品中揭露与抨击拜金主义、利己主义等道德观念的泛滥。在他的作品中受到批判的社会罪恶,几乎都属于道德范畴,如自私、卑劣、残忍、虚伪、傲慢、欺骗、冷酷无情等,当然,他笔下那些完美的正面人物也都具有高尚、诚实、仁爱等道德品质。

道德建设除了要建立包括价值观念、意识形态在内的软性机制外,还需要建立以政府和法律为代表的硬性机制,该机制的作用就在于对超过一定限度的非道德行为进行惩治。为此,政府在 1855 年颁布了《关于录用王国政府文官的枢密院令》,在 1870 年颁布了第二个关于文官制度改革的枢密院令。议会于 1872 年通过了《秘密投票法》;1883 年通过了《取缔选举舞弊及非法行为法》;1889 年通过了《公共机构腐败行为法》,加强了对于贿选、选举舞弊、官员贪墨等政治腐败问题的整顿与治理。议会还于 1857 年通过了《色情出版物法》;1864、1866、1869 年通过了《传染病法》;1885 年通过了《刑法修正案》,加强了对于色情出版物的打击力度,对卖淫问题加强了管制。议会于1860年通过了《关于地方当局打击食品与饮料掺假行为的议会法令》;1872年通过了《食品与药品掺假法》;1875年通过了《食品与药品销售法》,加强了对食品与药品掺假问题的惩治。

经过几十年的努力,英国社会用更为严苛的道德戒律及礼仪规范来扭转诸多道德问题,一改以前的轻浮放荡,在维多利亚时代建立了严格的道德规范。因此,在一定程度上,"体面""教养""文雅"成为理解维多利亚时代的英国人的关键词。然而,维多利亚时代的道德问题并没有就此得到彻底解决,而且在这种偏向保守的道德高压之下,道德的虚伪又成为一个新的问题,这种现象受到了许多有识之士如萧伯纳等人的揭露与批评。

第一章
维多利亚宫廷的道德垂范

1837年，英国王宫迎来了新主人，她就是18岁的维多利亚女王（Queen Victoria，1837—1901年在位）。亚历山德里娜·维多利亚（Alexandrina Victoria，1819—1901）是英王乔治三世（George Ⅲ，1760—1820年在位）之子肯特公爵的女儿、英王威廉四世（William Ⅳ，1830—1837年在位）的侄女。维多利亚女王自小生活在母亲肯特公爵夫人主宰的肯辛顿宫，受到严格系统的教育，尤其是"简朴、秩序、持重、虔诚这些美德"的教育。① 1837年威廉四世去世后，维多利亚继位，开启了英国历史上的"维多利亚时代"。1840年2月，维多利亚女王与萨克森-科堡-哥达公国的阿尔伯特亲王（Prince Albert）结婚。以女王夫妇为核心的维多利亚宫廷在维多利亚道德风尚的形成过程中发挥了典范作用。

---

① ［英］斯特雷奇：《维多利亚女王传》，薛诗绮译，北京：新星出版社，2017年，第6页。

一、女王伉俪的忠贞爱情

英国民众对于年轻女王的登基及婚姻产生了浓厚的兴趣,并抱有极高的期望。"人们看到这位金发朱颜、纯洁谦逊的小姑娘女王驱车穿过首都大街时,心中充满狂喜、深情和忠诚,尤其是将维多利亚女王与她叔伯们对比时,他们心中就更产生了一种被深深打动的、压倒一切的力量。"①这种情绪的产生,原因在于英国王室在此之前声名不佳,让民众在道德情感上对其嗤之以鼻。

从1714年登基的乔治一世(George Ⅰ,1714—1727年在位)开始,汉诺威王室就不时爆出丑闻。乔治一世的婚姻生活并不幸福。他在1682年与表妹索菲娅·多罗西娅(Sophia Dorothea)结婚,但他们之间没有爱情可言。乔治一世将宫廷女官肯德尔女公爵(Duchess of Kendal)发展为自己的情妇,并将她带到英国。肯德尔女公爵到了英国以后,通过出售官职、爵位与专卖权聚敛财富,还大肆插手英国的政治生活。她与乔治一世生育了3个私生子,在乔治一世与王后索菲娅离婚后俨然以王后自居。王后索菲娅则与柯尼希斯马克伯爵(Count Konigsmarck)私通,乔治一世因此与索菲娅离婚,并将其囚禁在策勒的阿尔登城堡,直至她去世。②乔治一世的

---

① [英]斯特雷奇:《维多利亚女王传》,第42页。
② [英]约翰·坎农主编:《牛津英国历史辞典》,孙立田、庞玉洁等译,北京:人民出版社,2018年,第1315页。

同父异母的妹妹达林顿女伯爵(Countess of Darlington)利用各种机会敛财,在17世纪臭名昭著的"南海泡沫事件"中赚取不义之财,遭到英国民众痛恨,让王室蒙羞。乔治二世(George Ⅱ,1727—1760年在位)虽然很爱他的王后卡罗琳(Queen Caroline),但这并未影响他拥有多个情妇。继位之前,他就在自己的宫中组织豪饮赌博,丝毫不顾及自己的身份。他继位后仍然不改其粗鲁、暴躁的性格,且常常喝得烂醉如泥。他的儿子威尔士亲王弗雷德里克(Frederick)也以喜欢喝酒、赌博和女人而闻名。乔治四世(George Ⅳ,1820—1830年在位)一直沉醉于奢华放纵的生活,酗酒成瘾,挥霍无度,并常常因此欠下巨额债务。他还是个色中饿鬼,18岁时就与女演员玛丽·罗宾逊(Mary Robinson)同居,后来是乔治三世拿出一笔钱压下这一丑闻。1785年他又与信奉天主教的寡妇玛丽亚·菲茨赫伯特(Maria Fitzherbert)秘密成婚,这桩婚事因为违反1701年《王位继承法》和1772年《王室婚姻法》而不被认可。1795年他以乔治三世与议会为他偿还债务为条件,与布伦瑞克的卡罗琳(Caroline of Brunswick)成婚,但两人之间根本没有感情,夏洛特公主出生后不久,他们就开始了分居生活。继承王位后,乔治四世以卡罗琳不忠为由,试图通过议会立法与其离婚,但不仅没有成功,反而引起民众对他本人风流成性的指责;他还禁止卡罗琳使用王后称号,不允许她参加登基大典。与卡罗琳分居后,乔治四世更多时候是与玛丽亚·菲茨赫伯特生活在一起。此外,乔治四世还有多个情妇,其中包括3个贵族夫人。英国讽刺画家詹姆斯·吉尔雷(James Gillray)创作的漫画常以乔治四世为讽刺对象,其中有一幅漫画描绘的是1792年时的乔治(当时的威尔士亲王),画家称其为"生活在消化不良恐惧之中的酒色之徒"[①]。在英国民众的心目中,汉诺威王室的道德形象是极为不堪的。"那些卑鄙肮脏的老家伙,生活放荡,为人自私,头脑愚蠢,行为荒谬,永远

[①] [英]哈维、马修:《19世纪英国:危机与变革》,韩敏中译,北京:外语教学与研究出版社,2007年,第4页。

背着债务、纷争、丑名的包袱。"①乔治三世继位后曾努力整顿宫廷中盛行的骄奢淫逸风气,但其效果也仅限于他在位期间,并未彻底扭转这一局面。然而,随着维多利亚女王登基及其与阿尔伯特亲王结婚,英国王室的形象被彻底扭转了过来。

1840年2月10日,维多利亚女王与阿尔伯特亲王举行婚礼。实际上,早在结婚之前,维多利亚女王与阿尔伯特亲王之间就已经表现出令人艳羡的感情了。在1839年10月29日给舅父、比利时国王利奥波德一世(Leopold Ⅰ)的信中,维多利亚女王说:

> 我是这么地爱阿尔伯特,他简直就是天使,对我非常非常好,他表现出来的对我的宠爱令我非常感动。我相信并希望我能让他得到应有的幸福!我无法忍受与他的分离,因为我们在一起度过了非常幸福、快乐的时光。②

在举行婚礼之前,维多利亚女王一周要写两封信给阿尔伯特亲王,诉说衷肠。她在信中向阿尔伯特亲王表示,"我一定与你分享我的欢乐、痛苦或悲伤,而且我相信你会参与其中","我最大、最迫切的愿望是做最有利于你的任何事"。③ 当然,真挚的情感不是单向的,而是相互的、共同的,而且情感的表达不仅仅停留在口头上,更体现在行动中,体现在日常生活中。

维多利亚女王对这桩婚姻及婚后生活非常满意,她真诚地爱着阿尔伯特亲王,在给利奥波德一世的一些信件中,常常在字里行间表露出这种爱意。在婚礼次日即1840年2月11日给利奥波德一世的信中,维多利亚女

---

① [英]斯特雷奇:《维多利亚女王传》,第42页。
② Arthur Christopher Benson and Viscount Esher, eds., *The Letters of Queen Victoria: A Selection from Her Majesty's Correspondence Between the Years 1837 and 1861*, Vol.1, London: John Murray, 1908, pp.191-192.
③ Arthur Christopher Benson and Viscount Esher, eds., *The Letters of Queen Victoria: A Selection from Her Majesty's Correspondence Between the Years 1837 and 1861*, Vol.1, pp.201, 206.

王说:"能够让他幸福将是我最大的欢乐。"①在1843年2月14日给利奥波德一世的信中,维多利亚女王表示:

> 我生命中最宝贵、最幸福的日子,就是我现在享有的可贵的家庭幸福生活……我十分幸运拥有最完美的人作为生命中的丈夫……我怀疑是否还有人像我对我亲爱的天使这样爱恋和尊敬另一个人!②

维多利亚女王对阿尔伯特亲王的爱意还体现在她关注阿尔伯特亲王的感受,让他享受到生活的欢乐。在1843年10月给利奥波德一世的几封信中,维多利亚女王在谈到他们的旅行时,多次说阿尔伯特玩得很高兴、阿尔伯特对旅行感到非常愉悦。在买下位于怀特岛的奥斯本庄园后,维多利亚女王在给利奥波德一世的信中说:"我最亲爱的阿尔伯特在这里非常高兴,他整天忙于栽培植物、指挥工人等事,这对他是件好事。"③从这些信件中的话语里,我们可以看到,维多利亚女王将阿尔伯特亲王的快乐与幸福视为自己的快乐与幸福,也在不折不扣地履行着她在婚前对阿尔伯特亲王许下的诺言。同样,阿尔伯特亲王也深爱着维多利亚女王,他把这种爱落实在行动上。为了减轻维多利亚女王的负担与压力,让维多利亚女王有更多的时间从事国务活动,阿尔伯特亲王主动承担了大部分的子女教育工作,担负起宫廷管理工作,辅助维多利亚女王处理文件,为维多利亚女王出谋划策。凡此种种,无不让维多利亚女王感到被关爱的幸福,所以,她说她"唯一能祈祷的是我们现在的幸福延续下去"④。在1861年2月12日给利

---

① Arthur Christopher Benson and Viscount Esher, eds., *The Letters of Queen Victoria: A Selection from Her Majesty's Correspondence Between the Years 1837 and 1861*, Vol.1, p.217.
② Arthur Christopher Benson and Viscount Esher, eds., *The Letters of Queen Victoria: A Selection from Her Majesty's Correspondence Between the Years 1837 and 1861*, Vol.1, pp.464-465.
③ Arthur Christopher Benson and Viscount Esher, eds., *The Letters of Queen Victoria: A Selection from Her Majesty's Correspondence Between the Years 1837 and 1861*, Vol.2, p.75.
④ Arthur Christopher Benson and Viscount Esher, eds., *The Letters of Queen Victoria: A Selection from Her Majesty's Correspondence Between the Years 1837 and 1861*, Vol.2, p.20.

奥波德一世的信中，维多利亚女王向舅父讲述了她和阿尔伯特亲王结婚21周年纪念日的情况，她充满深情地说："很少有人能和我说，她们的丈夫在21年后不仅依然充满真正幸福婚姻应有的友爱、善良和感情，而且满怀与我们结婚那天同样的柔情！"①

不幸的是，阿尔伯特亲王在1861年2月14日因病逝世，给他们真挚的爱情过早地画上了句号。痛失所爱让维多利亚女王几乎被击倒。在1861年12月20日给利奥波德一世的信中，维多利亚女王向亲人述说了自己的悲痛之情：

> 那个可怜的8个月大、失去父亲的孩子，现在成了一个伤心欲绝、精神崩溃的42岁的孀妇！我的幸福生活终结了！世界离我而去！如果我必须活下去（我不会做任何让自己沉沦的事情），从今而后是为我们可怜的失去父亲的孩子们——为我不幸的国家而活，随着他的逝去，一切化为乌有——我只做我知道和觉得他想做的事，因为他在我身边——他的灵魂将引导和激励我！但正值壮年的生命戛然而止——眼看着唯一能让我坚守在我极不喜欢的位置上的我们纯洁、幸福的家庭生活，在我42岁的时候被打断——我曾在内心里坚定地希望上帝绝不会让我们分离，会让我们白头偕老（虽然他常说生命短暂）——这太可怕了、太残忍了！②

在1862年1月10日给坎宁伯爵（Earl of Canning）的信中，维多利亚女王向亲人以外的人表达了永失所爱的悲痛：

> 一个人失去生命中的伴侣，如坎宁伯爵理解的，就像一个人失去

---

① Arthur Christopher Benson and Viscount Esher, eds., *The Letters of Queen Victoria: A Selection from Her Majesty's Correspondence Between the Years 1837 and 1861*, Vol.3, p.433.
② Arthur Christopher Benson and Viscount Esher, eds., *The Letters of Queen Victoria: A Selection from Her Majesty's Correspondence Between the Years 1837 and 1861*, Vol.3, pp.473-474.

肉体和灵魂的一半,而且是被强行带走的……但对女王而言——对一个可怜的无助女人而言——还不仅如此——而是失去了支柱、助力和安慰!对女王而言就是失去了生命!①

她决心继承阿尔伯特亲王的遗志,将他未竟的事业进行下去。在1861年12月24日给利奥波德一世的信中,维多利亚女王坚定地表示:

> 我也想再说一件事,那就是我坚定的决心、我不可改变的决定,即他希望和计划的所有事情,他对所有事情的看法就是我的律法!没有任何人间力量能让我背离他决定和希望的事情……我的这一决定尤其适用于我们的孩子——伯蒂等——他已经细心地为他们规划好了未来。②

阿尔伯特亲王逝世后,维多利亚女王在很长时间里未能走出痛苦境地,她郁郁寡欢,穿着服丧的孝服,过着不与外界接触的孀居生活,这种状态几乎一直持续到她去世。而且此后凡是维多利亚女王睡的床,都在右侧枕头上方放有阿尔伯特亲王的半身照片和用灰毛菊扎成的花环。另外,在阿尔伯特亲王用过的一套温莎宫房间里,所有东西都保持原貌,甚至像阿尔伯特亲王在世时一样,每晚将一套替换衣服放在床上,并更换盆中的水。在温莎宫的墙壁上也只悬挂阿尔伯特亲王亲自挂上去的画作,不再悬挂新的绘画作品。③维多利亚女王对丈夫的一往情深,让当时的英国人为之动容。出于对阿尔伯特亲王的深切怀念,同时也为了将阿尔伯特亲王的"天赋和品格如实地印入她臣民的心中",维多利亚女王下令分别于1862年和1880年编辑出版了阿尔伯特亲王的演说、谈话集以及传记,还建造了阿尔伯特纪念馆。④

---

① Arthur Christopher Benson and Viscount Esher, eds., *The Letters of Queen Victoria: A Selection from Her Majesty's Correspondence Between the Years 1837 and 1861*, Vol.3, p.478.
② Arthur Christopher Benson and Viscount Esher, eds., *The Letters of Queen Victoria: A Selection from Her Majesty's Correspondence Between the Years 1837 and 1861*, Vol.3, p.476.
③ [英]斯特雷奇:《维多利亚女王传》,第232—233页。
④ [英]斯特雷奇:《维多利亚女王传》,第186、190页。

维多利亚女王和阿尔伯特亲王在爱情婚姻问题上如此忠贞不渝,除了他们两人相爱以外,还和他们的家庭环境与成长经历有关。维多利亚女王的母亲肯特公爵夫人是德意志人,具有善良、朴实、节俭的德意志传统美德,她对英国王宫中伤风败俗的现象极为震惊与痛恨,因此她就给维多利亚女王从小以良好严格的教育,绝不让她受到英国王宫恶习的丝毫影响,而维多利亚女王也真的没有让她失望。维多利亚女王"天生性格单纯,做事有条不紊;她的虔诚毫不勉强,她很懂得要举止得体。什么行为合乎自己的身份,她知道得一清二楚"[①]。阿尔伯特亲王的成长经历不同于维多利亚女王。阿尔伯特亲王的父母科堡公爵与公爵夫人在婚姻问题上不够严肃,他们在婚姻之外有各自的情人,其结果就是夫妇分居以及随之而来的离婚。离婚后,公爵夫人在巴黎隐居,直至1831年去世。[②] 这种经历让阿尔伯特亲王对父母的婚姻观秉持摒弃态度,他不想走父母的老路,不希望自己的子女也像自己一样面对分离的父母。因此,"在他们的整个婚姻生活中,从没有任何美丽的女性成为维多利亚的竞争对手,引起她片刻的妒忌之苦"[③]。虽然维多利亚女王与阿尔伯特亲王成长于不同的环境中,却对爱情与婚姻有着同样严肃认真的态度。

维多利亚女王与阿尔伯特亲王的爱情婚姻生活在很大程度上改变了人们对王室的看法,"将王室提升到国人拥戴的顶峰,让王室受欢迎的程度超过这个国家历史上的所有王室"[④]。与此同时,也正像《泰晤士报》等报刊上的文章所说,他们为"幸福的家庭生活树立了一个好榜样"[⑤]。

[①] [英]斯特雷奇:《维多利亚女王传》,第21页。
[②] [英]斯特雷奇:《维多利亚女王传》,第75—76页。
[③] [英]斯特雷奇:《维多利亚女王传》,第104页。
[④] Arthur Christopher Benson and Viscount Esher, eds., *The Letters of Queen Victoria: A Selection from Her Majesty's Correspondence Between the Years 1837 and 1861*, Vol.3, p.264.
[⑤] Arthur Christopher Benson and Viscount Esher, eds., *The Letters of Queen Victoria: A Selection from Her Majesty's Correspondence Between the Years 1837 and 1861*, Vol.2, p.27.

二、王室子女的道德教育

1840年11月21日,维多利亚女王与阿尔伯特亲王的第一个孩子维多利亚公主出生,在以后的岁月里,他们一共养育了9个子女。子女教育,尤其是道德教育成为摆在女王夫妇面前的一个重要问题。

自汉诺威王朝建立以来,王室子女的道德教育一直深受诟病。之所以如此,是因为本应作为国民道德典范的王室子女,反而频繁曝出丑闻。乔治二世作为威尔士亲王时的府邸是当时上流社会的豪赌场所。他的儿子弗雷德里克喜欢赌博和女人,在这方面臭名远扬。乔治三世在作为威尔士亲王时也喜欢放纵的奢华生活,并以酗酒和豢养情妇出名。他的几个儿子也都声名不佳:

> 摄政王……成了一个性情乖戾、纵情声色的人……约克公爵跟克拉克夫人的风流韵事以及他在军队中的劣迹,使他陷入困境……一部分时间住在豪华舒适的乡间别墅,在那里他沉溺于赛马、玩牌,听听不登大雅之堂的故事……克拉伦斯公爵多年来一直默默无闻地与女演员乔丹夫人同住在布希公园。他跟她生了一大群子女,当人们感到他们似乎就要结婚时,他突然离开了她……坎伯兰公爵也许算得上是英国最不得人心者。他……在私生活中性

情乖戾，报复心重……曾被怀疑谋杀自己的童仆，还有着不堪入耳的桃色丑闻。①

这种局面的形成，主要有以下原因：自汉诺威王朝建立以来，英国宫廷以及上流社会一直存在着诸多不良风气，诸如赌博、酗酒、豢养情妇、嫖妓等。乔治一世等几代国王自身存在诸多不端行为，正所谓上梁不正下梁歪，国王尚且如此，又怎么能够给王室子女树立良好榜样呢？王室子女道德教育存在不足，既没有给他们在思想上树立正确的道德观念，也没有在行动上树立不可逾越的道德边界。

维多利亚女王和阿尔伯特亲王对子女的教育问题高度重视，他们不希望自己的孩子像他们的先辈那样成为受人诟病的对象，而是希望他们成为道德高尚、有责任心、信仰虔诚、优雅睿智的绅士和淑女。实际上早在结婚之前，在1839年12月11日给阿尔伯特亲王的信中，维多利亚女王就已经表达了自己对子女教育的看法，她认为"如果我们没有得到良好的养育和关照，我们也可能走入歧途"②。为此，他们根据自己所受教育的经验与感受，采取了多种措施，对子女进行严格的教育，尤其重视道德教育。

维多利亚女王与阿尔伯特亲王以身作则，为孩子们树立了良好的父母形象，在道德上给子女提供了追求与努力的目标。他们恪尽职守，为国奉献，勤于政务，热心社会服务，在个人生活中相亲相爱，忠于爱情与婚姻，爱护家庭和子女，既赢得了国民的称颂与拥戴，也给子女树立了榜样。孩子们也非常尊敬和爱戴他们的父母，他们的长女维多利亚公主就非常"崇拜她的爸爸"③。他们还非常重视给子女营造一个温馨和谐的家庭氛围，为子女的健康成长提供良好的家庭环境。"女王夫妇越来越沉溺于家庭事

---

① ［英］斯特雷奇：《维多利亚女王传》，第6页。
② Arthur Christopher Benson and Viscount Esher, eds., *The Letters of Queen Victoria: A Selection from Her Majesty's Correspondence Between the Years 1837 and 1861*, Vol.1, p.203.
③ Arthur Christopher Benson and Viscount Esher, eds., *The Letters of Queen Victoria: A Selection from Her Majesty's Correspondence Between the Years 1837 and 1861*, Vol.3, p.264.

务,享受天伦之乐,他们对温莎的浮华排场感到讨厌,渴望有一个舒适而又僻静的退避之处。"① 维多利亚女王在 1844 年 1 月 16 日给利奥波德一世的信中表示,"温莎漂亮舒适,但它是一座王宫,上帝知道,我一直希望和我亲爱的阿尔伯特及孩子们过上安静、闲适的私人生活"②。不久,他们就买下了位于怀特岛的奥斯本庄园。此后,维多利亚女王一家经常到奥斯本庄园,在这里享受一家人的快乐时光。此外,维多利亚女王一家还经常到苏格兰高地等一些地方旅行度假,尽享天伦之乐。这些时候也往往是女王夫妇教给孩子们为人处世之道的机会,让他们知道什么事可以做、什么事不可以做。

由于维多利亚女王政务繁忙,阿尔伯特亲王更多地承担起教育子女的责任。但是,这并不意味着维多利亚女王会放松对子女的教育,相反,维多利亚女王对子女的要求更加严格,而且她会抓紧机会与孩子们在一起。维多利亚公主出生后,维多利亚女王的"大量时间都被小公主占去了"③。在给利奥波德一世的信件中,维多利亚女王更是常常说起孩子们的事情。例如,在 1851 年 9 月 30 日的信中,维多利亚女王向利奥波德一世讲述了孩子们在玩耍中的受伤、调皮、小花脸儿,处处显露出一个母亲对孩子的喜爱,天伦之乐溢于笔端。④ 维多利亚女王和阿尔伯特亲王一起为孩子们制订教育计划,选择家庭教师,挑选侍仆,"一起关注着孩子们体育、智育和德育上的每一个细节"⑤。维多利亚女王希望自己的孩子尤其是男孩子长大后能成为他们父亲那样的绅士。

---

① [英]斯特雷奇:《维多利亚女王传》,第 6 页。
② Arthur Christopher Benson and Viscount Esher, eds., *The Letters of Queen Victoria: A Selection from Her Majesty's Correspondence Between the Years 1837 and 1861*, Vol.2, p.5.
③ Arthur Christopher Benson and Viscount Esher, eds., *The Letters of Queen Victoria: A Selection from Her Majesty's Correspondence Between the Years 1837 and 1861*, Vol.1, p.368.
④ Arthur Christopher Benson and Viscount Esher, eds., *The Letters of Queen Victoria: A Selection from Her Majesty's Correspondence Between the Years 1837 and 1861*, Vol.2, p.322.
⑤ [英]斯特雷奇:《维多利亚女王传》,第 152 页。

在子女教育问题上，阿尔伯特亲王亲力亲为，付出了一生的心血，这突出地体现在对王位继承人威尔士亲王的教育上。阿尔伯特亲王和维多利亚女王精心为威尔士亲王挑选了家庭教师，制订了详细的学习计划，包括课程安排、学习时间以及相关预案。维多利亚女王和阿尔伯特亲王教育威尔士亲王，要做一个有责任心、有担当的绅士。在威尔士亲王17岁时，维多利亚女王和阿尔伯特亲王将他们为威尔士亲王拟定的一份备忘录交给他。在这份备忘录中，维多利亚女王和阿尔伯特亲王谆谆教诲威尔士亲王：

> 只有及时而愉快地履行了应尽的责任，才能被承认是一个真正的基督徒、真正的军人、真正的绅士……你的面前将展现一个新的生活领域。在这个领域中，你将学会该做什么不该做什么。①

维多利亚女王和阿尔伯特亲王深知，"每一点影响对造就一个未来英国国王都具有多么巨大的意义"，为此，他们对威尔士亲王"严加保护，使之不受外界污染"；按照维多利亚女王和阿尔伯特亲王的规定，"威尔士亲王……可以偶尔邀请一些品行端正的贵族子弟来白金汉宫的花园跟他玩，但必须在他父亲密切注视之下，并由父亲主持他们的游戏"②。威尔士亲王进入牛津大学后，维多利亚女王和阿尔伯特亲王同样为他制定了严密的防范措施，防止他受到其他学生的不良影响。维多利亚女王和阿尔伯特亲王还制定了名为"机密：威尔士亲王随侍人员指导准则"的备忘录，作为威尔士亲王随侍人员的行为准则。在这份十分详尽的备忘录中，维多利亚女王和阿尔伯特亲王严格要求威尔士亲王的随侍人员"在一切场合以自己的良知按照这些原则行事，不把任何细节看作无关紧要的小事，而是坚持不懈地实

---

① ［英］斯特雷奇：《维多利亚女王传》，第164页。
② ［英］斯特雷奇：《维多利亚女王传》，第152页。

行这些准则"①。在威尔士亲王的道德教育问题上,维多利亚女王和阿尔伯特亲王可以说费尽了心血,但事与愿违,威尔士亲王做出了令他们感到痛心的事情。1861年,威尔士亲王在爱尔兰军队服役时与一名女演员发生了风流韵事,阿尔伯特亲王在身体不佳的情况下前往剑桥,对威尔士亲王进行了训斥与警告。1870年,威尔士亲王又卷入一桩上流社会的离婚案,再次让维多利亚女王愤怒不已。维多利亚女王根据威尔士亲王的失德行为,长时间禁止其接触政务,以示惩罚,同时也以此向全国宣示:如今的王室决不容忍失德行为。

尽管在威尔士亲王身上的教育没有达到维多利亚女王夫妇的理想目标,但他们对其他子女的教育还是很成功的。他们的9个子女几乎都与欧洲各国王室联姻,或者娶了公主,或者嫁给了王子,维多利亚女王也因此成为欧洲的老祖母。维多利亚女王和阿尔伯特亲王的子女之所以成为欧洲各国王室联姻的对象,既有王室联姻门当户对的原则基础,有扩大与加强王朝关系的考虑,有大英帝国鼎盛时期的声望,但不可否认的是,良好的家教与他们个人的品行也成为联姻对象考虑的重要因素。更重要的是,维多利亚女王夫妇对子女的道德教育给英国上流社会及民众树立了良好的典范,重视家庭、重视家庭道德教育、重视父母对子女的道德引领成为维多利亚时代道德建设的重要内容。

---

① [英]斯特雷奇:《维多利亚女王传》,第165页。

三、宫廷道德风气的改善

自汉诺威王朝建立以来,英国宫廷的道德风气就一直存在严重问题。这些问题主要表现在以下几个方面:首先,整个宫廷处于性道德混乱状态,上自国王,再到王子、宫廷贵族,下到宫廷侍仆、宫女,都不断有性丑闻发生,而且人们对此现象见怪不怪。在性关系混乱上,这一时期大概没有哪位国王能够超过乔治四世,他喜欢与已婚女性通奸是当时人尽皆知的事情,他的情妇中有女演员、离婚女性,还有宫中女官及贵族夫人等,其"风流韵事成为那个时代的系列丑闻"①。上行下效,王子们也是如此。在乔治三世的王子中,"大概除了肯特公爵外,所有王子都是十足的纵欲者"②。在1820年,"连着几个星期……王室的丑事已经开始充斥全国大大小小的报纸"③。其次,赌博在宫廷的娱乐生活中占有重要地位,"宫廷在赌博与乱交的榜样,传遍了各上层阶级"④。再次,政治经济生活中的腐败问题也不少见。乔治一世的同父异母妹妹达林顿女伯爵利用特权在"南海泡沫事

---

① Venetia Murray, *High Society: A Social History of the Regency Period, 1788 – 1830*, London: Viking, 1998, p.4.
② Venetia Murray, *High Society: A Social History of the Regency Period, 1788 – 1830*, p.5.
③ [法]菲利浦·阿利埃斯、乔治·杜比主编:《私人生活史Ⅳ:演员与舞台》,周鑫等译,哈尔滨:北方文艺出版社,2008年,第38页。
④ [美]威尔·杜兰:《世界文明史》(第8卷),幼狮文化公司译,北京:东方出版社,1999年,第410页。

件"中赚取不义之财,遭到英国民众痛恨,让王室蒙羞。约克公爵弗雷德里克与玛丽·安妮·卡洛琳的风流韵事引发了一桩政治丑闻。玛丽利用约克公爵掌管军官晋升军衔事务的有利条件,私下里出售军官职务,其价格从少尉军衔 400 镑到少校军衔 2 600 镑不等。此事暴露后,尽管议会最终判定约克公爵无罪,但在公众的强烈反对下,他还是不得不辞去职务。① 另外,宫廷官员利用管理混乱贪墨财物之事更是时有发生。宫廷道德风气如此低下,对当时英国社会道德风气造成了极其恶劣的影响。正如笛福所说,"上流社会的淫乱、渎神和道德败坏是我国普遍道德沦丧的主要原因"②。

维多利亚女王与阿尔伯特亲王接受的教育和自身的经历,让他们对英国宫廷中不堪的道德风气深恶痛绝。早在结婚前的通信中,阿尔伯特就"急切地论述了保持宫廷道德纯洁无瑕的必要性"③,对此,维多利亚女王也深有同感。维多利亚女王登基后的"半个多世纪以来,没有一个离过婚的女人能够进入宫廷范围之内"④。其原因就是维多利亚女王颁布了非常严格的禁令,禁止离婚再嫁的女性进入宫廷,以彰显其恪守妇道、维护家庭婚姻道德、整饬宫廷性道德的决心。维多利亚女王和阿尔伯特亲王只邀请品行端正的贵族子弟进宫陪伴王子玩耍、做游戏,那些品行不端者则被阻挡在宫门之外。这些禁令与措施的目的只有一个,那就是阻止那些品行不端者进入宫廷,以免其观念与行为在宫中产生恶劣影响。

维多利亚女王和阿尔伯特亲王对王宫内的诸多不端行为进行了整治。长期以来,在英国王宫晚餐礼仪中有一项内容,即男士们会在女士离开餐厅后留下来继续饮酒,而这时候男人们往往说一些荤素夹杂的笑话,甚至把饮酒变成酗酒。维多利亚女王对此非常反感,她以强硬的态度改变了这

---

① Venetia Murray, *High Society: A Social History of the Regency Period*, 1788–1830, pp.154–156.
② [英]丹尼尔·笛福:《笛福文选》,徐式谷译,北京:商务印书馆,2011 年,第 57 页。
③ [英]斯特雷奇:《维多利亚女王传》,第 82 页。
④ [英]斯特雷奇:《维多利亚女王传》,第 239 页。

一习惯。"自那以后,餐后饮酒就不再风行。"①这对促进禁酒运动、改变人们的酗酒恶习产生了有利影响。另外,在王宫的餐桌、牌桌或舞会上,人们喜欢讲一些笑话来调节气氛。以往由于宫廷风气的原因,人们在这方面无所顾忌,什么样的笑话都讲。但维多利亚女王继位后,这种局面出现了变化。按照维多利亚女王的要求,讲笑话调节气氛可以,但要适度,不能讲一些不合适的笑话尤其是荤笑话:

> 若是笑话不得体,那可是危险的,过于随便会马上招致女王陛下不留情面的指责,说不得体的话就是最大的不敬。于是,女王的嘴角下垂,眼珠惊讶地瞪出,实际上也就是说,女王的面孔显出极不和善的神态。犯禁者吓得不敢出声,一句严厉的话"我们不觉得有趣"会弄得全餐桌的人大为扫兴。在此以后,女王会对她的随从人员表示,她很担心那人"行为不检";这是一个不容辩护的裁决。②

这样的人以后极有可能被排斥在宫廷圈子之外。这些做法对于规范宫廷中人的言行举止、根除不端行为、肃正宫廷风气起到了很大作用。

从1844年起,阿尔伯特亲王开始对王宫内存在的管理混乱以及由此导致的铺张浪费、营私舞弊、侵吞公款公物以及失察的不检点行为进行整治。此前,阿尔伯特亲王命人对王宫管理中存在的问题进行了详细调查。调查发现,在王宫中由于管理混乱,因此"仆人中纪律松弛,丑闻迭出⋯⋯在宿舍出现抽烟、酗酒或其他不检点行为"也不少见。③ 铺张浪费随处可见,没有人对此采取措施,例如王宫有一条惯例:"一支蜡烛一经点燃,熄灭后就决不能再次点燃"④,但是这些未用完的蜡烛后来被如何处理却无人过问,这无疑是一笔积少成多的浪费,甚至有可能被人私下里以此赚取外

---

① [英]斯特雷奇:《维多利亚女王传》,第54页。
② [英]斯特雷奇:《维多利亚女王传》,第229页。
③ [英]斯特雷奇:《维多利亚女王传》,第105页。
④ [英]斯特雷奇:《维多利亚女王传》,第106页。

快。这种管理上的漏洞往往被人利用,进而滋生营私舞弊行为。根据调查发现,自乔治三世以来有一笔拨给王宫内卫士室的红酒开支,后来卫士室迁往别处,这项开支也就不存在了,但这笔酒钱照旧在支付,只不过落入了一个军官的腰包。类似这样的管理漏洞还有不少。阿尔伯特亲王要对这些问题进行整治,就是要动一些既得利益者的"奶酪",势必遭到顽强抵制。"抗议和抱怨之声四起,亲王被指责多管闲事,办事不公,还有积攒蜡烛头等等。"①这些都没有动摇阿尔伯特亲王整治宫廷道德风气的坚定决心。经过艰苦的努力和斗争,整个宫廷的道德风气得以净化,"宫中厉行节约,一大堆陈年弊端给扫除了……甚至原先在马夫之辈中存在的不检点行为也比过去大大减少了"②。

正是从这些细节入手,经过一点一滴的努力,维多利亚女王和阿尔伯特亲王逐渐扭转了积弊已久的宫廷道德风气。宫廷管理日渐规范,良好的道德风气得以树立,悖德之人在宫中失去了立足之地,道德失范行为逐渐减少,宫廷成为维多利亚道德的一个典范之地。

曾几何时,受够了汉诺威宫廷丑闻迭出的英国民众,对年轻的维多利亚女王和阿尔伯特亲王寄予厚望。约翰·罗素勋爵在维多利亚女王即位时撰写了一篇演说词,他在演说词中表示:

> 她的人民今后将从开明的宗教和道德原则中获得力量,并按这些原则行事处世,奉献忠心,从而,强大的维多利亚王朝能最终向子孙万代,向全世界所有国家证明自己确实不同凡响。③

他的话代表了英国民众的心声。而对于阿尔伯特亲王,"正直的人和理智的人都骄傲而尊敬地看着他,希望他成为引领道德与宗教生活的典

---

① [英]斯特雷奇:《维多利亚女王传》,第108页。
② [英]斯特雷奇:《维多利亚女王传》,第108页。
③ [英]斯特雷奇:《维多利亚女王传》,第42页。

范,目前这样的人不多"①。事实证明,他们没有让英国民众失望。塞缪尔·斯迈尔斯说:"已故亲王(即维多利亚女王的丈夫阿尔伯特亲王)就是这样一个品格高尚的人。他思想纯洁,总是通过自身的亲和力对他人产生不可磨灭的影响。"②作为王国的统治者,他们勤奋尽责,忠于职守,表现出良好的职业道德。他们制定严格的宫廷规范,净化宫廷风气,努力将宫廷建设成为道德净化之地。他们严格自律,以身作则,夫妻深情有目共睹,忠于爱情,忠于家庭,展现了良好的婚姻家庭道德。他们重视子女道德教育,让子女树立正确的道德观念,为他们制定严格的行为准则,绝不姑息他们所犯的过错,为他们成长为优雅正直的绅士、淑女打下良好基础。

与此同时,维多利亚女王和阿尔伯特亲王非常注重在社会道德层面塑造社会风尚引领者的形象,努力把这种形象展示给英国民众,进而引领整个社会道德的改善。在多幅描绘维多利亚女王一家生活的画作中,人们看到的几乎都是充满温馨、天伦之乐的家庭景象,甚至在当时的出版物上有关于阿尔伯特亲王给孩子当马骑的漫画,充满了家庭的温馨气氛。根据史料来看,这就是维多利亚女王家庭生活的真实反映;同时,这也是维多利亚女王意图通过这样的画作向英国民众传递一种家庭美德的信息;再者,恐怕这也是英国民众在长期的王室负面影响之后对于作为国民表率的王室生活的期望。1868年,《日记留影——我们的苏格兰高地生活》一书出版,该书内容选自维多利亚女王日记,记录了维多利亚女王一家在苏格兰高地的日常生活,展示了一幅温馨恬静的田园诗般的生活画面,让人感受到的是维多利亚女王一家人的人性和人情味,在当时收到了良好的社会反响。这些展示取得了理想的效果:

---

① Arthur Christopher Benson and Viscount Esher, eds., *The Letters of Queen Victoria: A Selection from Her Majesty's Correspondence Between the Years 1837 and 1861*, Vol.1, p.295.
② [英]塞缪尔·斯迈尔斯:《品格的力量》,李迎春译,北京:光明日报出版社,2011年,第11页。

公众则以赞许的眼光注视着他们,女王现在又赢得了全国大多数民众的心。中产阶级感到特别高兴,他们喜欢夫妻恩爱的美满婚姻,他们喜欢一个把王者之尊与高尚道德结合起来的家庭。他们仿佛从一面光亮的镜子中,从这样的家庭里看到了自己生活的理想影像。①

正如白哲特所说:

我们已经开始把王室当成我们的道德领袖了。维多利亚女王的品德和乔治三世的品德已经深入民心。我们已经开始认为,拥有一位品行高尚的君主是一件很自然的事,并且家庭中的美德也同样可以很容易在王室里找到,就像王室高高在上一样自然。②

另外,维多利亚女王和阿尔伯特亲王还通过多种途径唤醒人们对道德失范的警醒,推动社会道德的改善。维多利亚女王在报纸上发表声明,表示她的职责就是"继续强化对上帝的效忠,禁止并打击所有的恶习、亵渎行为、放荡和伤风败俗的行为"③。在1859年12月26日给大法官坎贝尔勋爵(Lord Campbell)的信中,维多利亚女王表示了她对离婚案件诉讼公开化的质疑:

随着新法律日益为众人所知晓,这些案件现在几乎每天充斥着报纸的大部分版面,这些丑闻性质的报道让我们几乎不可能把报纸放心地交到年轻男女的手上。那些谨慎的父母为了保护自己的孩子,不可能每天买来最坏的法国小说,并把这些小说放到英国每个有教养家庭

---

① [英]斯特雷奇:《维多利亚女王传》,第114页。
② [英]沃尔特·白哲特:《英国宪制》,李国庆译,北京:北京大学出版社,2005年,第48页。
③ Gertrude Himmelfarb, *The De-Moralization of Society: From Victorian Virtues to Modern Values*, pp.27-28.

的早餐桌上,这些小说对我国公共道德的影响肯定是最糟糕的。①

她写这封信是要就能否采取措施阻止离婚案件诉讼公开化征询坎贝尔勋爵的意见。1870年,威尔士亲王卷入一起上流社会离婚案。维多利亚女王感到非常痛心,但她清醒地看到,应该受到指责的不仅是威尔士亲王,还有整个社会风气。于是她给《泰晤士报》的编辑写信,要求他们"经常写些文章,指出上层社会生活中和观念中存在的可恶的轻浮和无聊具有多么大的危险和危害"②。阿尔伯特亲王也是如此。在重建议会建筑的皇家委员会开会讨论新建筑物墙壁的装饰画是否应该具有道德含义时,阿尔伯特亲王坚定地表示,"尽管许多人在作品前走过时只不过给予匆匆一瞥,但画家不应因此而忘记还有许多人可能会比较专注地审视这些画"③。委员会采纳了他的意见。"在威灵顿大学拟定由女王陛下颁发的奖学金评定标准时,他建议奖学金不应颁发给那些成绩优秀却不苟言笑、引锥刺股、谨小慎微的书呆子,而应该颁给那些品格高尚的学生。因为这些学生定会成为心胸开阔、动机高尚的人。"④维多利亚女王还关注食品掺假问题,对于坚持经营纯正食品的商人,她乐于给予肯定与支持。1866年,维多利亚女王将一项特别的证明授予耶利米·詹姆斯·考尔曼的生产芥末的公司,对其产品的纯正予以确认与证明。⑤

在19世纪的头25年里,英国社会的风气是异常松弛的,甚至说存在着严重的问题。"但是,女王夫妇的垂范以及亲王制定的规则的严格执行,

---

① Arthur Christopher Benson and Viscount Esher, eds., *The Letters of Queen Victoria: A Selection from Her Majesty's Correspondence Between the Years 1837 and 1861*, Vol.3, p.378.
② [英]斯特雷奇:《维多利亚女王传》,第216页。
③ [英]斯特雷奇:《维多利亚女王传》,第104页。
④ [英]塞缪尔·斯迈尔斯:《品格的力量》,第11页。
⑤ [英]伊恩·布兰德尼:《有信仰的资本——维多利亚时代的商业精神》,以诺译,南昌:江西人民出版社,2008年,第80页。

至少起到了作用,极大地改善了宫廷内外的风气。"①维多利亚女王与阿尔伯特亲王的这些举措推动了英国社会道德风气的改善。"18 世纪的最后残迹消失了,玩世不恭和诡秘狡诈化为尘埃,取而代之的是责任、勤奋、道德、爱家守业,甚至桌椅家具的样式也做出了奇特的反应,变得端庄结实。"②在维多利亚女王宫廷的典范引领下,维多利亚式的道德逐渐形成。

---

① Walter L. Arnstein, *Lives of Victorian Political Figures* Ⅲ, Vol.1, London: Pickering and Chatto, 2008, p.242.
② [英]斯特雷奇:《维多利亚女王传》,第 114 页。

第二章

禁酒运动

1829年8月,受美国禁酒运动影响,贝尔法斯特圣教书会(The Belfast Religious Tract Society)的秘书约翰·埃德加(John Edgar)公开发表了《禁酒呼吁书》;乔治·卡尔(George Carr)牧师在新罗斯(New Ross)的贵格会教堂建立了爱尔兰第一个禁酒协会;10月,约翰·邓洛普(John Dunlop)在格拉斯哥郊外的格林诺克(Greenock)创办了苏格兰第一个禁酒协会。1830年2月,亨利·福布斯(Henry Forbes)在布拉德福德创建了英格兰第一个禁酒协会。随后,利兹、曼彻斯特、利物浦、伯明翰、布里斯托尔、纽卡斯尔和伦敦等英国主要城市也都成立了禁酒组织,禁酒运动(The Temperance Movement)迅速在英伦三岛发展起来,并成为维多利亚时代重要的道德整肃运动之一。

一、酗酒问题的恶化

饮酒行为植根于英国的社会与文化传统习俗中。在维多利亚时代,有许多人认为,啤酒与烤牛肉一样,都是英国人文明生活中不可或缺的内容。上至王室、贵族,下到普通民众,每天的餐桌上都离不开酒,至于招待亲朋更少不了美酒,节日喜庆之时要用美酒助兴,愁苦烦闷的时候也要借酒浇愁。闲暇之余,上流社会人士在私人俱乐部里与友人畅饮,工人们则常常在一天的繁重劳动之余与工友到酒馆里喝上几杯。可以说,这样的酒文化已经融入英国人的生活当中。但是,在极为普遍的饮酒行为中衍生出一个严重的社会道德问题:酗酒。在维多利亚时代,酗酒问题呈现出日益严重的态势。

在维多利亚时代的英国,绝大多数人都或多或少地饮酒,上自国王,下至贩夫走卒,概莫能外。在饮酒大军中,成年男性是绝对的主力,但是女性与儿童也是不可忽视的饮酒力量。在约克郡有一首古老的歌谣,反映了这一情况:

  转呀转,转呀转,香甜的苹果派
  爸爸喜爱麦芽酒,我也爱
  妈妈起床,给我们把酒倒上
  爸爸和我把它全部喝光

全部喝光

全部喝光 ①

由此直接带来的就是各种酒类的消费量逐渐增加。1840 年英国人均饮酒量为：低度酒 0.97 加仑、葡萄酒 0.25 加仑、啤酒 28.59 加仑；1899 年英国人均饮酒量为：低度酒 1.09 加仑、葡萄酒 0.41 加仑、啤酒 32.7 加仑。② 如果按照葡萄酒含有 30%低度酒、啤酒含有 10%低度酒来计算，则 1841—1899 年英国人的年人均饮酒量如表 2-1 所示。③

表 2-1　1841—1899 英国年人均饮酒量（折算成低度酒）

年份	折算成低度酒的年人均饮酒量/加仑
1841—1845	3.36
1846—1850	3.58
1851—1855	3.75
1856—1860	3.56
1861—1865	3.60
1866—1870	4.09
1871—1875	4.78
1876—1880	4.70
1881—1885	3.90
1886—1890	3.87
1891—1895	4.08
1896	4.20
1897	4.28
1898	4.35
1899	4.48

---

① Lilian Lewis Shiman, *Crusade Against Drink in Victorian England*, 导言前插页。
② Joseph Rowntree and Arthur Sherwell, *The Temperance Problem and Social Reform*, p.13.
③ Joseph Rowntree and Arthur Sherwell, *The Temperance Problem and Social Reform*, p.14.

需要指出的是，上述统计并未考虑到不饮酒者、女性与儿童，如果排除不饮酒者与儿童，再把女性饮酒者加进来，这一数字要更高。以1899年为例，将戒酒者与儿童排除在外，再按照女性饮酒量是男性饮酒量的一半计算，英国男性的人均饮酒量为：啤酒76加仑、烈酒2.57加仑、葡萄酒0.96加仑；英国女性的人均饮酒量为：啤酒38加仑、烈酒1.29加仑、葡萄酒0.48加仑。① 如果折合成现在的瓶装酒，则男性年人均饮酒量约为：500毫升的啤酒691瓶、500毫升的烈酒23瓶、750毫升的葡萄酒6瓶；女性年人均饮酒量约为：500毫升的啤酒345瓶、500毫升的烈酒12瓶、750毫升的葡萄酒3瓶。要注意的是，在儿童中也有相当数量的饮酒者。按照当时的官方统计数字，1899年英国全国有人口40 559 954人，②剔除其中滴酒不沾的人数，英国全国的饮酒者人数和酒类消费量都是一个庞大的数字。在此之前，英格兰与威尔士麦芽酒和烈酒的消费总量就已经很高了。1853年，英格兰与威尔士的麦芽酒消费量是36 246 000蒲式耳，烈酒的消费量是10 350 000加仑；1872年，英格兰与威尔士的麦芽酒消费量是46 318 000蒲式耳，烈酒的消费量是13 036 000加仑。③

还有两个数字能够说明维多利亚时代英国的酒类消费量。一个数字是英国酒馆的数量。英国全国到底有多少家酒馆，并没有全面准确的统计数字，但一些地方的统计数字就已经足以说明情况了。据A.J.芒德拉（A. J. Mundella）说，1883年伦敦东区的一个街区有1 082户家庭、41个酒馆，换句话说，将近每26.5户家庭就有1个酒馆。④ 1896年，大伦敦警察区合法经营的酒馆有14 039家，每446人1家；曼彻斯特有3 014家，每168人1家；利物浦有2 310家，每279人1家；伯明翰有2 300家，每215

---

① Joseph Rowntree and Arthur Sherwell, *The Temperance Problem and Social Reform*, p.14.
② Joseph Rowntree and Arthur Sherwell, *The Temperance Problem and Social Reform*, p.15.
③ Brian Harrison, *Drink and the Victorians: The Temperance Question in England, 1815 – 1872*, pp.67 – 68.
④ Joseph Rowntree and Arthur Sherwell, *The Temperance Problem and Social Reform*, p.16.

人 1 家;设菲尔德有 1 841 家,每 176 人 1 家;布里斯托尔有 1 173 家,每 195 人 1 家;爱丁堡每 378 人 1 个酒馆;格拉斯哥每 401 人 1 个酒馆;阿伯丁每 367 人 1 个酒馆;都柏林和贝尔法斯特每 33 人 1 个酒馆。① 这么多的酒馆能够开下去,足以说明英国人喝掉的酒让这些酒馆能够有钱可赚。另一个数字是英国人花费在买酒上的费用支出。据一个"不列颠联合会专门委员会"(Special Committee of British Association)的报告统计:1882 年,英国全国用于购买啤酒、烈酒、葡萄酒的花销是124 000 000镑;1898 年,英国人花在饮酒上的支出大约是 155 994 019 镑;1899 年,英国人花在饮酒上的支出大约是 162 163 474 镑,这些钱相当于英国国民收入的近 1.5 倍,或英国所有住宅与农场租金的总和。② 这项开支数额之大,的确令人咋舌。

在饮酒行为中,有相当大的比例属于酗酒行为。葡萄酒商人托马斯·乔治·肖(Thomas George Shaw)在 1851 年写了一本小册子,他在小册子中指出,英国是一个酗酒盛行的国家。③ 达德利·巴克斯特(Dudley Baxter)在 1869 年有过一个测算,他认为,在酒类消费中,38%的烈酒、32%的啤酒消费都属于酗酒消费。④ 在酗酒问题上,上流社会没有给英国民众树立好榜样。英王乔治四世是一个有名的酒鬼,他酗酒成瘾,常常喝得酩酊大醉。1820 年,画家约翰·马歇尔(John Marshall)创作了一幅画作《我们的肥友要就寝了》(Our Fat Friend Going to Roost),描绘了烂醉如泥的乔治四世被抬到床上的场景,肥胖的乔治四世喝得人事不知,由两个同样肥胖的贵妇抬着上床就寝,一个喝得醉醺醺的廷臣大笑着陪伴在一旁,他手中酒杯里的酒正溅洒到乔治四世的身上,旁边的座椅及地上还散落着四

---

① Joseph Rowntree and Arthur Sherwell, *The Temperance Problem and Social Reform*, pp.28-29.
② Joseph Rowntree and Arthur Sherwell, *The Temperance Problem and Social Reform*, p.15.
③ Charles Ludington, *The Politics of Wine in Britain: A New Cultural History*, London: Palgrave Macmillan, 2013, p.238.
④ Joseph Rowntree and Arthur Sherwell, *The Temperance Problem and Social Reform*, p.24.

五个空酒瓶。① 1833年,年仅38岁的乡绅约翰·麦顿(Squire John Mytton)死了,他是一个酗酒成瘾的酒鬼,一天要喝上4瓶到8瓶波特酒,最终在身无分文、精神癫狂的状态下凄惨地死于债务人监狱中。② 正因为酗酒在上流社会中普遍存在,人们给那些上流社会的酗酒者起了一个共同的绰号——"六瓶男"(six bottles men)。③ 维多利亚女王登基后,虽然在王室影响下,上流社会的酗酒现象大有好转,但饮酒之风在上流社会与中产阶级中依旧盛行,酗酒现象亦不罕见。

在酗酒者中,工人占据了相当大的比例。所有烈酒消费量的3/4以上是由工人阶级消费的,而啤酒更是工人阶级最喜欢喝的酒。在上文提到的酒类消费开支中,工人阶级的开支占据其中2/3的份额,1882年一个"不列颠联合会专门委员会"的统计,证明了这一点。④ 每到周末发了工资以后,"所有的工人都从自己的贫民窟中涌到大街上去,这时,人们就可以看到酗酒的全部粗野情形"⑤。有资料显示,每逢周六晚上,在格拉斯哥至少有3万名工人喝得烂醉。阿什利勋爵在1843年2月28日的议会下院演讲中说,工人每年用于酒类消费的开支将近2 500万镑。⑥ 同时,各个城市无论是有执照的还是没有执照的酒馆,其服务对象主要是工人,工人顾客要占到这些酒馆顾客的90%左右。在酗酒者中,女性酗酒者也占有一定比例。然而,女性酗酒者到底在酗酒者中占多大比例,对此缺少全面准确的统计数字,我们只能从酗酒犯罪的法庭记录中获得一些数据。在因酗酒而被起诉的案件中,有一定比例的案件是女性所犯。大体来说,女性一般占28%—30%,其中大城市的比例要高一些:伦敦是38%,曼彻斯特是

---

① Charles Ludington, *The Politics of Wine in Britain: A New Cultural History*, p.232.
② Charles Ludington, *The Politics of Wine in Britain: A New Cultural History*, p.221.
③ Charles Ludington, *The Politics of Wine in Britain: A New Cultural History*, p.224.
④ Joseph Rowntree and Arthur Sherwell, *The Temperance Problem and Social Reform*, p.15.
⑤ [德]恩格斯:《英国工人阶级状况》,中共中央马克思恩格斯列宁斯大林著作编译局译,北京:人民出版社,1956年,第172页。
⑥ [德]恩格斯:《英国工人阶级状况》,第173页。

36%,贝尔法斯特和格拉斯哥是32%,利物浦是24%。1875年,伦敦女性在酗酒犯罪者中所占比例为47%,到1895年为41%,到1897年为39%。在利物浦,1876—1880年女性在酗酒犯罪者中所占比例为26%,到1891—1895年为24%。① 综合这些数据来看,女性酗酒者在酗酒者中所占比例在20%以上。在女性酗酒者中,还有个别人因为酗酒犯罪而频繁出现在法庭之上。简·凯克布莱德(Jane Cakebread)就是其中的一个代表,到1895年共有278次出庭记录。② 在维多利亚时代的军队中,酗酒现象也十分突出。1847年至1854年间,有6 313名士兵因为酗酒违纪而被关入军事监狱,在陆军士兵中占1.1%;19世纪50年代末,因酗酒违纪的士兵所占比例为11.9%;到60年代这一比例进一步上升为23.2%。③ 这一问题不可谓不严重。

在19世纪之前,醉酒、酗酒现象就已经存在,只不过在那时英国人的观念中,醉酒也好,酗酒也罢,都属于个人行为,并不具有社会特征。然而到了维多利亚时代,酗酒、醉酒、饮酒甚至卖酒都成为一个问题。无论是在"英国状况"还是"社会问题"的论战中,酒的问题都是中心议题。

之所以出现这一转变,大的背景是工业革命及其带来的变化,尤其是道德观念上的一些变化。清醒、节制、自律是维多利亚时代倡导的个人品行。在这种观念之下,要成为文明社会里的合格公民或所谓的"体面人",就必须具有清醒、节制、自律的品行。酗酒行为恰恰与这些品行相对立,酗酒者完全不具备这些品行,他们连酒的诱惑都抵御不了,控制不了自己的欲望,无法约束自己的行为,还谈何节制与自律,自然而然也就不符合"体面人"或合格公民的要求。与酗酒相关的贪图口腹之欲、行为放纵、浑浑噩

---

① Joseph Rowntree and Arthur Sherwell, *The Temperance Problem and Social Reform*, p.30.
② 曾亚英:《英国维多利亚时期的女性酗酒现象分析》,《绵阳师范学院学报》2015年第1期,第134页。
③ 魏子任、丁双双:《近代英国陆军士兵酗酒问题及禁酒运动》,《军事历史研究》2013年第3期,第69页。

酗都是不符合道德要求的。节俭、自立、自助也是维多利亚时代重要的价值观念,"自立是一种高贵的美德,应该受到培育和鼓励。自助是所有帮助中最好的帮助,因为它带给男人征服困难的满足感"[1]。只有节俭、自立、自助的人才是一个真正的人、一个值得尊重的人。只有节俭、自立、自助才能够帮助人走上成功之路,才能使人在社会上有立足之地。这就是"自助者天助"。如果把金钱都浪费在饮酒上,甚至酗酒成性,那就是一个失败的人。这样的人不会有任何前途,等待他们的命运就是成为社会的负担,成为被社会唾弃的人。正是这样的道德观念变化,使得"酗酒与花哨的男性服装、放荡不羁、大声欢笑都成为过时的行为"[2],成为与新道德观念格格不入的行为,成为道德整肃运动的对象。

工业革命带来的工业化改变了生产方式,也带来了新的职业道德要求。对于工厂里的工人来说,守时、遵守纪律、勤劳是社会和工厂对他们的职业要求。无论是国家还是工厂主,都在追求工业生产的效率与产出,他们希望能够最大限度地挖掘工人的劳动生产率,为此就要求工人遵守工作时间、服从劳动纪律、辛勤工作。然而,工人的饮酒习惯尤其是酗酒行为不仅让他们在整个周末沉浸在醉酒状态中,即使到了上班时也表现得十分懒散,更有不少工人因醉酒而迟到甚至旷工,大大影响到生产效率。在这种情况下,工厂主在加强劳动时间与劳动纪律约束的同时,也意识到必须改变工人的饮酒习惯,要消除他们的酗酒行为,把他们改造为适应资本主义大工业生产需要的合格劳动者。可以说,"工业化带来的'劳动纪律'观念,使得酗酒从个人状态变成一个反社会的恶习"[3]。

与此同时,醉酒与酗酒带来的社会秩序混乱与犯罪也引起各方关注。在维多利亚时代,许多人认为酗酒是诸多社会弊病的根源,尤其是

---

[1] Lilian Lewis Shiman, *Crusade Against Drink in Victorian England*, p.30.
[2] Charles Ludington, *The Politics of Wine in Britain: A New Cultural History*, p.225.
[3] Lilian Lewis Shiman, *Crusade Against Drink in Victorian England*, p.2.

偷盗、卖淫、人身伤害等犯罪问题的诱因。从法庭案件审理记录来看,的确有很多犯罪案件与酗酒有关。也有法官或证人证明多数案件与酗酒有关。1879 年,一个上院专门委员会在调查后发现,醉酒是骚乱与不幸的一个主要原因。① 下院酗酒特别委员会也多次表示,酗酒是犯罪的主要原因,只有消除酗酒,才能有效制止犯罪行为。当时的一些犯罪学著作也认为,酗酒会助长犯罪行为的发生。② 这样,"无论是偶尔的酗酒还是其他情况下的酗酒,都越来越被视为与其他社会恶习如穷困、犯罪、赌博以及卖淫有密切联系"③。查尔斯·狄更斯认为,酗酒"使人抛弃妻子、儿女、朋友,抛弃幸福和工作;并迅速促使受害者疯狂地走上堕落和死亡的道路"④。甚至"在报纸上有关溺水的报道中有一个反复出现的因素,就是这些遇难者在溺水之前往往伴有饮酒行为和非法活动"⑤。由此形成一种共识:要消除日益严重的犯罪问题,就要先消除酗酒现象。

---

① John Greenaway, *Drink and British Politics Since 1830: A Study in Policy-Making*, p.9.
② 曾亚英:《英国维多利亚时期的女性酗酒现象分析》,《绵阳师范学院学报》2015 年第 1 期,第 134 页。
③ John Greenaway, *Drink and British Politics Since 1830: A Study in Policy-Making*, p.8.
④ [英]查尔斯·狄更斯:《狄更斯全集》(第 19 卷),庄建华、梅桂能译,杭州:浙江工商大学出版社,2012 年,第 414 页。
⑤ [英]克里斯蒂娜·科顿:《伦敦雾:一部演变史》,张春晓译,北京:中信出版社,2017 年,第 51 页。

二、禁酒组织及其活动

在维多利亚时代,对饮酒尤其是酗酒问题的论战先后在多个框架内进行。但无论是节制与个人纯洁的道德框架,或者是社会恶习的框架,还是社会改革的框架,抑或是政治腐败的框架,始终贯穿其中的是道德这条主线。正如坎特伯雷教士会议的一个委员会在1869年指出的,酗酒是一种"可怕的恶习",是一种"规模巨大、结果悲惨"的恶行。①

与19世纪以前的禁酒活动相比,维多利亚时代"禁酒运动"最突出的一个特点是禁酒运动的组织化程度有了很大提高,各种各样的禁酒协会、禁酒联合会、禁酒联盟等纷纷涌现,虽然这些禁酒组织的成员、主张、立场、方法呈现为多种样式,但都致力于一个目标:把英国打造成一个清醒、节制的国家。

19世纪20年代末30年代初出现的最早一批禁酒协会基本属于温和禁酒派(Moderationist),其阶级基础是中产阶级,工人阶级是禁酒的主要对象。温和禁酒派反对酗酒尤其是过度饮用烈酒,并努力改变民众对于酗酒的态度,进而减少酗酒现象。温和禁酒派并未主张戒除饮酒,他们认为适量饮酒是可以接受的,也不反对出于社交目的的饮酒,更不反对出于医

---

① John Greenaway, *Drink and British Politics Since 1830: A Study in Policy-Making*, p.9.

疗目的的饮酒。"对禁酒协会而言,只有一个目标:减少酗酒现象。"①因此,早期禁酒运动又被称为"温和禁酒运动"(Moderate Movement)或"反烈酒(anti-spirits)运动"。但到1832年,温和禁酒运动因为誓约问题、1830年《啤酒法》(The Beer Act)的颁布、脱离禁酒对象工人阶级等原因而走向衰落。在维多利亚时代的英国"禁酒运动"中,温和禁酒派虽然仍然存在并开展活动,但在禁酒运动中已经不再占据主流地位了。

经历了几年的温和禁酒,人们认识到,温和禁酒并未达到减轻酗酒问题的目标,英国人尤其是下层阶级比以往喝的酒更多。1830年的《啤酒法》只是证明了两件事:与杜松子酒一样,啤酒也可以让人酩酊大醉;用发酵饮料取代蒸馏的烈酒并不是解决酗酒问题的办法。显然,温和派禁酒并不足以解决酗酒问题。在这种情况下,从1832年起,绝对禁酒(Teetotalism)开始在禁酒运动中逐渐占据主要地位。此后,禁酒在相当大程度上就等同于绝对禁酒。

1832年,在普雷斯顿,7名工人在约瑟夫·利夫西(Joseph Livesey)的带领下,集体签署了一份完全戒酒誓约(Total Abstinence Pledge)。以这7名工人的行动为标志,绝对禁酒运动(The Teetotal Movement)产生了,并很快扩展到英国全境。后来,约瑟夫·利夫西被绝对禁酒派(Teetotallers)奉为"绝对禁酒之父",普雷斯顿也被一些绝对禁酒派支持者称为"绝对禁酒主义的耶路撒冷"。② 绝对禁酒派认为,只有完全禁止所有酒类消费才能消除酗酒现象。在一幅流传很广的绘画中,绝对禁酒被描绘成一艘生命之舟,它可以挽救漂浮在酗酒之海上的船客。

1837年以后,绝对禁酒运动发展迅速,各种禁酒组织层出不穷,参与禁酒运动的人数与日俱增。在众多的禁酒组织中,有一些具有全国性地位与影

---

① Lilian Lewis Shiman, *Crusade Against Drink in Victorian England*, p.9.
② Lilian Lewis Shiman, *Crusade Against Drink in Victorian England*, p.18.

响的禁酒组织,这些组织在维多利亚时代的禁酒运动中发挥了重要作用。

"不列颠与海外遏制酗酒协会"(British and Foreign Society for the Suppression of Intemperance)是成立较早的一个具有全国影响力的禁酒组织,该协会成立于1839年6月。1842年,该协会与"新不列颠与海外禁酒协会"(New British and Foreign Temperance Society)合并,成立了"全国禁酒协会"(The National Temperance Society)。随后,该协会还合并了其他一些禁酒组织,并发展成为英国首屈一指的全国性禁酒组织。1853年,"联合王国遏制酒类贸易联盟"(The United Kingdom Alliance for the Suppression of the Trade in Alcohol)在曼彻斯特成立。该联盟致力于在议会内外进行宣传鼓动,以实现用法律手段禁止酒类贸易进而禁酒的目标。在维多利亚时代后期的禁酒运动中,该联盟在积极推进通过立法禁止酒类贸易的斗争中发挥了主要作用。1861年,"国教会绝对禁酒协会"(The Church of England Total Abstinence Society)在伦敦成立。1863年,该协会改名为"国教会改革禁酒协会"(The Church of England Reformation Temperance Society);到70年代,该协会又改名为"国教会禁酒协会"(The Church of England Temperance Society)。到19世纪末,该协会成为英国最大的禁酒协会,拥有7 000个分支机构。[①] 维多利亚时代较有影响的全国性禁酒组织还有:"不列颠推进禁酒协会"(The British Association for the Promotion of Temperance)、"不列颠禁酒联盟"(The British Temperance League)、"全国禁酒联盟"(The National Temperance Federation)、"不列颠女性禁酒协会"(The British Women's Temperance Association)等。

在维多利亚时代,英国全国出现了数量众多的地方性禁酒组织,这些禁酒组织大小不一、存在时间长短不齐、风格各异、活动范围或大或小,最

---

① Lilian Lewis Shiman, *Crusade Against Drink in Victorian England*, p.107.

小的仅在本社区开展活动,稍大一点的在本地开展活动,再大一点的在一个区域内开展活动。当时,几乎所有城镇都出现过禁酒组织,大城市和北方工业城镇出现的禁酒组织更多,影响也更大,有的城市甚至有多个禁酒组织同时开展活动。在这些组织中较有代表性的有:"布拉德福德禁酒协会"(Bradford Temperance Society),位于南部城市布莱顿(Brighton)的"禁酒合作协会"(Temperance Cooperative Society),"曼彻斯特和索尔福德技工绝对禁酒协会"(Manchester and Salford Mechanics Teetotal Association),"利兹禁酒协会"(Leeds Temperance Society),"伯明翰完全戒酒协会"(The Birmingham Total Abstinence Society),"苏格兰禁酒联盟"(The Scottish Temperance League),"利兹禁酒联盟"(The Leeds Temperance Union),位于曼彻斯特的"禁止在主日贩卖烈酒中心协会"(The Central Association for Stopping the Sale of Intoxicating Liquors on a Sunday)和"兰开郡与柴郡少年禁酒会联盟"(Lancashire and Cheshire Band of Hope Union),位于伦敦的"蓝带协会"(The Blue Ribbon Association),"利物浦民主管理与许可证改革协会"(The Liverpool Popular Control and Licensing Reform Association),"洛奇代尔禁酒协会"(The Rochdale Temperance Society)等。

为了在不同人群中开展禁酒工作,各地还建立了许多具有针对性的禁酒组织。这类禁酒组织有:专门在女性当中开展禁酒活动的"不列颠女性禁酒协会"、专门在技术工人中开展禁酒活动的"曼彻斯特和索尔福德技工绝对禁酒协会"、专门在铁路工人中开展禁酒运动的"联合王国铁路禁酒协会"(The United Kingdom Railway Temperance Society)、专门在儿童当中开展禁酒宣传教育活动的"联合王国少年禁酒会联盟"(The United Kingdom Band of Hope Union)以及数量众多的"少年禁酒协会"(The Band of Hope)、专门在军队当中开展禁酒活动的"军事禁酒协会"与"士兵绝对禁酒协会"、专门开展医学禁酒运动的"不列颠医学禁酒协会"(The

British Medical Temperance Association)、专门致力于推动主日禁售烈酒的"禁止在主日贩卖烈酒中心协会"、致力于推动许可证法修订的"许可证法修订联盟"(The Licence Amendment League)等。

另外,还有一些社会组织与运动也在不同程度上开展了禁酒活动,在这些组织和运动中具有较大影响的主要有以下五个:第一个是"互济会"(Benefit Society)。在"互济会"中最大的一个组织是"禁酒之子"(The Sons of Temperance)。该会创建于美国,于1846年进入英国,至1879年有会员15 000人。第二个是"共济会"(Fraternal Society)。"共济会"的出现晚于"互济会",在"共济会"中最受绝对禁酒派欢迎的是"独立禁酒会"(The Independent Order of the Good Templars)。该会创建于美国,于1868年进入英国,吸纳戒酒者和禁酒社区成员入会,并印制禁酒书籍与传单,为禁酒运动服务。① 第三个是"救世军"(The Salvation Army)。"救世军"由威廉·布斯(William Booth)和凯瑟琳·布斯(Catherine Booth)在1865年创立于伦敦,他们有感于伦敦穷人沉溺于酗酒等恶习之中,决心帮助这些人进行悔改,致力于宣传完全戒酒的主张,绝对禁酒也就成为对"救世军"成员的基本要求之一。在维多利亚时代,"救世军"积极投身于禁酒等道德整肃运动之中,发挥了重要作用。第四个是"主日停业运动"(The Sunday Closing Movement)。该运动是19世纪60年代和70年代"禁酒运动"的重要组成部分,在"禁酒运动"的发展中发挥了重要作用。② 第五个是"蓝带(Blue Ribbon)运动"。该运动是由威廉·诺布尔(William Noble)从美国引入英国的,并很快由地方性运动向全国性运动转变,到19世纪80年代末,有超过100万人签署了禁酒誓约,披上了蓝带,并在禁酒运动中引发一股佩戴徽章之风。③

---

① Lilian Lewis Shiman, *Crusade Against Drink in Victorian England*, pp.178 – 182.
② Lilian Lewis Shiman, *Crusade Against Drink in Victorian England*, p.86.
③ Lilian Lewis Shiman, *Crusade Against Drink in Victorian England*, pp.111 – 112.

教会是维多利亚时代禁酒运动中不可忽视的重要力量。在 19 世纪上半叶,国教会、天主教会与不奉国教派教会虽然谴责酗酒,也允许教士或牧师以个人身份支持或参与禁酒运动,但并未以教会官方身份正式宣布支持或参与禁酒运动。由于有教会官方的默许,有不少教士或牧师在不同程度上支持或参加禁酒运动,在一些地方禁酒协会的建立与组织管理工作中都能见到他们的身影。① 当然,并不是所有教士或牧师都支持禁酒运动,还有教士或牧师对禁酒运动颇有微词。1851 年,在利兹有个教士致信《利兹水星报》(*Leeds Mercury*),对禁酒运动的问题与不足发出了抱怨。② 绝对禁酒运动出现后,原来支持禁酒运动的一些教士或牧师的态度也发生了显著变化,甚至有些带有教会背景的禁酒组织因此而发生分裂。在温和禁酒运动时期,卫斯理宗牧师曾发挥了重要作用,但绝对禁酒运动出现后,许多卫斯理宗牧师的态度发生了变化,他们的抵制直接指向绝对禁酒派的新主张和吸引成员的新方式。

　　19 世纪 60 年代和 70 年代,随着英国国内禁酒意识的加强,所有基督教派别都建立了自己的禁酒组织,虽然有些派别并未完全接受绝对禁酒的原则,但各教派都停止了对禁酒运动的批评。1861 年国教会成立了"国教会绝对禁酒协会",到 70 年代改名为"国教会禁酒协会"。该协会开展了大量禁酒工作,尤其是建立了许多分支机构,如专注铁路工人禁酒的"联合王国铁路禁酒协会"、专注女性禁酒的"女性联盟"(Women's Union)、专注儿童禁酒的"少年禁酒协会"等。"到 19 世纪末,禁酒在国教会牢固地确立下来。"③19 世纪 70 年代,福音禁酒(Gospel Temperance)运动兴起,参与其中的主要是不奉国教的各新教教派,它们通过建立禁酒协会、进行禁酒布道、提供经费与场地支持等方式,在信徒中广泛开展禁酒宣传,极大地推进了

---

① Lilian Lewis Shiman,*Crusade Against Drink in Victorian England*,p.47.
② Lilian Lewis Shiman,*Crusade Against Drink in Victorian England*,p.51.
③ Lilian Lewis Shiman,*Crusade Against Drink in Victorian England*,p.108.

禁酒运动的开展。为了防止信徒在禁酒运动中加入其他教派的禁酒组织，天主教会鼓励信徒在教会内部建立禁酒协会。在利物浦，天主教会建立了"天主教绝对禁酒联盟"（Catholic Total Abstinence League），1878年该联盟拥有6个分支机构，主要针对爱尔兰移民开展禁酒活动。1872年，全国性的天主教绝对禁酒协会"十字架联盟"（The League of the Cross）成立，协调全国天主教徒的禁酒运动。这样，各个教派的禁酒活动全面展开，推动了禁酒运动的深入。

随着禁酒运动的开展，运动的支持者和参与者也逐渐增加。到1855年，"联合王国遏制酒类贸易联盟"的注册人数达到21 000人，一年之后达到30 000人。[1] 1899年，"国教会禁酒协会"拥有150 000名到200 000名注册成员。[2] 到19世纪80年代末，"蓝带运动"吸引了超过100万人签署誓约，披上蓝带。[3] 到1894年，"独立禁酒会"有50 000名成年人会员和50 000名儿童会员。[4] 据自由党人凯恩（Caine）估计，在1892年的议会选举中，同情或支持禁酒运动的选民至少有700 000人。[5] 据估计，到19世纪末，绝对禁酒主义者的总人数在300万到600万之间。[6] 当然，对各个禁酒组织宣称的支持者与参与者人数要持谨慎态度，因为学者们研究发现，有一些禁酒组织往往喜欢夸大支持者与参与者人数，以此来壮大声势或炫耀成就。因此，实际支持或参与禁酒运动的人数要低于禁酒组织所说的数字。

禁酒运动的组织者、参与者与支持者遍及英国社会各个阶层、各个年

---

[1] A. E. Dingle, *The Campaign for Prohibition in Victorian England: The United Kingdom Alliance, 1872 – 1895*, p.14.
[2] Lilian Lewis Shiman, *Crusade Against Drink in Victorian England*, p.107.
[3] Lilian Lewis Shiman, *Crusade Against Drink in Victorian England*, p.112.
[4] Lilian Lewis Shiman, *Crusade Against Drink in Victorian England*, p.181.
[5] John Greenaway, *Drink and British Politics Since 1830: A Study in Policy-Making*, p.48.
[6] A. E. Dingle, *The Campaign for Prohibition in Victorian England: The United Kingdom Alliance, 1872 – 1895*, p.219.

龄段的人。在他们当中有莎夫茨伯里勋爵(Lord Shaftesbury)和斯坦霍普伯爵(Earl Stanhope)等贵族,有伦敦主教、红衣主教曼宁(Cardinal Manning)等教会人士,有工厂主和商人,有议会议员、政府官员、治安法官等政界人士,当然人数最多的还是工人等普通民众。虽然他们组织、参与和支持禁酒运动的出发点与目的各有不同,但通过禁酒来改善社会风气,倡导节俭、自制、自助的道德品格,是多数人的共同想法。社会中上层人士把禁酒作为引导下层民众进行道德完善的重要途径,工厂主与商人把禁酒看作是帮助工人阶级进行社会改善的重要手段,社会改革家们把禁酒视为个人自我完善的途径。对于下层民众尤其是工人而言,禁酒是他们实现自助、获得社会尊重的途径,可以帮助他们实现晋升社会地位的愿望。而那些完全忠诚于禁酒事业的人,多为个人经历过酗酒并且给家庭生活带来危害的人。弗兰西斯·比尔德肖(Francis Beardsall)出身于小酒馆老板家庭,他的父亲靠卖酒发家,但最终也因为酗酒而丢了性命。威廉·贝尔(William Bell)的家庭和母亲都因为他父亲酗酒而受到伤害。[①] 他们后来都成为禁酒运动的坚定支持者与参与者。

各种禁酒组织在开展禁酒运动时采取了多种多样的活动方式,以引起人们对酗酒问题的关注,动员民众参与到禁酒运动中来,努力消除酗酒现象。在诸多的活动方式当中,最常见也是最主要的方式主要有以下几种。

像维多利亚时代的多数改革运动一样,禁酒组织也把公众集会作为其主要的活动方式。对于禁酒组织而言,公众集会是吸引注意、宣传主张、动员民众、获得支持、显示力量和影响的手段与途径。在禁酒运动中,公众集会是禁酒组织使用最多的活动方式。以"联合王国遏制酒类贸易联盟"为例,该组织在1855年举行了500余次集会;1877年举行了

---

① Lilian Lewis Shiman, *Crusade Against Drink in Victorian England*, p.29.

2 000 余次集会,参加者将近 50 万人;1888 年举行了近 4 000 次集会,参加者超过 100 万人。① 在禁酒运动公众集会上,往往会有协会成员或受协会邀请的教会人士等发表演讲或布道,演讲或布道的内容或是向听众揭示酗酒的危害性,或是向听众介绍该协会的禁酒主张。有时也会在集会上安排一些已经戒除酒瘾的人现身说法,向听众介绍酗酒给自己及家庭带来的不幸,向听众展示自己戒除酒瘾后的诸多好处。很多协会还会在集会之上组织集体签署禁酒誓约,以此为禁酒造势。另外,一些协会有时也会在集会上安排捐款接收仪式。但是,也有些禁酒协会的集会仅限于协会成员参加,在这样的集会上,总结、讨论、安排协会禁酒工作往往成为一个重要内容。

签署禁酒誓约是禁酒运动的重要活动内容。签署禁酒誓约被禁酒派视为极其重要的事,它是签约者禁酒意愿的宣示,是禁酒组织禁酒目标的展示,是禁酒组织对其成员行为的一种约束,是禁酒派对酗酒这种社会恶习的宣战书,也是一些禁酒组织接纳成员时必须履行的一道程序。各个禁酒组织的禁酒誓约内容大同小异,但大体分为两种:短誓约与长誓约。短誓约多为温和禁酒派使用,签署短誓约者允诺除医疗用途外不再饮用烈酒。长誓约多为绝对禁酒派使用,由于绝对禁酒派在维多利亚时代"禁酒运动"中占据主流,故长誓约的使用较为普遍。签署长誓约者允诺除医疗用途外,不仅自己不饮酒,也不向其他人提供酒。显然,与短誓约相比,长誓约禁酒的种类已经不局限于烈酒,而是包含了所有酒水;不仅自己不饮酒,也不向其他人提供酒,禁酒的力度大大高于短誓约。在签署禁酒誓约问题上,各个禁酒组织之间存在分歧:一部分禁酒组织在签署禁酒誓约问题上实行自愿原则,另一部分禁酒组织则把签署禁酒誓约作为一项强制性义务。虽然说大部分签约人都能够遵守誓约,但也有不少人在签约后无法

---

① A. E. Dingle, *The Campaign for Prohibition in Victorian England: The United Kingdom Alliance, 1872 – 1895*, p.205.

抵御酒瘾而背弃誓约。绝对禁酒派杂志《禁酒倡导者》(*The Temperance Advocate*)的一个编辑曾抱怨,醉鬼们签署誓约后又背弃誓约的现象普遍存在。① 为防止签署禁酒誓约者出现反复,禁酒组织支持引导新签署誓约者组成一个小团体,该团体不仅能在抵御喝酒的诱惑时提供帮助,也能有助于成员养成新的行为习惯。对于那些背弃誓约者,许多禁酒组织往往会采取这样的做法:先派人与其见面,争取其悔改并重新签署誓约,如果此举失败,则在公众集会上将其名字公之于众,让所有人知道其悖信行为,同时将其名字从会员名单中删除。一旦背弃誓约者被公开贴上不守约、悖信的标签,他的声誉、尊严乃至生计都会受到影响,这不能不说是一个严厉的惩戒。而马修神父(Father Mathew)领导的"科克绝对禁酒协会"要求其成员佩戴协会的徽章,这不仅是显示佩戴者绝对禁酒者身份的标志,同时佩戴徽章也是在时刻提醒佩戴者不要忘记他们立下的禁酒誓言。

印制和散发书籍、小册子、报纸、传单及其他宣传品是禁酒组织常用的宣传手段。传单和小册子是最早、最普遍的宣传媒介;在报纸出现之前,传单和小册子便宜,易于印制和传播。有些禁酒组织及其成员对使用传单和小册子情有独钟。A. E. 艾克尔斯(A. E. Eccles)在1853年至1909年间自费散发了5 500万份传单,查尔斯·沃森(Charles Watson)在一年之内就散发了800万份传单。② 在禁酒组织散发的传单和小册子中,一般性教育传单和小册子占多数,到19世纪60年代,随着禁酒运动重点向推动立法禁酒的转变,许多禁酒组织认识到,需要教育的不只有普通大众,还有那些仍然对饮酒问题漠不关心的上层人士。因此,禁酒组织散发的传单和小册子越来越针对特殊事件、特殊问题或特殊人群,散发对象也日益针对下院议员、教士、医生、贸易联盟成员以及其他类似的具有社会地位的人。在禁

---

① Lilian Lewis Shiman, *Crusade Against Drink in Victorian England*, p.20.
② A. E. Dingle, *The Campaign for Prohibition in Victorian England: The United Kingdom Alliance, 1872–1895*, p.209.

酒派发行的小册子中最成功的一个是威廉·霍伊尔的《我们的自然资源及其浪费方式》(Our Natural Resources and How They are Wasted),这本小册子初版于1871年,到1873年发行了4版,每版发行10 000份。① 小册子不仅用于宣传禁酒主张,也被用于禁酒派与对手的论战或回应一些人对禁酒运动的质疑。1851年,一个利兹的教士致信《利兹水星报》,对禁酒运动的问题与不足发出抱怨。利兹附近伍德豪斯(Woodhouse)村的绝对禁酒团体领导人乔治·卢卡斯(George Lucas)对此做出了答复,并印制成小册子进行散发。② 有些小册子的发行量很大,如"全国禁酒协会"组织编写的《新不列颠与海外协会手册》(The Tracts of the New British and Foreign Society)在出版发行后,仅重印数量就达到450 000册。③

随着报刊在19世纪英国的发展,禁酒组织越来越多地利用报刊开展禁酒宣传,它们不仅充分利用其他报刊,而且自己创办报刊,或者购买现有报刊为己有,把这些报刊作为"禁酒运动"的舆论阵地。一些自由派地方报纸,尤其是《西部新闻晨报》(Western Morning News)和《东部新闻晨报》(Eastern Morning News)同情并支持禁酒运动,常常为禁酒派刊登消息或报道。④ 1889年,在伦敦舰队街出现了一家新闻通讯社(The News Correspondence Agency),后来改为联盟新闻社(The Alliance Press Agency),这是"联合王国遏制酒类贸易联盟"为加强禁酒宣传而成立的机构,该机构专门负责搜集与撰写英国及国外有关禁酒的消息,然后将这些消息提供给全国各地的报纸。⑤ 19世纪60年代以后,随着教育的发展及

---

① A. E. Dingle, *The Campaign for Prohibition in Victorian England: The United Kingdom Alliance, 1872–1895*, p.210.
② Lilian Lewis Shiman, *Crusade Against Drink in Victorian England*, p.51.
③ Richard Barrett, *The Temperance Movement: Its Rise, Progress and Results*, p.11.
④ A. E. Dingle, *The Campaign for Prohibition in Victorian England: The United Kingdom Alliance, 1872–1895*, p.210.
⑤ A. E. Dingle, *The Campaign for Prohibition in Victorian England: The United Kingdom Alliance, 1872–1895*, p.211.

民众识字水平的提高,民众中识字的人增多,适合其阅读的读物的需求量在增大,越来越多的禁酒组织开始创办自己的报刊。被称为"绝对禁酒之父"的约瑟夫·利夫西就曾印制一份周刊《斗争》(The Struggle),后来改为《道德改革者》(Moral Reformer)。① "联合王国铁路禁酒协会"创办了针对铁路工人的协会杂志《铁路信号》(The Railway Signal)。"国教会禁酒协会"的前身"国教会改革禁酒协会"也在1862年创办了一份杂志《国教会禁酒年报》(Church of England Temperance Chornicle)。"全国禁酒协会"创办了月刊《禁酒年报》(The Temperance Chronicle)。《禁酒倡导者》则是一份著名的绝对禁酒派杂志。在北方最受欢迎的杂志是"不列颠禁酒联盟"的月刊《不列颠禁酒倡导者》(British Temperance Advocate),在南方则是"全国禁酒联盟"的喉舌《每周报道》(Weekly Record)占据统治地位。在这些杂志中,地方或行业禁酒团体的新闻占据了主要地位。② "联合王国遏制酒类贸易联盟"主办的《联盟新闻》(Alliance News)则是一份畅销全国的报纸,在禁酒运动中发挥了重要作用。该报主要是禁酒派的一份指导手册,1854年创办时是一份周报,每期4版,1871年增加到16版,1888年增加到20版。1869年至1870年,该报发行量将近15 000份,1891年至1892年达到20 000份。由于该报主要是禁酒派的一份指导手册,所以多数发行量出自禁酒派内部订阅或购买,到1895年,只有大约5 000份报纸的读者是禁酒派以外的人。③

随着对儿童禁酒的重视及儿童禁酒组织的发展,再加上儿童识字水平的提升,儿童禁酒读物的需求量也加大了。在这种情况下,许多地方的"少年禁酒协会联盟"(The Band of Hope Union)为满足这一需求,出版了自

---

① Lilian Lewis Shiman, *Crusade Against Drink in Victorian England*, p.18.
② Lilian Lewis Shiman, *Crusade Against Drink in Victorian England*, p.165.
③ A. E. Dingle, *The Campaign for Prohibition in Victorian England: The United Kingdom Alliance, 1872-1895*, pp.212-213.

己的杂志,只不过其中大多数办刊时间不长。例如,"约克郡少年禁酒协会联盟"(Yorkshire Band of Hope Union)主办的《禁酒灯塔》(Temperance Lighthouse),创刊于1871年,但几年后就停刊了。在诸多儿童禁酒杂志中,有两个全国发行的杂志逐渐占据统治地位,一个是"联合王国少年禁酒协会联盟"创办于1851年的官方出版物《少年禁酒协会评论》(Band of Hope Review),另一个是"兰开郡与柴郡少年禁酒会联盟"创办于1865年的《前进》(Onward)。这些杂志经常刊登一些人物故事,这些人物都符合当时英国社会流行的体面行为的观念,通过模仿这些人物,孩子们可以学会自制、节俭、勤劳、清洁、守时等美德。①

许多禁酒组织及其支持者还撰写、编辑、出版各种书籍,在全国范围内进行散发,传播禁酒主张,进行道德教育。在这些书籍中,有的书籍以问答书的形式向读者传播禁酒思想。各地少年禁酒协会编写的绝对禁酒问答书,就是直接模仿19世纪流行的基督教义问答书来编写的。这类问答书一般有52个问题,正好一年52周,每周1个,而且附带标准答案。儿童每周温习1个问题及其答案,在每周周会上由主持者对问题进行解答。问答书中的问题往往是这样一些问题:当我们说我们是绝对禁酒派的时候,我们要表达什么意思?我们知道,儿童不可能真正理解这些问题,但是,不断强化这些问题及其答案,就是在不断向儿童的头脑中灌输酗酒是恶习的观念,让他们惧怕饮酒,躲避酒类饮品,进而从小养成不饮酒的良好习惯。有的书籍通过描述酒鬼一生的传记来告诫世人酗酒的危害性。1835年,查尔斯·詹姆斯·阿铂利(Charles James Apperley)给酗酒成瘾、最后在身无分文和精神癫狂状态中死于债务人监狱的乡绅约翰·麦顿写的传记出版。这本传记出版后很有市场,到1901年维多利亚时代结束,该书共计重印了8次。② 还有的书籍对于从事禁酒工作的人很有帮助,如怀特曼夫人(Mrs.

---

① Lilian Lewis Shiman, *Crusade Against Drink in Victorian England*, pp.145-146.
② Charles Ludington, *The Politics of Wine in Britain: A New Cultural History*, p.221.

Wightman)撰写的《紧急救助》(*Haste to the Rescue*)描述了她管理一个教区禁酒协会的经历。全国禁酒联盟认识到该书的价值,印刷了10 000本免费分发给全国各地的教士,供他们在开展禁酒工作时参考。① 还有一些书籍是写给特定人群的,带有明确的指向性。C. L. 鲍尔弗夫人(Mrs. C. L. Balfour)撰写的《少年戒酒者》(*Juvenile Abstainer*)在1853年再版,并更名为《晨露》(*Morning Dewdrops*),就是专门写给少年禁酒协会儿童的读物。该书将禁酒问题的主张概要性地介绍给读者,强调自我完善,其章节题目中有论自我否定、酗酒的代价、童年的习惯、榜样的力量、习俗的权力、基督徒的美德与福报等。② 值得注意的是,许多知名的禁酒著作是由女性写作的,还有许多匿名的禁酒小册子和小故事也出自女性笔下。鲍尔弗夫人就是一个与禁酒运动有着几十年密切联系的作者,为成人和儿童读者写了很多关于禁酒主题的书籍和文章。

为了鼓励作者创作禁酒作品,一些禁酒组织还设立奖金,奖励那些优秀的禁酒作品。1860年,由亨利·伍德夫人(Mrs. Henry Wood)创作的小说《丹斯伯里一家》(*Danesbury House*)获得"苏格兰禁酒联盟"的100镑奖金。这部小说的主题是饮酒问题,它要表达的是:一个人一旦开始饮酒,就会形成不可控制的惯性,不幸也必然随之到来。该书讲述了一个富裕制造业家庭的故事,这个家庭的男主人是一个温和禁酒者,他先后娶了两任妻子,前妻给他生了1个儿子和1个女儿,后娶的妻子给他生了3个儿子。在4个儿子中,3个成为酒鬼并早早死去,只有长子是一个长寿的绝对禁酒者,他的事业与婚姻都很成功。作者在小说中还表达了对儿童成长过程中的家庭环境因素影响的重视,强调母亲对家庭道德氛围形成的意义。在小说中,3个早早死去的儿子有一个酗酒的母亲,而不饮酒的长子则有一个绝对禁酒的母亲。小说还对伦敦存在的诸多诱

---

① Lilian Lewis Shiman, *Crusade Against Drink in Victorian England*, p.100.
② Lilian Lewis Shiman, *Crusade Against Drink in Victorian England*, p.143.

惑给人们带来的不幸进行了抨击，作者认为，伦敦到处都是赌场、酒馆、廉价低劣出版物等，而这些都是人们道德堕落的诱因。这部小说的销售量很大，到1892年，仅在英国就发行了304 000本。1869年，由国教会教士T. P.威尔森（T. P. Wilson）创作的小说《弗兰克·奥德菲尔德》（*Frank Oldfield*）获得由少年禁酒协会颁发的100镑奖金。该书讲述了生活在浓厚饮酒风气下一个滴酒不沾的男孩的故事，在小说中，所有饮酒者包括适量饮酒者都没能逃脱饮酒带来的痛苦与不幸，而绝对戒酒者不仅在物质上获得成功，而且在道德上也高于其他人。这些小说在禁酒运动中产生了潜移默化的影响，而这种影响是那些板着面孔说教的作品无法企及的。

举行示威游行、请愿也是禁酒组织经常采用的活动方式，而且这种活动方式在争取立法禁酒斗争中更为常见。1839年5月，禁酒组织在伦敦组织了2 000余人参加的禁酒大游行；1840年，禁酒组织又在伦敦组织了10 000余人参加的禁酒大游行。[①] 这些禁酒游行的目的在于宣示禁酒运动的主张及声势，同时也向政府方面施加压力，促使其在禁酒方面采取更加有力的措施，如缩短酒馆营业时间、减少酒馆数量、压缩酒类进口、制定相关法律等。围绕着许可证法案修订、酒馆主日营业问题、禁止酒类贸易问题，禁酒组织经常采取请愿的方式向议会施压，以促使议会通过相关法律。1845年议会开会时收到了禁酒组织提交的有198 803人签名的899份请愿书，这些请愿书要求议会通过法律减少酒馆数量并禁止酒馆在主日营业。1852年，"伦敦禁酒联盟"（The London Temperance League）宣布，它将3 000份禁酒请愿书提交给议会。[②] 1893年，内政大臣威廉·哈考特（William Harcourt）、伦敦主教、切斯特主教分别向议会提交了有关禁酒

[①] Samuel Couling, *History of the Temperance Movement in Great Britain and Ireland*, p.126.
[②] James Nicholls, *The Politics of Alcohol: A History of the Drink Question in England*, Manchester: Manchester University Press, 2009, p.111.

的提案。"联合王国遏制酒类贸易联盟"征集了有 610 769 人签名的 10 088 份请愿书,为上述禁酒法案提供支持,希望议会尽快颁布禁酒相关法律。①

代理人或宣讲人是禁酒组织传播禁酒主张、开展禁酒活动的重要途径。在这些代理人或宣讲人中,有受过良好教育的有身份的人,有工人,有教士或牧师,有无宗教信仰的人,还有一些是戒除了酒瘾的酗酒者。这些代理人或宣讲人或是自愿从事禁酒工作的兼职者,或是受雇于地方性或全国性禁酒组织的全职者,他们或在各地旅行开展活动,或驻守于一地从事相关工作。各个禁酒组织因为规模大小不一,它们雇用的代理人或宣讲人也数量不等。"联合王国遏制酒类贸易联盟"雇用的全职全薪的宣讲人人数在 19 世纪 70 年代稳定在 30 人左右。② 这些代理人或宣讲人的主要工作职责是:做宣讲报告,传播禁酒主张,建立与组织禁酒协会,动员饮酒者签署禁酒誓约,为禁酒组织募集款项,扩大禁酒组织的影响。他们的工作在禁酒运动中至关重要,极大地推动了禁酒运动的开展。在这些代理人或宣讲人当中,也涌现出一些在禁酒运动中赫赫有名的人物,特别是那些出身于工人的代理人或宣讲人,他们当中不少人就曾经是酗酒问题的受害者,凭借着对禁酒事业的热情,积极投身于这项事业。在这些人当中有自称"改过自新的醉汉之王"的托马斯·斯温德赫斯特(Thomas Swindlehurst)、以"伯明翰的铁匠"而闻名的詹姆斯·霍金(James Hocking)、被称为"古怪的宣传家"的托马斯·沃斯诺普(Thomas Worsnop)。③ 许多禁酒组织看到这些戒酒者的鼓动能力,出资雇用他们担任代理人或宣讲人,双方形成雇佣关系。这成为少数工人出身的戒酒者的

---

① A. E. Dingle, *The Campaign for Prohibition in Victorian England: The United Kingdom Alliance, 1872–1895*, p.148.
② A. E. Dingle, *The Campaign for Prohibition in Victorian England: The United Kingdom Alliance, 1872–1895*, p.185.
③ Lilian Lewis Shiman, *Crusade Against Drink in Victorian England*, p.23.

谋生手段之一，甚至有人借此闯出了名声，进而使自己过上了舒适的生活。除了上述代理人或宣讲人之外，"联合王国遏制酒类贸易联盟"还在全国各地设立地区助手，他们在活动中起到上传下达的作用，其人数最多时在1857年达到176人，在伦敦、伯明翰、利兹、设菲尔德、赫尔、莱斯特、朴茨茅斯、约克、布里斯托尔、巴斯等地都有这样的助手。到19世纪70年代，这些地区助手的人数虽然大大减少，但仍在发挥着重要作用。① 值得注意的是，虽然绝大多数代理人或宣讲人都在真诚地为禁酒运动工作，但也有极少数代理人或宣讲人存在问题，并因此受到人们指责。一些福音禁酒派布道者往往夸大签署誓约者的数量，他们估计的签约戒酒者人数往往高于准确的统计数字。还有人指责"蓝带运动"的布道者借机敛财、贪图享受，或称他们所做布道花言巧语、不重实效。②

禁酒组织还根据禁酒运动发展的需要，采取一些其他活动方式。有的禁酒组织举行实习教师讲课比赛，比赛的讲课题目都与禁酒有关，如"一杯啤酒""酗酒的危害""完全戒酒"等。比赛获胜者将会在公开仪式上获得奖牌、书籍、证书及其他奖品。一些少年禁酒组织举行每年一度的禁酒考试，禁酒组织的全体儿童都可以参加，获胜者会获得书籍等适当奖励。另外，随着禁酒组织试图通过立法推进主日停业、减少酒馆数量、进行许可证改革、禁止酒类贸易，争取议会议员、政党领袖、各级官员、法官的支持就显得十分必要。因此，以"联合王国遏制酒类贸易联盟"为代表的一些禁酒组织十分注重在政党、议会、政府、法院中寻找代理人，寄希望于通过他们推进相关立法工作，并加强相关执法工作力度，以期早日实现禁酒目标。禁售派（Prohibitionists）与自由党（The Liberal Party）在禁酒问题上达成的合作就是一个典型的例子。

---

① A. E. Dingle, *The Campaign for Prohibition in Victorian England: The United Kingdom Alliance, 1872–1895*, pp.189–190.
② Lilian Lewis Shiman, *Crusade Against Drink in Victorian England*, pp.116, 118, 119.

在维多利亚时代的禁酒运动中,一直存在着道德劝诫与法律强制的方法之争,以及温和禁酒与绝对禁酒的目标分歧。这两大分歧在很大程度上决定着禁酒运动的走向与结局。

从禁酒运动开始以来,道德劝诫就主导着禁酒运动的发展,并成为一段时间里禁酒运动的主要途径与方法,这个阶段从19世纪30年代一直持续到40年代末。然而,这一传统的道德劝诫方法存在着自身的不足与局限,对于解决全国性的酗酒问题速度太慢。"因为许多绝对禁酒者对纯粹的道德劝诫措施感到了失望"[①],那些更加忠诚的禁酒改革者寻找新的方法来消除酗酒问题。1851年美国缅因州颁布的禁酒法,让英国的禁酒改革者大受鼓舞,他们认为这将是一个新的更加有效的禁酒改革方法。既然不能通过道德劝诫的方式让英国人变得清醒起来,那么就用强制手段来实现这个目标。1853年在曼彻斯特成立的"联合王国遏制酒类贸易联盟",将用法律手段禁止酒类贸易进而实现禁酒作为自己的目标。随之,禁酒运动的关注点转移到通过立法来达到禁酒目标上来。在这种情况下,道德劝诫派暂时处于沉寂状态。对于禁酒运动而言,这一变化将是一个重大变化,因为这不仅意味着禁酒运动的手段从道德劝诫向法律强制的转变,而且意味着禁酒运动对象的变化。也就是说,禁酒运动的对象从酒的饮用者转向了酒的售卖者,无论是减少酒馆数量、缩短酒馆营业时间、酒类经营许可证改革,还是主日禁止营业、禁止酒类贸易,都针对的是酒的售卖者,而非酒的饮用者。以禁酒运动的这一转变为基础,形成了禁酒运动中的禁售派。在禁售派看来,如果人们不愿或不能通过自己的意志力远离饮酒,社会就应该通过其代理人也就是政府,强制民众过上远离饮酒的生活方式。[②] 因此,他们致力于禁止酒类贸易、限制酒类销售时间与销售场所数量。他们乐观地相信,他们找到了一个快速、简洁的办法,一条法律就可以

---

① John Greenaway, *Drink and British Politics Since 1830: A Study in Policy-Making*, p.16.
② Lilian Lewis Shiman, *Crusade Against Drink in Victorian England*, p.189.

将"酒鬼"从这个国家清除出去,进而解决让英国人苦恼多年、日益严重的酗酒问题。

为了通过法律手段解决酗酒问题,禁酒组织主要开展了以下三种活动。

第一种是"主日停业运动"。"不列颠禁酒联合会"是第一个支持有组织限制主日饮酒的英国团体,早在1844年年度会议上,该协会就提出了主日停业的问题,并为此进行请愿和宣传。1853年,《福布斯·麦肯齐法》(The Forbes Mackenzie Act)获得通过,该法适用于苏格兰,规定禁止在主日饮用酒精饮品。同一年,"不列颠禁酒联合会"联合"全国禁酒协会",说服一些议员提出在英格兰实行主日停业的提案。1861年8月,在约克郡的赫尔市建立了第一个"主日停业协会"(The Sunday Closing Association)。1863年12月,在德比建立了全国性的"主日停业协会"。1866年,在曼彻斯特建立了"禁止在主日贩卖烈酒中心协会"。1867年,该协会改名为"中央主日停业协会"(The Central Sunday Closing Association)。1878年与1881年议会分别通过了在爱尔兰与威尔士实行主日停业的法律。19世纪80年代,一大批主日停业法案被提交议会,但这些法案中的绝大多数只适用于一个郡,因此对于全国性的禁酒意义不大。

第二种是许可证改革运动。通过颁发许可证来限制酒类销售的做法早就存在。在英格兰与威尔士,自1552年起,由治安法官负责发放酒类销售许可证。1756年,英格兰的许可证制度扩大到苏格兰。1828年,酒类销售许可证发放有了新的限制,那些掺假、短斤少两、放任赌博或醉酒、允许暴徒在酒馆聚集者,不能领取许可证。同时,禁止酒馆在主日、耶稣受难日和圣诞节礼拜期间营业,禁止在酒馆以外的地方零售烈酒供外带消费。1830年的《啤酒法》通过后,出现了两种形式的酒类销售许可证:全面出售酒类饮品的酒馆许可证与新的啤酒馆许可证。而且该法生效后的头6个月就发放了24 324份许可证,在接下来的8年里又发放了21 000份许可证。许多禁酒组织认为,酗酒现象泛滥的一个重要原因就是酒类销售许可证发放过多过滥,因此,它们主张对酒类销售许可证发放制度进行改革,严格控制酒类销售许可证的发放数量。1871 年,内政大臣 H. A. 布鲁斯(H. A. Bruce)向议会提交了《许可证法案》(Licensing Bill)。根据该法案,保留法官发放酒类销售许可证的权力,他们有权决定一个地区的许可证发放数量。如果许可证数量在城镇超过每 1 000 个居民 1 个或在乡村超过每 600 个居民 1 个,纳税人有权以五分之三多数决定减少新颁发许可证的数量。现有许可证在 10 年内有效,到期后对所有许可证按照新许可证法进行管理。另外,加大对允许在酒馆内酗酒及往酒中掺假者的惩罚力度,缩短现行营业时间,工作日期间,伦敦酒馆营业到晚 11 点,其他地区酒馆营业到晚 10 点,纳税人有权以五分之三多数决定酒馆主日停业及进一步缩短工作日酒馆营业时间。① 但是,该法案未能进入议会二读就被撤回。尽管如此,19 世纪 70 年代以后,颁发许可证的数量出现下降趋势,法官们也越来越严格地看待新许可证或更换许可证的申请。1891 年的"夏普诉维克菲尔德案"(Sharp vs. Wakefield)进一步明确了法官在没有不当行为的情况下有权拒绝颁发酒类销售许可证。到 1900 年前后,主管酒类销售许可证发放的官员开始强制实施酒类销售许可证改革。

第三种是禁止酒类贸易运动。这一运动开始于 1853 年,其标志是"联合王国遏制酒类贸易联盟"的成立。禁售派最初的目标是在英国全境禁止酒类贸易,他们希望通过禁止酒类贸易的方法来达到禁酒的目标。"在他们看来,自由放任的经济政策对于经济发展是有利的,但国家的道德进步被忽视了。正因为道德进步遭到忽视,财富的增加被用于奢侈、放纵与酗酒,变成了人们堕落与贫穷的工具。"② 正如 T. H. 巴克尔(T. H. Barker)所

---

① John Greenaway, *Drink and British Politics Since 1830: A Study in Policy-Making*, pp.32 - 33.
② John Greenaway, *Drink and British Politics Since 1830: A Study in Policy-Making*, p.19.

说:"如果我们不能摧毁(酒类贸易),它将摧毁我们的人民和国家。"① 因此,他们主张加强国家干预,通过法律禁止酒类贸易。最初,"联合王国遏制酒类贸易联盟"意图整合全国的禁酒组织,共同推进在英国全境禁止酒类贸易。但是,这一意图在诸多禁酒组织的抵制等因素制约下无法实现。在这种情况下,禁售派退而求其次,谋求在地方层面上禁止酒类贸易。1864年,第一个《许可禁止法案》(The Permissive Prohibition Bill)被提交议会下院。这是一份地方否决权(the local veto)法案,它将是否禁酒的权力赋予各地的选民,各地选民有权在三分之二多数同意的情况下在本地禁止酒类买卖。虽然这个法案没有获得通过,但是,"在接下来的50年里,地方否决成为吸引禁售派的一块磁石"②,他们不断提出新的地方否决法案,并争取议会与政府的支持。1880年6月18日,议会下院通过了《地方选择决议》(The Local Option Resolution)。禁售派欢呼这是"禁酒立法史上值得纪念的一天"③。1895年初,新的《地方否决权法案》(The Local Veto Bill)起草工作在内政大臣威廉·哈考特主持下完成,该法案得到了"国教会禁酒协会""联合王国遏制酒类贸易联盟""全国禁酒联盟"的支持。但这份法案也遭到与第一份地方否决权法案相同的命运,没有进入议会二读就无果而终。此后的禁止酒类贸易运动尽管仍在开展,但没有取得实质性效果,一定程度上可以说,通过禁止酒类贸易的方法来禁酒的道路没有走得通。

在全国及区域性禁止酒类贸易无望的情况下,为了给禁酒者提供一个没有酒的生活环境,有的禁酒组织或个人建立了无酒村镇,如贵格会工厂主J. G.理查德森(J. G. Richardson)在贝斯布鲁克(Bessbrook)建立的爱尔

---

① John Greenaway, *Drink and British Politics Since 1830: A Study in Policy-Making*, p.22.
② John Greenaway, *Drink and British Politics Since 1830: A Study in Policy-Making*, p.25.
③ A. E. Dingle, *The Campaign for Prohibition in Victorian England: The United Kingdom Alliance, 1872–1895*, p.81.

兰禁酒村、工厂主泰特斯·索尔特(Titus Salt)在约克郡西区建立的被人称为索尔泰尔(Saltaire)的禁酒镇以及英格兰最大的禁酒区托迪斯公园(Toxteth Park)。这些禁酒村镇或社区或者只接纳禁酒者为居民，或者不限居民是否饮酒，但都禁止在村镇或社区范围内开设酒馆从事酒类销售。① 可以说，这既是禁酒者给自己建立的一个世外桃源，也是他们在对禁酒前景失望之下的无奈之举。"从19世纪90年代到1914年第一次世界大战爆发，这些日益孤立的团体聚集在他们的地方禁酒会堂周围，保留了反对饮酒斗争的最后残余。"②

在禁止酒类贸易法律获得通过遥遥无期、酗酒问题没有好转的情况下，教会以及一些禁酒组织认为，要解决酗酒问题，终究离不开道德劝诫。约瑟夫·利夫西更倾向于把道德劝诫作为禁酒改革的有效手段，虽然他也投入精力参加禁止酒类贸易运动，但还是通过写作与演讲来推动道德劝诫的主张。"他认为，如果民众受到教育，清楚地认识事实，他们会做出正确的决定。他相信，让民众主动要求放弃饮酒，要远远好于强制他们放弃饮酒。"③ "救世军"领导人威廉·布斯认为，靠禁止酒类贸易来解决酗酒问题是不现实的做法。即使不列颠禁酒协会长期支持运用法律手段禁酒，他也感到禁止酒类贸易只能部分解决酗酒问题。随着福音禁酒运动的兴起，道德劝诫再度复兴。成立于1883年11月8日的"全国禁酒联盟"宣布，该联盟致力于通过道德劝诫与法律手段推动禁酒。1895年，一个叫作"老卫士"(Old Guard)的新禁酒组织建立。该组织强调，要把个体的道德劝诫方式作为其指导原则。1895年九十月间，全国禁酒代表大会(The National Temperance Congress)在切斯特举行，会议主席本杰明·沃德·理查德森爵士(Sir Benjamin Ward Richardson)提出，应该在科学原则基础上开展道

---

① Lilian Lewis Shiman, *Crusade Against Drink in Victorian England*, pp.158-159.
② Lilian Lewis Shiman, *Crusade Against Drink in Victorian England*, p.5.
③ Lilian Lewis Shiman, *Crusade Against Drink in Victorian England*, p.81.

德劝诫教育,赫顿牧师(Rev. Hutton)也意识到民众普遍缺乏对饮酒恶习的认识,希望禁酒运动加强对公众在这方面的教育,在会议上还有许多发言人也强调教育公众的重要性。① 不过,许可证改革与禁止酒类贸易并没有退居幕后。于是,自19世纪70年代起,在英国禁酒运动中就形成了两条主线:一条主线是以福音禁酒运动为牵动的道德劝诫的复兴与发展,另一条主线是与地方政府改革紧密纠缠在一起的许可证改革与区域性禁止酒类贸易的进行。这两条主线共同构成了维多利亚晚期英国禁酒运动的主要内容。

在维多利亚时代,虽然英国的禁酒运动主流是绝对禁酒,但绝对禁酒派的主张及做法并不被所有人认可,温和禁酒派的观念与主张并未彻底消失,而是一直存在,与绝对禁酒派一起推动禁酒运动向前发展。绝对禁酒运动出现后,原来的一些温和禁酒派领导人如约翰·邓洛普等接受了绝对禁酒的主张,但也有些人如约翰·埃德加、威廉·科林斯(William Collins)等则不同意将绝对禁酒作为禁酒运动的基础。教会虽然谴责酗酒,但并不禁止适量饮酒,因此对绝对禁酒的主张与要求,不少教会感到难以接受。罗马天主教会与国教会在绝对禁酒问题上有相似的立场。它们都坚持这样的态度:一个人选择戒酒必须出自其个人的自由意志,它们不实行强制。它们都倾向于在绝对禁酒问题上保持沉默,只要它们这么做不会让自己的权威受到伤害。浸信会与公理会也没有正式接受绝对禁酒的主张,它们都倾向于在这个问题上保持绝对中立。而"原初循道宗"(Primitive Methodists)和"圣经基督徒"(The Bible Christians)这两个活跃在社会底层的教派对绝对禁酒持支持态度。各个教派内部也不统一,因为许多教派并不要求下属教会、教堂以及信徒整齐划一,而是默许或允许他们自己做出选择。1847年,"利兹禁酒协会"对利兹所有的牧师进行了访

---

① Lilian Lewis Shiman, *Crusade Against Drink in Victorian England*, pp.230-231.

谈,了解他们对禁酒运动的看法。根据调查结果,有人敌视绝对禁酒,有人支持绝对禁酒,但总的来说,牧师们不关心绝对禁酒工作,也不愿意与绝对禁酒派保持密切联系。反对绝对禁酒的理由有:誓约不符合洗礼誓言;誓约并未触及人的道德本质;禁酒协会促进了人的暂时幸福,但忽视了更高的道德与信仰诉求。① 狄更斯在1849年对绝对禁酒派将烈酒视为一切罪恶之源的主张提出了批评,并在两年后与转向绝对禁酒主义的乔治·克鲁克香克(George Cruikshak)发生了激烈的争论,而后者曾是他的合作者。到19世纪70年代前半期,公共舆论变为支持温和禁酒改革。② 应该说,在英国这样一个有着长期饮酒历史与深厚酒文化的国家,要想消除酗酒问题,温和禁酒是一个切合实际的做法,而绝对禁酒——就像一些批评者所说——只能是一个乌托邦式的空想。

在维多利亚时代的禁酒运动中,政府的作用也不能被忽视。然而,在维多利亚时代的英国,长期存在着对政府推动禁酒运动发展行为的怀疑,并避免采用这一做法。之所以如此,是因为在人们的观念中,真正进步的途径在于道德启蒙。这种观念对自由派和保守派都产生了影响。自由派认为,可以通过完善的教育实现这一目标。保守派认为,人们不能指望通过警察的手段来实现道德重塑,禁酒应该是教会的事而不是议会的事。绝对禁酒派先驱约瑟夫·利夫西宣称:"我们决不能忘记我们的正确任务是道德劝诫,没有这方面的成功,所有立法都将是短暂且没有根基的。"③因此,在很长一段时间里,禁酒运动的支持者并不十分欢迎政府立法。不过,随着政府日益加强对公共健康、教育、铁路安全、劳动时间与劳动条件的干预和管理,人们越来越难坚持不让政府承担其应有责任的观念。实际上,1830年以后,政治家们就意识到,法律不能仅仅规范贸易状况,也应该用

---

① Lilian Lewis Shiman, *Crusade Against Drink in Victorian England*, pp.64-65.
② John Greenaway, *Drink and British Politics Since 1830: A Study in Policy-Making*, p.35.
③ John Greenaway, *Drink and British Politics Since 1830: A Study in Policy-Making*, p.10.

来改变人们的习惯与行为举止。1856 年,弗雷德里克·利兹(Frederic Lees)发表文章指出,好的政府应该承担起打击那些危害国家发展与道德进步的贸易的权利与责任。他认为,酒类贸易本身就是邪恶的,政府理所应当对其进行打击。[①] 在禁售派看来,政府的角色就是成为民众习惯的最重要教导者,也就是说,政府要积极干预改善国民的道德状况。随着公众对禁酒问题关注度的进一步提高,政治家们感到必须表现出对这一问题的重视。自由党领袖格拉斯顿也越来越认识到,控制酒类贸易是一个"政府几乎必须介入的行动"[②]。当然,并不是所有政治家都持同样的态度。迪斯累利内阁上台后,就推迟了城镇酒馆的闭店时间,削弱了警察进入有营业许可酒馆的权力。[③]

政府对禁酒运动的介入主要表现为以下几种形式:一是不断调整与完善酒类贸易许可证法律,并授权法官进一步严格控制酒类贸易许可证发放数量,加强许可证发放与换发审查。1869 年,议会通过《葡萄酒与啤酒馆法》(The Wine and Beerhouse Act),废除了以 1830 年《啤酒法》为标志的自由贸易试验,要求所有新的许可证颁发与换发必须经过法官批准。[④] 1871 年,内政大臣亨利·布鲁斯提出了一份新的许可证法案,该法案对许可证做了非常细致的划分,并给出了详细的规定。该法案经修改后在 1872 年获得议会通过,该法保留了关于掺假、对酗酒的罚金、酒馆的实际条件等条款,也规定了新的开业时间,并禁止向 16 岁以下儿童出售烈酒。[⑤] 二是将饮酒问题与地方政府改革相结合,努力推动禁止酒类贸易在地方的实现,地方选择决议的通过与地方否决法案的起草与讨论都是在这方面开展的

[①] James Nicholls, *The Politics of Alcohol: A History of the Drink Question in England*, p.116.
[②] A. E. Dingle, *The Campaign for Prohibition in Victorian England: The United Kingdom Alliance, 1872–1895*, p.75.
[③] John Greenaway, *Drink and British Politics Since 1830: A Study in Policy-Making*, p.34.
[④] James Nicholls, *The Politics of Alcohol: A History of the Drink Question in England*, p.122.
[⑤] James Nicholls, *The Politics of Alcohol: A History of the Drink Question in England*, pp.123–124.

工作。三是根据一些改革者的建议,在 1845 年通过了《公共博物馆法》(*The Public Museums Act*),在 1850 年通过了《公共图书馆法》(*The Public Libraries Act*),试图用博物馆与图书馆这些消遣娱乐方式来丰富民众的业余生活,与酒瘾形成对抗性引力,进而让饮酒者远离酗酒。四是设立专门机构对酗酒者进行惩治与矫正。根据 1872 年的《酗酒成性者惩治法》,不论当事人是否有扰乱治安或是其他的犯罪行为,酗酒者都被视为罪犯,要予以逮捕,投入监狱关押 7 至 14 天。[①] 根据 1879 年正式生效的《酗酒成瘾法》(*Habitual Drunkards Act*),地方当局有权批准私人机构建立疗养院,供酗酒成瘾者进行疗养和康复治疗。酗酒者自愿进入疗养院,费用自理。一旦同意进入疗养院,酗酒者就必须一直在其中接受治疗,直至治疗期结束,治疗期最长达一年。根据 1898 年《酗酒成瘾法》,设立注册地方感化院(Certified Local Reformatories)和国家感化院(State Reformatories)。前者由地方政府设立与管理,接收一年内 4 次犯有轻罪的酗酒者,最长可关押 3 年;后者由内政大臣直接管理,接收犯有重罪的酗酒者,以此代替其部分监禁刑期。正如有学者指出的,这些感化院实际上发挥着维护社会秩序与道德机构的作用,而非酗酒治疗机构的作用。[②]

[①] 曾亚英:《英国维多利亚时期的女性酗酒现象分析》,《绵阳师范学院学报》2015 年第 1 期,第 135 页。

[②] James Nicholls, *The Politics of Alcohol: A History of the Drink Question in England*, pp.164 – 165.

三、禁酒运动的成效

贯穿整个维多利亚时代的禁酒运动,参与人数之多、持续时间之长、涉及面之广是许多社会运动无法企及的。从温和禁酒到绝对禁酒,从道德劝诫到法律禁售,从禁酒协会到政府议会,从地方禁酒协会到全国性禁酒组织,禁酒运动声势浩大。到维多利亚时代落幕的时候,这场禁酒运动到底给英国社会与民众带来了哪些影响?这是许多人思考的问题。

禁酒运动有三个目标:消除酗酒现象,减少酒的消费量,把英国建成一个无酒国家。如果说消除酗酒现象是近期目标的话,减少酒的消费量则是中期目标,把英国建成一个无酒国家就是终极目标。就此而言,禁酒运动失败了,因为它没有实现这三个目标中的任何一个。担任"联合王国遏制酒类贸易联盟"秘书的詹姆斯·怀特(James Whyte)1899年在皇家许可证委员会作证时说,虽然"醉酒狂欢"成为过去,但静悄悄的"狂饮"在增加。[①]1899年,约瑟夫·朗特里与阿瑟·舍韦尔合作的《禁酒问题与社会改革》一书出版。根据他们的研究,到该书出版时,英国的酗酒问题仍然十分严重。无论是人均饮酒量、人均花费在饮酒上的费用,还是全国的酒类消费额都呈现上升态势。因酗酒而导致死亡以及因酗酒而被起诉的人数也在

---

① Lilian Lewis Shiman, *Crusade Against Drink in Victorian England*, p.240.

增多。在英格兰与威尔士,因酗酒而导致死亡的人数是:1877 年至 1881 年 1 071 人,1882 年至 1886 年 1 320 人,1887 年至 1891 年 1 710 人,1892 年至 1896 年 2 044 人。1896 年,英国 1 000 人中因为酗酒而被起诉的人数是 6.09 人,这一数字虽然比 1872 年至 1876 年的最高峰人数 7.83 人少,但还是要比 1857 年至 1861 年的 4.28 人多。① 这些数字充分说明,维多利亚时代的禁酒运动没有能够实现其既定目标,这个运动在很大程度上失败了。

禁酒运动之所以遭到失败,其原因是多方面的。第一,饮酒是英国人饮食行为与社交生活的组成部分,早已深深融入他们的生活之中,甚至成为他们日常生活与社交活动不可或缺的内容。世代沿袭的习惯不是那么容易就能被弃置一边的。因此,绝对禁酒的主张无法让英国人接受,让人们彻底放弃饮酒也是不现实的。第二,人们对酒的认识与看法阻碍了禁酒运动的开展。在人们的观念中,酗酒固然有害,但适量饮酒对人不仅无害,而且还对健康有利。许多工人说,不喝酒就干不了重活,甚至有人认为,最能喝酒的人是最好的工人。迪斯累利称啤酒为"液体面包"。这些看法易于使人们对禁酒产生抵触情绪。第三,医疗界的做法助长了人们认为饮酒对健康无害的看法。19 世纪的医生在许多治疗中都使用酒作为辅助手段,"一杯白兰地"是一个常见的处方,在很长时间里酒被认为是抵抗霍乱与流感的有效医疗手段,甚至当一些病人告诉医生说他要戒酒时,医生就会努力说服他戒酒对其健康不利。这使人们对禁酒运动的抵制有了医学根据。第四,教会在禁酒问题上的态度不利于禁酒目标的实现。基督教虽然谴责酗酒,但并不禁止教徒饮酒,而且在圣餐礼等宗教礼仪中还要用到葡萄酒,因此,大部分教派并不赞同彻底禁酒。在一个基督教社会里,教会的态度极大地影响乃至左右着信徒的行为选择。因此,教会在绝对禁酒问

---

① Joseph Rowntree and Arthur Sherwell, *The Temperance Problem and Social Reform*, p.30.

题上的态度成为许多英国人对绝对禁酒态度的重要依据。第五，自由放任与地方自治的治理观念使得英国政府难以在禁酒运动中发挥更大作用。在自由放任的治理观念下，政府不愿过多过深地介入饮酒这个被视为个人生活行为的事务中来，民众也不愿看到政府过多地干预他们的生活，因此，政府难以通过立法或行政手段来推进禁酒运动。在地方自治的治理观念下，地方精英们不愿看到中央权力过大、地方权力被侵蚀的局面出现，他们坚定地维护地方利益，使得《地方否决法案》难以在议会获得通过。第六，既得利益者的抵制极大地阻碍着禁酒目标的实现。酒类行业的既得利益者有三个：一个是酒类行业经营者，如酒厂老板、酒类进出口商人、酒馆老板等；一个是种植啤酒花等造酒原料的农民；还有一个是收取酒类营业税与进口税的国家。酒类行业经营者通过破坏禁酒活动、阻止议会通过禁酒立法等手段，来阻止禁酒运动的开展，保护自己的利益不受损害。种植造酒原料的农民不愿意因为禁酒而造成自己的粮食、啤酒花等销路受阻，因此不愿意看到禁酒运动的成功。国家虽然担心酗酒造成社会秩序混乱等严重社会问题，愿意消除酗酒现象，但大笔的酒类税收让其难以做出彻底将各种酒类从英国去除的决心。第七，禁酒组织的分散性及其难以弥合的分歧削弱了禁酒运动的力量。道德劝诫与立法禁酒、温和禁酒与绝对禁酒等禁酒主张的不同，教会禁酒组织与世俗禁酒组织、中产阶级禁酒组织与工人禁酒组织之间的隔阂与分歧，全国性禁酒组织与地方禁酒组织、各个地方与各个行业的禁酒组织之间的隔阂与分歧，等等，成为全国禁酒组织形成强大统一力量的重重障碍，不仅让这些禁酒组织难以拧成一股绳，也影响到禁酒组织在民众中的形象，进而影响到禁酒运动的开展及其效果。

但是，作为"自伟大的废奴时代之后最大、最广泛、最深层次的运动"[①]，禁酒运动在维多利亚时代的英国社会引起了诸多变化，"给这个国

---

① John Greenaway, *Drink and British Politics Since 1830: A Study in Policy-Making*, p.48.

家的社会与政治进步奠定了基础"①。首先,酗酒问题引起越来越多人的关注,从中产阶级到工人阶级,从禁酒协会到议会与政府,从道德改革家到社会学家和医学家,整个社会形成了关注酗酒问题、探索解决酗酒问题的潮流。道德学家关注酗酒者的个人品质与道德缺陷,医学家研究酗酒者的生理机制,社会学家探究酗酒问题的社会根源,议会与政府关注酒类生产经营者的社会道德责任,他们都试图从不同角度探究酗酒问题的原因,进而有的放矢地解决酗酒问题。其次,虽然禁酒运动未能真正实现其目标,但长期的禁酒运动培育了一种禁酒亚文化,这种文化氛围使得酗酒成为一种道德逾规、一种病态、一个社会问题,酗酒现象逐渐从众目睽睽之下消退,变成一种不被社会主流观念认可的静悄悄的"狂欢"。"在这个世纪最后几十年曾经是重要社会问题的酗酒,已经成为不再那么迫切的问题了,这部分是 1869 年和 1872 年的许可证法的结果,但更主要的是因为禁酒运动的影响。"②再次,中产阶级发起禁酒运动的一个重要目的,是借此向其他社会阶层尤其是工人阶级灌输节制、节俭、自律、自助等中产阶级价值观,使这种价值观念成为体面社会的主流价值观念,就此而言,禁酒运动在这方面还是贡献颇大,有力推动了维多利亚时代价值观与体面社会的形成。最后,禁酒运动对英国工人阶级的影响是最大的,"该运动发挥了其作为帮助个体工人在经济与社会阶梯上上升途径的作用"③。随着禁酒运动的发展,早年那些粗俗、没有文化的工人出身的绝对禁酒派成员有了很大成长,他们在生活中找到了尊严与地位。禁酒运动不仅让工人阶级的道德状况有了极大好转,而且许多绝对禁酒派成员在个人成功之路上也取得了巨大成就。詹姆斯·I.纳西(James I. Nussey)加入禁酒协会时是一个地位

---

① John Greenaway, *Drink and British Politics Since 1830: A Study in Policy-Making*, p.9.
② Gertrude Himmelfarb, *The De-Moralization of Society: From Victorian Virtues to Modern Values*, p.38.
③ Lilian Lewis Shiman, *Crusade Against Drink in Victorian England*, p.207.

卑微的织布工,后来成为一个富裕的工厂主,还出任治安法官,并担任禁酒协会主席20余年,是个人奋斗成功者的代表。[1] 虽说这样的人不多,但更值得注意的是,许多工人在禁酒运动中培养了演讲、组织工作以及其他能力,这使他们有能力参与政治进程。这对于工人阶级的成长壮大、工人运动的深入发展、工人阶级政党的形成都有着非常重要的意义。

---

[1] Lilian Lewis Shiman, *Crusade Against Drink in Victorian England*, p.167.

第三章
社会净化运动

在维多利亚时代,英国的卖淫问题日益突出,不仅带来社会道德的恶化,而且与拐卖妇女儿童、偷盗、抢劫等犯罪纠缠在一起,成为"最大的社会公害"①。严重的卖淫问题与性道德混乱引起社会有识之士的关注。"'社会恶习'(social evil)和'社会病'(social diseases)等词语的使用,说明人们对于卖淫的社会影响有着广泛的忧虑,而且到这个世纪(19世纪)中叶,这种忧虑正在变成普遍的社会焦虑。"②19世纪下半叶,一场社会净化运动(The Social Purity Movement)全面展开。

---

① [英]阿萨·布里格斯:《英国社会史》,陈叔平、陈小惠、刘幼勤等译,北京:商务印书馆,2015年,第315页。
② Jeffrey Weeks, *Sex, Politics and Society: The Regulation of Sexuality Since 1800*, p.105.

一、日益严重的卖淫问题

在维多利亚时代,卖淫问题日益凸显。到 19 世纪中叶,卖淫被称为"严重的社会恶习"(the great social vice)。卖淫与其他罪恶有着根本的区别,兰德斯认为,酗酒、流浪、破产以及堕落的人都能够恢复其尊严,但妓女不能,因此,卖淫比其他罪恶更严重,是最堕落的罪恶。① 当时许多社会观察家对卖淫问题展开了调查并予以揭露:

> 梅休、布思、阿克顿等人的调查表示,这份关注演变为一种狂热的执念。诸如以《伦敦妓女》为题的书籍面世,或者较周详地取题为《卖淫:道德、社会与卫生角度的探讨》。还有各种表格和数据,显示妓女在何处寄宿或居住,并且加以分门别类:"穿着讲究,住在妓院""穿着讲究,私家寄宿""贫民街坊""借屋""膳宿房"。还有详尽地探讨"品性爱好与天赋""闲时消遣方式""道德缺陷"(嗜好烈酒)、"良好品质"(相互赋有强烈的同情心)。②

当时也有一些新闻报道隐晦地揭露卖淫问题的存在:

> 1862 年的一篇新闻报道标题为"尼克尔斯大街、新尼克尔斯大

---

① W. Landels, *Lessons of the Street: A Lecture*, London, 1858, p.37.
② [英]彼得·阿克罗伊德:《伦敦传》,翁海贞等译,南京:译林出版社,2016 年,第 316 页.

街、尼克尔斯半街和特维尔大街,这些地方有不计其数的封闭院子和小巷子"。标题之所以冗长地列出一条条大街的名字,本身就足以让人想到堕落的场景,"公开的道德败坏一目了然"。①

通过这些调查及报道,可以看到卖淫问题在当时英国社会的严重程度。

维多利亚时代英国的妓女数量较大,这是当时英国人的一个共识。但是这个数量到底是多少,当时人的统计数字存在较大差异。19世纪60年代,有人认为英国有妓女50万人,甚至有人认为仅伦敦就有5万名妓女。有学者对1861年至1866年伦敦与英格兰和威尔士的妓女人数做过统计。这期间,伦敦的妓女人数在5 544人到7 124人之间浮动,而英格兰和威尔士的妓女人数在24 717人到29 572人之间波动。② 这份统计数字是警察掌握的妓女人数,与其他渠道的统计数字相差较大。关于妓女人数的统计数字之所以差别这么大,首先是因为统计者及其采用的统计标准与统计方式不同。有些统计将上流社会交际花、单身母亲、与男性同居的女性都视为妓女,这样宽泛的界定必然带来妓女人数的增多。与此相反,有些统计数字采用的是警方统计数字,只把因为卖淫而受到审判的女性统计进来。但是,在卖淫未被定为犯罪行为的情况下,因为卖淫而被处以刑罚的妓女更少,1885年《刑法修正案》(The Criminal Law Amendment Act)获得通过后,卖淫才被作为犯罪行为而受到打击。但即便如此,真正因为卖淫而受到惩罚的妓女也不多,1896年只有7 537名女性因为卖淫而受到审判。其次,各地警方对卖淫行为的态度及打击力度也存在差异,由此导致警方掌握的妓女人数也有很大差别。19世纪晚期,利物浦警察局局长认为,卖淫在利物浦疯狂蔓延,仅在一条街上就有30家到50家有名的妓院。而设菲

---

① [英]彼得·阿克罗伊德:《伦敦传》,第505页。
② E. M. Sigworth and T. J. Wyke, "A Study of Victorian Prostitution and Venereal Disease", in Martha Vicinus, ed., *Suffer and Be Still: Women in the Victorian Age*, London: Methuen and Co., 1980, p.77. 转引自邹翔:《维多利亚时代的〈接触传染病法〉与中下层妇女的废法运动》,《世界近现代史研究》(第八辑),第143页。

尔德警察局局长信誓旦旦地说，在他的辖区里没有一家妓院。他的说法遭到利物浦警察局局长的质疑。① 此外，在妓女当中还有数量不清的偶尔兼职卖淫的女性，因为她们的活动较为隐秘，其人数难以统计，这也影响对于妓女人数的准确判断。因此，英国妓女的实际人数肯定要远远大于警察所掌握的数字。据曼彻斯特主教说，在其主教座堂所在的城市里就有 3 000 名妓女。②

在卖淫业中，童妓问题更为严重，而这种严重性又因其隐秘性而遭到人为掩盖。不只是许多妓院私下里提供童妓供嫖客嫖宿，还有一些拉皮条者暗中牵线，为嫖客提供少女，在街边的流莺中也不乏少女。个别职业介绍人或机构，如个别家庭女教师中介公司也"挂羊头卖狗肉"，提供少女供人嫖宿。1884 年 8 月，在赫尔市出现了一所"未成年人学校"，该校实为一家经营童妓卖淫的妓院，在该妓院有不少于 14 个少女，其中最大的只有 15 岁，还有几个刚刚 12 岁。③ 童妓的数量因其隐秘性而无法确定，但从调查结果来看，"毫无疑问，存在着数量庞大且日渐增多的童妓"④。据位于伦敦芬斯伯里路的"救助协会"（The Rescue Society）统计，从 1862 年到 1883 年，被该协会解救的年龄为十二三岁的少女达 1 002 人，年均将近 46 人。在拉特克利夫大路及其附近有许多年龄在十五六岁的童妓。⑤

卖淫嫖娼现象遍及社会各个阶层。在妓女当中，既有专门为有钱、有地位、有身份的嫖客提供性服务的高级妓女，也有满足下层嫖客欲望的底层妓女；既有英国本国的妓女，也有来自法国、比利时、德国、瑞士等欧陆国家的妓女；既有属于某个妓院的妓女，也有个体经营的私娼，还有站在街边

---

① Paula Bartley, *Prostitution: Prevention and Reform in England*, 1860 – 1914, pp.2 – 3.
② W. T. Stead, "Bishop Frazer on the Social Evil", *The Northern Echo*, October 27, 1871.
③ W. T. Stead, "The Maiden Tribute of Modern Babylon Ⅲ: The Report of the Secret Commission", *The Pall Mall Gazette*, July 8, 1885.
④ W. T. Stead, "The Maiden Tribute of Modern Babylon Ⅲ: The Report of the Secret Commission", *The Pall Mall Gazette*, July 8, 1885.
⑤ W. T. Stead, "The Maiden Tribute of Modern Babylon Ⅲ: The Report of the Secret Commission", *The Pall Mall Gazette*, July 8, 1885.

招揽生意的流莺。亨利·梅休(Henry Mayhew)把妓女分成六类:被包养的情妇,妓女,住在廉价公寓里的妓女,为水手和士兵提供服务的妓女,公园里的妓女,为小偷提供服务的妓女。① 这一分类虽说有些简单化,但说明了妓女服务对象的社会层次。妓院也分三六九等,以满足不同社会阶层嫖客的欲望。嫖客的身份也多种多样,既有贵族、大臣,也有官员、绅士,当然数量最多的嫖客是社会下层出身者,相应地,妓女中数量最多的也是下层妓女。

城市是卖淫现象的集中地,伦敦与利物浦等港口城市、科尔切斯特等驻军城市的妓女数量最多,接下来是曼彻斯特这样的城市和布莱顿这样的休闲城镇。1881年,被警察送上法庭的妓女人数是:伦敦5 942人,利物浦4 615人,曼彻斯特2 091人,伯明翰477人。② 许多城市都有数量不等的妓院,在一些城市甚至形成了妓院集聚的红灯区。在伦敦,查令十字街、干草市场、摄政街、西区是臭名昭著的红灯区。在曼彻斯特,牛津街是有名的妓女集中地。在利物浦,圆形剧场、多明维尔舞厅、动物园都是有名的寻花问柳之地。一些地方的俗称很形象地表明该地作为卖淫集中地的特点,如约克的"摸巷"(Grapecunt Lane)、格林威治的"垃圾坑"(Dust-Hole)、普利茅斯的"堕落街"(Damnation Alley)。但是,卖淫行为并不局限于妓院,有些旅店、酒馆、咖啡馆也暗中提供妓女供嫖客嫖宿。沃尔弗汉普顿警察局局长卡斯尔说,"有些小酒店叫道德败坏的女人去和男顾客坐在一起,然后把他们带回她们的住处"③,进行嫖宿。伦敦尤斯顿路(Euston Road)的一些居民抱怨说,在尤斯顿路和国王十字街(King's Cross)有不少伪装成旅馆的妓院。④

---

① Paula Bartley, *Prostitution: Prevention and Reform in England*, 1860-1914, p.3.
② Paula Bartley, *Prostitution: Prevention and Reform in England*, 1860-1914, p.3.
③ [英] E. 罗伊斯顿·派克编:《被遗忘的苦难——英国工业革命的人文实录》,蔡师雄等译,福州:福建人民出版社,1983年,第270页。
④ Paula Bartley, *Prostitution: Prevention and Reform in England*, 1860-1914, p.159.

围绕卖淫尤其是有组织的卖淫,已经形成一个行业链条。以童妓卖淫为例,有人专门寻找合适的小女孩,通过诱拐、欺骗、迷奸等手段将其带入卖淫业;有专门的医生或助产士对小女孩进行检查,提供处女证明,或者为这些小女孩修补创伤,甚至必要时为她们实施人工流产;如果有嫖客要求在自己的住所或妓院外的其他地方嫖宿少女,就要有专人负责将小女孩送到车站或其他见面地点,交给嫖客。提供童妓的不仅有妓院,还有一些"挂羊头卖狗肉"的机构。根据报道,在伦敦有一个名称为"X 与 Z 夫人"的经纪行,表面上该经纪行的老板与成员"都在社会上有正常的生活和地位,拉皮条的业务只在暗地里进行",而且该经纪行的生意十分兴隆。①

卖淫活动的猖獗严重扰乱了人们的正常生活,更给社会道德带来了恶劣影响,遭到民众与社会有识之士的抱怨、指责与抨击。有批评者指出,妓女对体面邻居造成了严重伤害。经常出现的下流行为,以及通过下流手段获得的闲暇、独立与服饰,对于体面居民儿女们的道德构成了持久的威胁。一个生活在伦敦尤斯顿广场(Euston Square)的药剂师写信给地方当局,抱怨由妓女带来的严重危害正在影响这个地区。伦敦恩兹利花园(Endsleigh Gardens)的一个居民抱怨,街头卖淫现象泛滥,以至于街道不适合体面女性行走,年轻男性也无法在不被纠缠的情况下从街上走过。② 由于卖淫活动泛滥,一些妓女集中社区的体面居民不得不搬往他处,导致这些地方住户减少,房屋价格下跌。

卖淫还与其他社会问题交织在一起,有些妓女处在黑社会老大、小偷、骗子甚至腐败警察的控制之下,卖淫与酗酒及偷盗、诈骗、抢劫、杀婴等犯罪活动相互交织,卖淫活动集中的地方往往也是酗酒、偷盗、诈骗、抢劫等犯罪活动猖獗的地方。童妓问题涉及出卖、购买少女,对少女实

---

① W. T. Stead, "The Maiden Tribute of Modern Babylon Ⅱ: The Report of the Secret Commission", *The Pall Mall Gazette*, July 7, 1885.
② Paula Bartley, *Prostitution: Prevention and Reform in England, 1860-1914*, pp.158-159.

施性侵害，给少女拉皮条，诱骗少女并使其受到性侵害，将英国少女卖往欧陆妓院等。① 跨国的童妓买卖十分猖獗。每年大约有 250 个英国女孩被贩卖到欧陆做妓女，在布鲁塞尔、安特卫普、里尔、布伦、奥斯坦德等地的妓院中都有英国童妓。在伦敦也有来自法国、比利时、德国、瑞士的少女被迫卖淫。② 据曼宁大主教说，有个臭名昭著的老鸨宣称她经手的女孩不少于 1 600 人。③ 还有个人或机构提供来自法国或德国的少女，名义上是为英国上流社会男性提供少女伴游服务，实际上也多为卖淫。妓女必须向警察交保护费，否则就可能会惹麻烦，而且不能和警察发生争执，"这已成为她们行业公认的必须要做的事情的一部分"④。警察不仅向妓女收取保护费，而且向妓院收取保护费，以此换取他们对妓院的庇护。用一个妓院老板的话说，警察是妓院老板最好的朋友，因为有了警察的保护，妓院经营更加顺利；妓院老板是警察最好的朋友，因为妓院老板给警察带来金钱，双方建立了利益联盟。据了解，一家妓院一年要交给警察的保护费从百余镑到几百镑不等。⑤

导致卖淫问题凸显的原因有很多，这其中既有工业化与城市化带来的英国社会转型期的社会道德失范问题，也有国家与教会在社会道德规范上的失职失责，以及贫穷、失业等许多其他原因。卖淫问题的存在是多重因素促成的结果。

社会转型期的道德失范是这一时期英国卖淫问题恶化的大的背景因

---

① W. T. Stead, "The Maiden Tribute of Modern Babylon Ⅰ: The Report of the Secret Commission", *The Pall Mall Gazette*, July 6, 1885.
② W. T. Stead, "The Maiden Tribute of Modern Babylon Ⅳ: The Report of the Secret Commission", *The Pall Mall Gazette*, July 10, 1885.
③ W. T. Stead, "The Maiden Tribute of Modern Babylon Ⅲ: The Report of the Secret Commission", *The Pall Mall Gazette*, July 8, 1885.
④ W. T. Stead, "The Maiden Tribute of Modern Babylon Ⅳ: The Report of the Secret Commission", *The Pall Mall Gazette*, July 10, 1885.
⑤ W. T. Stead, "The Maiden Tribute of Modern Babylon Ⅳ: The Report of the Secret Commission", *The Pall Mall Gazette*, July 10, 1885.

素。在工业革命前的传统社会里：

> 首先，传统人生活在一个相当狭小而又孤立的环境中，主要以家庭及村落为中心……其次，传统人生活在一个没有陌生人的小世界里，由于农民大多安土重迁，世世代代都住在同一块土地上……在这样的环境里，风俗习惯对每个人的行为都具有自然的约束力，因此犯罪案件很少，有很高的安全感。此外，传统人所生活的社会，大抵具有一个共同的文化，即具有共同的价值观念、宗教信仰及行为模式……①

然而，随着工业革命的进行，"美好的旧时代的习俗和关系已被消灭得最彻底"②，在传统道德失去效用的时候，新的道德规范并未确立，而且不同的道德规范同时并存，甚至相互冲突，"人们用来调节人对人的关系的简单原则……非常紊乱"③。在这种状况下，人们在道德规范上无所适从，缺少了道德规范的制约，就会出现道德失范的问题。这种道德失范反映在卖淫问题上，就是人们性道德观念的混乱。与此同时，随着工业革命的进行，大量人口涌入城市。"个人主义、流动性和城市化的兴起创造了一个以匿名和失序为特征的现代陌生人社会。"④在城市化过程中，"社会正在经历从'熟人社会'向'陌生人社会'的转型，以往调节'熟人社会'的道德机制受到削弱，而调节'陌生人社会'的道德机制在建立和完善之中"⑤。不同于传统的乡村熟人社会，在城市这个陌生人社会里，人们的道德自觉、道德监督、道德禁忌、道德认同在短时间内还没有建立起来。因此，"在这种街头的拥

---

① 韦政通：《伦理思想的突破》，北京：中国人民大学出版社，2005年，第5—6页。
② ［德］恩格斯：《英国工人阶级状况》，第56页。
③ ［德］恩格斯：《英国工人阶级状况》，第157页。
④ ［美］詹姆斯·弗农：《远方的陌生人：英国是如何成为现代国家的》，张祝馨译，北京：商务印书馆，2017年，第36页。
⑤ 雷结斌：《中国社会转型期道德失范问题研究》，北京：人民出版社，2015年，第115页。

挤中已经包含着某种丑恶的违反人性的东西"①。城市越大,这种情况就越是严重,而"首都的道德堕落是一个普遍得多的情况"②。就连当时的英国人自己也承认:

> 正是在大城市里,恶习和不正当的享乐布下了诱人的天罗地网。……美德在这里湮没无闻,罪恶由于不容易被识破而繁荣滋长;放荡的生活因为可以给人以眼前的欢乐而为人所喜好。……大城市腐化的主要原因是在于坏榜样所具有的传染性,在于年轻一代很容易遇到,而且每天都会遇到恶习的引诱,因而很难抵御这种引诱。……这就是道德堕落的原因。③

因此,在社会转型期性道德观念混乱、性诱惑增强、社会制约机制失能的情况下,卖淫行为就有了生存的空间。

在工业革命前的传统社会里,教会承担着道德教化的神圣使命,约束着人们的道德行为。但在工业化与城市化的冲击下,世俗化越来越强地挑战着教会的权威,教会在规范与约束人们道德行为上的作用在减弱。"和资本主义制度兴起相伴随的是宗教道德的衰落,而和宗教道德衰落相伴随的是人们道德观念的世俗化、多元化。"④而且,"由于个人主义或自由主义崇尚个人价值的至高无上,遂使以自我为中心的原子式的个人出现了,而社会不再有自己传统的道德目的,而是服从于个体的目的。传统的道德观念和信仰便进入了个人领域,是个人任意的好恶而已,社会的共同道德便难以维持了"⑤。与此同时,在自由放任与个人主义两种思想观念的影响下,政府不愿对民众的道德生活施加干预,没有为此制定实施相应的法律、

---

① [德]恩格斯:《英国工人阶级状况》,第59页。
② [英]克里斯蒂娜·科顿:《伦敦雾:一部演变史》,第138页。
③ [德]恩格斯:《英国工人阶级状况》,第165页。
④ 郭忠:《法律秩序和道德秩序的相互转化》,北京:中国政法大学出版社,2012年,第51页。
⑤ 郭忠:《法律秩序和道德秩序的相互转化》,第104页。

制度与措施,即便有些相关的法律、制度,也多执行起来宽泛松弛,起不到约束与压制的作用。一个典型的例子就是,在当时的英国,并没有哪一条法律规定卖淫本身是犯罪行为,只有在卖淫行为干扰到社会秩序或他人生活时,才被作为犯罪行为加以惩处。例如,妓女在街头拉客之所以会受到惩处,是因为这一行为扰乱了街道的正常秩序,并给行人的正常行走造成了干扰。在19世纪80年代之前,只有接到教区官员的特别请求后,伦敦警察才会对被认定的妓院采取行动。①

从个人层面来看,导致卖淫问题恶化的原因是多种多样的。对于男性来说,个人道德素质的低下,自我控制能力的薄弱,贫穷等原因导致的结婚年龄的推迟乃至终身不婚,都可能成为他们寻花问柳的原因或动机。而妓女从事卖淫的原因更多,既有个人的、心理的原因,也有社会的、经济的原因。在一部分人看来,妓女是受害者,导致她们走上卖淫道路的是上流社会的男性,卖花女、女仆等都是这些色鬼的猎物,在被诱奸之后,等待她们的就是卖淫:

> 有证据表明,有多达400人通过诱骗11岁到15岁的女性卖淫而赚钱……当一个天真无邪的儿童在没有保护人的情况下出现在街头的时候,她就被这些凶残、卑鄙的人当中的一个阴险地盯上了,然后在花言巧语的借口下,被诱骗到声名狼藉的下流场所……她被剥去了衣服,被剥夺了父母的照顾和朋友的牵挂,然后用华丽的服饰装扮起来,掩饰住她的羞涩,被迫走上街头……②

也有人认为:

> 好酒贪杯是这些可怜女孩被迫与之斗争的最可怕的敌人,她们第

---

① Richard Price, *British Society, 1680-1880: Dynamism, Containment and Change*, Cambridge: Cambridge University Press, 1999, p.199.
② Paula Bartley, *Prostitution: Prevention and Reform in England, 1860-1914*, pp.4-5.

一次堕入罪恶往往是在酒精影响之下,她们因为痛苦而再次饮酒,直至无法摆脱酒瘾对她们的控制,按常理说,她们已经无可救药了。①

还有人认为,工资低、失业导致的贫困是女性走上卖淫之路的原因。童工调查委员会在1843年的一份报告中说:

> 假定一个女子每周收入为六先令,这算是在一般水平以上了。她得把这笔钱用来付住宿和衣服的费用,也用来付做衣服的费用,因为自己不会做,也从来没有人教过她。她在下班后自己洗衣服,必须节省开支,才能摆脱债务的烦恼。
>
> 在这种情况下,她只能有很少的储蓄,甚至一点储蓄也没有。假定这个可怜的人儿只有一半的活儿可做,或者完全失业,没有双亲,又没有朋友可以投靠,到了穷途末路,那么,她的抉择是什么呢?答案是明显的。②

诺丁汉济贫协会常驻医官威廉·瓦茨也在这一年所做的证词中说:"当绣花边工的青年妇女靠现有工资是买不起衣服以外的生活必需品的,结果几乎人人都沦为妓女,只是没有普遍到街上拉客而已。"③甚至有人认为,卖淫是妓女个人道德败坏的结果。然而,这些说法都会遭到质疑。在监狱忏悔牧师弗雷德里克·莫利克(Frederick Merrick)访谈的16 000个妓女中,有40%是家庭女仆。这似乎能够说明上流社会男性诱奸是她们走上卖淫道路的原因,但在这些妓女中,因为男性而堕落的妓女只有5 000人,而这5 000人中只有五分之一遭到了"绅士"的诱奸,很多人反而是被其他女性引入歧途的。贫穷也不是女性沦为妓女的必然原因,因为有许多收入低微甚至忍饥挨饿的女性并没有走上卖淫之路。

---

① Paula Bartley, *Prostitution: Prevention and Reform in England*, 1860–1914, p.6.
② [英] E. 罗伊斯顿·派克编:《被遗忘的苦难——英国工业革命的人文实录》,第260—261页。
③ [英] E. 罗伊斯顿·派克编:《被遗忘的苦难——英国工业革命的人文实录》,第269页。

1839年，迈克尔·瑞安（Michael Ryan）在《伦敦的卖淫》（*Prostitution in London*）一书中对卖淫的原因做了归纳，他认为以下都是卖淫现象存在的原因：

> 诱奸；父母的忽视；懒惰成性；缝纫及其他女性工作工资低；女帽销售商和布商在商店中雇用年轻男性取代女性；卖淫场所；酗酒的蔓延；酒馆、沙龙和剧院中的音乐与舞蹈；男女不受同等处罚的影响；女性对服装和上流社会的热衷；男性欺骗性的许诺；卖淫不可缺少的观念；穷困潦倒；缺乏教育；愚昧无知；悲惨处境；天生的放荡；不合礼仪的印刷品、书籍以及色情周刊；现代文明的挥霍浪费。①

在这些原因中，既有懒惰成性、天生的放荡这些个人品质问题，也有工资低、穷困潦倒等经济因素，还有父母的忽视等家庭因素，以及诱奸、酗酒等社会因素。但具体到每个妓女身上，有可能是一个因素发挥作用，也可能是多个因素的共同作用。例如，穷困潦倒、工资低是一些妓女卖淫的原因，但并不是所有穷困潦倒、工资低的女性都成了妓女。由此可见，简单地用个人道德品质低下或社会因素来解释卖淫现象的成因，是无助于解决这一社会问题的。

日益恶化的卖淫现象给英国社会带来了极大的危害。卖淫问题的存在败坏了社会风气，加剧了性道德混乱，对婚姻与家庭生活造成冲击，直接威胁着英国社会的基础。卖淫问题的存在与社会犯罪问题纠缠在一起，对英国社会秩序造成冲击，是诱发社会动荡的潜在诱因，威胁着社会稳定。1888年在伦敦东区发生的系列"白教堂凶杀案"的受害者都是贫穷的妓女，所以，"有些评论认为凶杀案是白教堂区的有害环境所致，东区的肮脏污秽导致了道德的退化，无论是凶手的犯罪行为，还是被害人的职业，都体

---

① Michael Ryan, *Prostitution in London*, London: H. Bailliere, 1839, p.271.

现了这种堕落"①。卖淫泛滥也是传染病尤其是性病传播的重要因素,对英国国民健康造成威胁,而受到这一威胁的军人的健康更是直接关系到大英帝国的利益。因此,英国政府意图仿效欧陆国家,对卖淫问题实行监管,进而解决军中性病泛滥问题。

---

① [英]克里斯蒂娜·科顿:《伦敦雾:一部演变史》,第151页。

二、废除《传染病法》运动

19世纪中叶以前,英国政府对卖淫问题基本抱着不闻不问的态度。但是,面对妓女增多、卖淫盛行的社会乱象,英国政府不得不改变态度,试图采取措施加以规范与打击。1864年,英国议会借鉴法国的做法,通过了《传染病法》(The Contagious Diseases Act)。该法授权警察对疑似妓女加以逮捕,对其强制进行性病检查,并将患病者送入性病医院(Lock Hospital)进行治疗,直至其治愈或3个月的治疗期结束;那些没有受到感染的妓女则要在警察局进行登记,每两周要接受健康检查。该法适用于普利茅斯、朴茨茅斯等11个港口城镇和驻军城镇。1866年,第二个《传染病法》在议会获得通过。该法将温莎列入实施该法的城镇名单,扩大了实施性病检查的妓女范围,缩短了检查间隔时间,患病者的住院治疗时间延长到6个月。1869年,第三个《传染病法》出笼,坎特伯雷、多佛等6个城镇被列入实施该法的城镇名单,使该法实施的地方达到18个城镇,同时患病者的住院治疗时间延长到9个月甚至1年。[①]

该项法律颁布后,引起了截然相反的两种反应。一派对这项法律持支持态度,他们认为,该项法律是规范管理妓女的最好办法,有利于减少妓女

---

① 毛利霞:《19世纪英国围绕性病防治的争端》,《世界历史》2016年第5期,第22—23页。

的数量、打击卖淫行为、遏制性病传播,进而有利于整饬社会道德。支持者在 1867 年建立了"促进扩展《传染病法》协会"(The Association for Promoting the Extension of The Contagious Diseases Acts),积极推动在全国范围内实施该法。该派因此又被称为"监管派"或"扩展派"。另一派对这项法律持反对态度。他们认为,这项法律在道德上有两大错误:一是该法实际上是双重性道德的产物,其结果也将维护双重性道德;二是该法在本质上默认了只要安全就可以进行性交易,以确保向男性提供健康的妓女,这就等于承认卖淫合法化,进而降低了道德标准,况且该法"保护男人免于犯罪惩罚是错误的"[①]。这一派主张废除该法,因此被称为"废除派"(The Repealers)。

早在 1862 年,弗洛伦斯·南丁格尔(Florence Nightingale)受命组建的性病委员会就在报告中明确反对实施监管制度,反对在卫生和道德基础上对妓女进行强制医学检查。1863 年,哈丽雅特·马蒂诺(Harriet Martineau)在《每日新闻》(Daily News)上发表系列来信,反对监管制度。《不列颠医学杂志》(British Medical Journal)也对 1864 年《传染病法》提出批评,反对警察监管与强制健康检查。然而,公众对该法的反对声音不大,让政府觉得该法有继续实施的基础。但到了 1866 年,反对《传染病法》的声音加强了。T. 格雷厄姆·鲍尔弗(T. Graham Balfour)认为每周进行检查实际上意味着承认卖淫合法化。A. S. 艾尔顿(A. S. Ayrton)也批评说,这是"一部维持恶习的法律"[②]。对《传染病法》的反对首先是由"救助协会"委员会提出的,该委员会干事丹尼尔·库珀(Daniel Cooper)在 1868 年的报告中批评了 1866 年《传染病法》。随后,该协会召集会议,反对扩大《传染病法》实施范围,并在会后将一份措辞强烈的书面抗议送到所有议员手上。这成为"废除《传染病法》运动"的先声。

---

① Paul McHugh, *Prostitution and Victorian Social Reform*, p.259.
② Paul McHugh, *Prostitution and Victorian Social Reform*, pp.41-42.

1869 年,"废除《传染病法》全国协会"(The National Association for the Repeal of The Contagious Diseases Acts)和"废除《传染病法》全国女性协会"(The Ladies National Association for the Repeal of The Contagious Diseases Acts)建立,积极推动"废除《传染病法》运动"。在这之后,各种废除《传染病法》团体纷纷成立,在这些团体中,较为主要的有:成立于 1872 年的"米德兰各郡选举联盟"(Midland Counties Electoral Union)和"北方各郡联盟"(Northern Counties League),成立于 1873 年的"苏格兰全国协会"(The Scottish National Association)、"公谊会废除协会"(The Friends' Association for Repeal)及"废除国家监管卖淫不列颠与欧陆总联盟"(British Continental and General Federation for the Abolition of State Regulated Prostitution),成立于 1874 年的"全国医学协会"(The National Medical Association)和"卫斯理宗废除协会"(Wesleyan Society for Repeal),成立于 1875 年的"公理会委员会"(Congregational Committee)和"工人阶级全国联盟"(Working Men's National League),成立于 1877 年的"伦敦城废除委员会"(City of London Committee for Repeal)等。

"废除派"通过举行公共集会、组织游行、印发小册子与传单、创办报刊、向议会请愿、向议员施压等斗争手段,揭露"扩展派"对《传染病法》实施效果的虚假宣传,批评警察的滥用权力,抨击《传染病法》对双重性道德和卖淫行为的默认与纵容,指出卖淫问题存在的根源,要求废除《传染病法》,提升整个社会的道德水平。他们批评《传染病法》会潜在地增加妓女数量,因为该法强制妓女进行登记,这一做法会给妓女打上标签,使她们很难再脱离卖淫生活。

"扩展派"主张扩大《传染病法》实施范围的理由是这部法律的实施效果已经初步显现,他们做出这一判断的依据有两个:一个是性病的感染人数,另一个是《传染病法》实施效果的统计数字。1866 年《传染病法》通过后,官方加强了对其实施效果的宣传,强调其带来的道德与社会好处,主管部门搜集的统计资料主要集中在《传染病法》实施区域内童妓的减少、妓院与妓女数量的下降,以此来为继续实施《传染病法》并谋求扩大其实施范围提供依据。这一做法遭到了"废除派"以及相关人士的质疑。在1868年的一份报告里,约翰·西蒙(John Simon)对"扩展派"将该《传染病法》扩展到全国的主张提出了质疑。他认为,"扩展派"对性病在穷人当中泛滥程度的判断有所夸大,而且实施该法的医疗效果并未超过由此带来的对道德原则的破坏。[①] 1868年、1869年,"伦敦救助协会"(The Rescue Society of London)的丹尼尔·库珀与其同事散发了一系列小册子,揭露了对《传染病法》道德效果的虚假统计。"废除派"多次指出官方公布的《传染病法》实施效果的统计数据存在造假成分,其目的在于夸大《传染病法》的作用,为进一步实施《传染病法》乃至扩大其实施范围提供证据。

"废除派"对于警察在执行《传染病法》过程中的滥用权力行为进行了揭露和批评。他们认为,那些"道德警察"在履行职责过程中,存在着严重的滥用权力问题。根据《传染病法》,警察可以根据以下理由怀疑某个女性是妓女:在街上诱惑拉客,在妓院居住,与妓女交往,常去妓女常去的地方,自己承认是妓女。警察这么做有他的理由,"维多利亚时代的道德认为,女人在没有男性陪同下走在街上是不体面的;独自出行会让人怀疑行为不检"[②]。在这种观念下,"在伦敦西区这个看似体面的、安全的地区购物的女人们,则吸引了一些男人不怀好意的目光——他们将她们误认为是妓女"[③]。然而,这些理由并不是都能够站得住脚的。有个女记者向巴特勒夫人描述了她在坎特伯雷的见闻,每个被见到和士兵一起行走的女孩都会被检查,如果她不承认,就会被监禁3个月或4个月,同时还要服苦役。1875年,在奥尔德肖特发生了珀西夫人自杀事件。珀西夫人(Mrs. Percy)

---

① Judith Walkowitz, *Prostitution and Victorian Society: Women, Class, and the State*, p.86.
② [英]克里斯蒂娜·科顿:《伦敦雾:一部演变史》,第152页。
③ [美]詹姆斯·弗农:《远方的陌生人:英国是如何成为现代国家的》,第60页。

是个孀妇,靠在军营及周边演出维持生计,抚养3个孩子。警察认为她和她16岁的女儿在卖淫,要求她们自己认罪。在遭到拒绝后,警察对她进行追捕。在绝望当中,她将自己的事情写信给《每日电讯报》(*Daily Telegraph*),表明自己的清白,然后自杀。此事引起轰动。"废除派"呼吁制止警察滥用权力,废除《传染病法》。

1870年元旦,《每日新闻》发表了由哈丽雅特·马蒂诺撰写的抗议《传染病法》的文章,这篇抗议文章上有124名女性签名,其中包括弗洛伦斯·南丁格尔、约瑟芬·巴特勒(Josephine Butler)、玛丽·卡彭特(Mary Carpenter)、莉迪亚·贝克尔(Lydia Becker)。这篇文章从8个方面对《传染病法》进行了批判。其中提到:该法将女性置于警察管辖之下,让作为卖淫这一罪行受害者而非加害者的女性受到不公正的惩罚;由于放松了道德约束,不努力解决性病的道德原因,等于国家为卖淫开放了道路。巴特勒夫人明确要求废除《传染病法》,因为该法"对恶习的监管是为了帮助罪恶的实施。它是在降低他们眼中的民众道德水准。当道德水准降低时,罪恶的实施就会增多"[①]。《盾牌》(*Shield*)周刊也刊文说,废除《传染病法》"对国民的道德与健康福祉至关重要"[②]。

为了实现废除《传染病法》的目标,"废除派"团体经常组织公众集会,向民众宣传"废除派"的主张。在巴特勒夫人的活动中,参加各地的公众集会和发表演讲占据了相当大的比例。向议会请愿是"废除派"的又一项经常性活动,通过征集请愿书签名,能够宣传"废除派"的主张,显示"废除派"的影响,将拥有大量签名的请愿书递交议会,又能够向议会施压,迫使其考虑民意。"伯明翰废除协会"(The Birmingham Association for Repeal)在成立的第一年就向议会递交了有56 000个签名的请愿书。1871年3月30日,邓肯·麦克拉伦(Duncan McLaren)递交了250 000个女性要求废除

---

① Paul McHugh, *Prostitution and Victorian Social Reform*, p.64.
② Paul McHugh, *Prostitution and Victorian Social Reform*, p.79.

《传染病法》的请愿书。1870年至1886年间,议会共收到有2 657 348人签名的18 068份反对《传染病法》的请愿书。① 为了向议员和议会施加压力,"废除派"还在议会选举中动员选民拒绝给支持《传染病法》的候选人投赞成票。1870年秋,政府试图在科尔切斯特的议会选举中将亨利·斯托克斯(Henry Storks)选入议会,遭到"废除派"抵制,最后斯托克斯落选。1872年,H. C. E. 奇尔德斯(H. C. E. Childers)的参选同样遭到"废除派"抵制,这虽未能阻止他当选,但导致其占有的多数票从233票减少到88票。W. T.斯特德(W. T. Stead)主编的《北方回声报》(*Northern Echo*)把这件事看作道德的胜利。②

"废除派"还积极利用报刊宣传其主张,动员民众支持废除运动。在废除运动进程当中,有些报刊同情或支持废除运动。《威斯敏斯特评论》(*Westminster Review*)主编约翰·查普曼(John Chapman)在1869年末1870年初发表了一系列文章,谴责监管制度。约翰·莫利(John Morley)和W. T.斯特德担任主编的《帕尔摩报》(*Pall Mall Gazette*),W. T. 斯特德担任主编的《北方回声报》,以及《医学明镜》(*Medical Mirror*)、《全国改革者》(*National Reformer*)等报刊也对废除运动持同情或支持态度。除了利用这些同情或支持废除运动的报刊之外,"废除派"团体还积极创办报刊,作为自己的舆论阵地与工具。1870年3月,"全国反《传染病法》协会"(National Anti-Contagious Diseases Act Association)创办了《盾牌》,其报道内容包括:会议报道、舆论动态观察、废除请愿书、通讯专栏、书摘、议会辩论报道等。1876年1月,"卫斯理宗废除协会"创办了《卫理公会抗议》(*Methodist Protest*);1878年"伦敦城废除委员会"分担费用时,曾一度改名为《抗议》(*The Protest*);1883年10月停办。从1875年8月到1884年12月,"工人阶级全国联盟"出版月刊《全国联盟杂志》(*National League*

---

① Paul McHugh, *Prostitution and Victorian Social Reform*, p.126.
② Paul McHugh, *Prostitution and Victorian Social Reform*, pp.82 – 84.

Journal)。1875年到1880年间,"全国医学协会"出版《医学调查者》(*Medical Enquirer*)。从1877年1月到1886年,"米德兰各郡选举联盟"出版月刊《不定期报》(*Occasional Paper*)。"捍卫个人权利警惕协会"(Vigilance Association for the Defence of Personal Rights)也办有官方刊物《警惕杂志》(*Vigilance Journal*)。这些报刊在废除运动中发挥了重要的宣传鼓动作用,有力推动了废除运动的发展及其斗争目标的最终实现。

在大力推进"废除《传染病法》运动"的同时,"废除派"还在《传染病法》实施地区开展救助工作。一些"废除派"成员主动开放自己的医院为妓女提供治疗服务。他们向那些受到《传染病法》管制的女性提供咨询与建议,如果有女性想离开该地,他们会提供相应的帮助;对于那些拒绝服从《传染病法》或想免于检查的女性,他们也积极提供法律援助,出庭为那些受到起诉的妓女提供支持,为那些给妓女提供法律服务的律师支付费用。①

在"废除派"及社会有识之士的共同努力下,在"废除《传染病法》运动"与社会净化运动的推动下,1883年,《传染病法》的部分条款暂停实施。1886年,《传染病法》最终被废除。"废除《传染病法》运动"获得胜利。

在积极推进废除《传染病法》的过程中,一批有识之士逐渐认识到,要真正解决卖淫问题,必须从多方面入手,用单一性道德标准取代双重性道德标准,提高全民道德水平,净化社会风气,用法律打击卖淫等不道德行为,为妓女回归社会提供帮助。这样,在废除《传染病法》的过程中,涌现出一批社会净化团体,由此掀起了社会净化运动。"废除《传染病法》运动"成为社会净化运动的先声。

---

① Krista Cowman,*Women in British Politics*,*c.* 1689-1979,Basingstoke:Palgrave Macmillan,2010,p.46.

三、社会净化运动

社会净化运动兴起于"废除《传染病法》运动"时期。在"废除《传染病法》运动"中,出现了以中产阶级女性为主体的社会净化派,他们反对双重性道德,致力于改善社会风气,打击卖淫等不道德行为,消除性道德混乱的现象,进而塑造一个道德净化的体面社会。

1873年,"社会净化联盟"(The Social Purity Alliance)成立。随后,其他社会净化组织纷纷成立。这些社会净化组织有:成立于1875年的"女孩友谊会"(The Girls' Friendly Society),成立于1878年的"女性关怀孤单女孩协会"(Ladies' Association for the Care of Friendless Girls),成立于1879年的"公共道德促进会"(The Association for the Improvement in Public Morals),成立于1881年的"道德改革联盟"(The Moral Reform Union),成立于1883年的"白十字军"(The White Cross Army)和"国教会净化协会"(The Church of England Purity Society),成立于1884年的"不奉国教派福音净化联盟"(The Nonconformist Gospel Purity Alliance),成立于1885年的"全国警惕协会"(The National Vigilance Association)。类似的组织还有:"女性关怀与保护少女协会"(Ladies' Association for the Care and Protection of Young Girls)、"国教会感化协会"(The Church Penitentiary Association)、"保护少女和防止童妓卖淫协会"(The Society for the Protection of Young Females and Prevention of Juvenile Prostitution)、"伦敦女性寓所"(The London Female Dormitory)、"改造与救助联盟"(The Reformatory and Refuge Union)、"救助妇女儿童协会"(The Society for the Rescue of Women and Children)、"全国女工联合会预防与救助委员会"(The Preventive and Rescue Committee of the National Union of Women Workers)、"公谊会推进社会净化协会"(The Friends' Association for the Promotion of Social Purity)、"伦敦促进公共道德委员会"(The London Council for the Promotion of Public Morality)、"与年轻女仆交友都市联盟"(The Metropolitan Association for the Befriending of Young Servants)、"女孩美好生活向导"(The Girls' Guild of Good Life)、"爱丁堡保护少女协会"(The Edinburgh Society for the Protection of Young Girls)等等。

这些社会净化组织规模有大有小,有的是全国性的组织,有的仅限于一地活动;既有世俗组织,也有隶属于教会的组织。一些大的全国性社会净化组织还在各地建立分支机构,开展社会净化运动。"女性关怀孤单女孩协会""白十字军""全国警惕协会"都是规模较大、有重要地位与影响的全国性组织。"女性关怀孤单女孩协会"有四个分支机构,即"道德教育分会"(Moral Educational Branch)、"请愿分会"(Petitioning Branch)、"预防分会"(Preventive Branch)和"济贫院玛格德林分会"(Workhouse Magdalen Branch)。在这四个分会下还设有若干组织,如道德教育分会下设的"母亲联盟"(The Mothers' Union)、"妇女联盟"(The Woman's League)、"雪莲花社团"(Snowdrop Bands)等组织。"白十字军"的创始人是艾莉丝·霍普金斯(Ellice Hopkins)和达勒姆主教(Bishop Durham),该组织是一个跨教派的组织,其成员既有不奉国教派信徒,也有国教会信徒,致力于保护女性和儿童,使其远离卖淫与堕落。"白十字军"还借鉴了禁酒运动中出现的禁酒誓约以及传说中的亚瑟王与其圆桌骑士间的誓约,制定了"白十字誓约"(White Cross Pledge),誓约要求其成员:尊重女性,摒弃下流语言和粗俗的笑话,净化的律法对男性和女性具有同样的约束力,保持个人纯洁。① 受其影响,成立于 1884 年的不奉国教派的"福音净化协会"(Gospel Purity Association)也采用了与"白十字誓约"极为相似的誓约。"国教会净化协会"的主席是坎特伯雷大主教,同时得到约克大主教及 30 个主教的支持,该组织主要针对社会上层。这两个组织有许多共同点:两者都在教区层面开展活动,两者的基础都是基督教教义,都依赖于教区教士、主日学校(Sunday Schools)教师及其他拥有灵性职责者的布道影响力。这两个组织在 1891 年联合组成了"国教会净化协会与白十字联盟",其分支机构在英国陆军、海军以及地方教区纷纷建立,在社会净化运动中发挥了重要作用。"全国警惕协会"的领导人有米利森特·福西特(Millicent Fawcett)、利顿勋爵(Lord Lytton)、凯瑟琳·布斯、约瑟芬·巴特勒、艾莉丝·霍普金斯等,该组织的目的是推动 1885 年议会通过的《刑法修正案》的实施,通过对卖淫等不道德行为的打击,来实现社会净化的目标。

社会净化组织围绕着消除卖淫现象、实现社会净化的目标,开展了以下活动。为了让妓女摆脱卖淫、重新回归社会,社会净化组织开展了教育改造妓女的工作。为了从源头切断妓女队伍的成员补充,社会净化组织开展了向青少年女性提供道德教育、劳动技能培训、职业介绍等救助工作。为了营造有利于消除卖淫现象的道德氛围,社会净化组织抨击双重性道德,鼓励男性节欲,揭露白奴贸易,净化文化市场。为了更加有效地保护女性、打击卖淫行为,社会净化组织推动议会和政府通过相关法律,与教会、政府、警察合作,加大保护女性和打击、惩处卖淫行为的力度。

教育改造妓女的工作是通过设立感化院、收容所、救助之家等改造机构来开展的,其目的是通过改造,让妓女重新成为正派的人,恢复正常生活,回归社会。早在 18 世纪中叶英国就有改造妓女的感化院,到 19 世纪

---

① Alan Hunt, *Governing Morals: A Social History of Moral Regulation*, p.160.

中叶,感化院的数量进一步增多,在大多数城市和大的城镇至少有一所这样的机构来改造妓女。妓女进入改造机构的途径有多种:有些人是自愿进入的;还有些人是由捐助者介绍进入的,或者是由法官、教士、警察或传教士送进来的。有些改造机构会到街头或妓院与妓女接触,劝说其认为合适的妓女进入改造机构接受改造。还有些改造机构与法院或性病医院及开设性病病房的医院开展合作,例如,定期造访法院以确保初次犯罪的年轻女性被送到改造机构而不是监狱。所有改造机构对于接受改造的妓女还要进行选择,它们把妓女分为可以改造的和不可以改造的。一般来说,年龄大的妓女、死心塌地的妓女、职业妓女往往不被改造机构接收,而年龄小的妓女、被迫卖淫的妓女、对卖淫有抱怨的妓女则是可被接收的改造对象。从年龄上来看,30岁以上的妓女往往不被接收,而20岁左右或者年龄更小的妓女是最适合的改造对象。另外,出于谨慎考虑,只有健康的妓女才会被接收,怀孕的、患病的妓女往往被拒之门外。在妓女要进入改造机构时,会有医生对她们进行检查,符合条件者获准进入;不符合条件者或被送往济贫院,或被送往性病医院。

  在选择改造对象问题上,并不是所有改造机构都保持一致,这反映了社会净化派内部对妓女看法的分歧。有些改造机构不喜欢自愿进入的妓女,在它们看来,这些妓女把改造机构视为逃避警察的手段,或者视为她们厌倦这个城市、患病时的临时休息场所,或者只是为了洗个澡、刷个牙。有些改造机构拒绝接收来自性病医院的妓女,因为它们反对《传染病法》的实施。有些改造机构之所以不愿意接收患病或饥饿的妓女,是因为它们注意到,"有些患病或饥饿的女孩把自己交给我们,不是为了得救,而是为了食物、休息和恢复体力。当她们状况好转时就会离开,重新回到过去的生活中去"[1]。

---

[1] Paula Bartley, *Prostitution: Prevention and Reform in England*, 1860–1914, p.36.

在社会净化派看来,只有被改造妓女的日常生活得到全面安排,她们才能被矫正过来;只有通过最严格的监管,才能维持良好的秩序,培养她们基督徒的行为举止;不实施严格的管理制度,那些被改造的妓女是没有能力做出道德判断的。他们希望通过严格的监管与改造,让被改造的妓女养成守时、勤劳、谦逊等品德。为此,多数改造机构对被改造者的一言一行都有严格规定,她们的日常生活有严格的时间安排,不能外出,不能与外界联系,家人只能在规定时间探望。违反上述规定者要受到处罚,表现好的可以受到奖励。当然,也有少数改造机构不赞成这样严格的管束,认为在这样严格的管理之下,被改造者就像囚犯一样。那些小型救助之家没有这么多制度与规范,因为那里人数少,直接管理与交流更容易。有的小型救助之家甚至还允许被改造者白天出去工作。在改造机构里,饮酒、吸劣等烟、赌博、下流娱乐以及其他工人阶级的消遣都被禁止。尽管有这么严格的管理,在改造机构中还是存在言语粗俗、行为不端、拒绝服从、打架斗殴的现象,甚至出现翻越围墙逃离的问题。1887年,克拉拉·柏京顿(Clara Boggington)被"埃德蒙顿救助之家"(Edmonton House)开除,原因是她惹麻烦、打架、言语恶劣。同年,安妮·波普尔(Annie Poppel)被"林肯救助之家"(Lincoln House)开除,原因是她威胁要把熨斗扔到另一个女孩身上,好惹事、脾气暴躁、好恶作剧、懒惰。[①]

社会净化派对其改造工作的效果持乐观态度,但从改造的效果来看,这些改造机构的工作成效并不理想。社会净化派开展改造工作的目标有三:让接受改造的妓女完成改造,将她们改造为能够自食其力的女仆,消除卖淫现象。实际上,并不是所有进入改造机构的妓女都完成了改造,有些改造机构中完成改造的妓女比例甚至很低。位于斯特雷特姆的玛格德林性病医院(The Magdalen Hospital)在1758年到1915年间接收了14 057

[①] Paula Bartley, *Prostitution: Prevention and Reform in England, 1860 – 1914*, p.59.

名妓女,只有4 580人完成了改造,完成改造的比例仅达到30%多一点。①与此同时,大多数进入改造机构的妓女并没有达到成为家庭女仆的改造目标。从《救助协会1853—1881年年度报告》(*The Rescue Society Annual Reports*,1853-1881)和《国教会感化协会1860—1873年档案》(*Church Penitentiary Association Records*,1860-1873)来看,在救助协会改造机构接受改造的妓女中,最终成为家庭女仆的不到一半;在国教会感化协会改造机构接受改造的妓女中,最终成为家庭女仆的也只占少数。至于消除卖淫现象的目标更是远远没有实现。②

社会净化派为青少年女性提供道德教育、劳动技能培训、职业介绍等救助工作,是要从源头上根除卖淫问题,可以说这是一项预防性的工作。在这方面,"女性关怀孤单女孩协会"做出了突出贡献,类似的机构还有"与年轻女仆交友都市联盟""女孩美好生活向导""女孩友谊会"等。到1900年,建立于1874年的"女孩友谊会"拥有800个分支机构、200 000名成员。这些组织开展的主要工作是:让那些离家从事家庭女仆工作的年轻女性感受到友谊,帮助她们在体面家庭找到工作,在她们没有工作期间安排寄宿。还有一些社会净化组织与人士撰写指导手册等,引导年轻女性走上道德健康之路。"社会净化联盟"的理查德·阿姆斯特朗牧师(Rev. Richard Armstrong)、伊丽莎白·布莱克维尔(Elizabeth Blackwell)、"社会净化联盟"干事罗伯特·布伦(Robert Bullen)等人对男孩和年轻人提出一些品格塑造的建议,包括:每天进行冷水浴,睡硬板床,节制饮食,避免所有不健康的娱乐,坚持祷告,等等。③ 还有一些社会净化派组织或人士给母亲们提出建议,并形成一些作品,例如,"社会净化联盟"的《学生道德:对母亲们的讲话》(*Schoolboy Morality: An*

---

① Paula Bartley, *Prostitution: Prevention and Reform in England*, 1860-1914, p.58.
② Paula Bartley, *Prostitution: Prevention and Reform in England*, 1860-1914, p.58.
③ Alan Hunt, *Governing Morals: A Social History of Moral Regulation*, p.157.

Address to Mothers)①、伊丽莎白·布莱克维尔的《给父母对子女进行道德教育的建议》(Counsel to Parents on the Moral Education of Their Children)②、艾莉丝·霍普金斯的《对男孩和女孩的早期教育：对妇女的呼吁》(Early Training of Boys and Girls: An Appeal to Women)③、约瑟芬·巴特勒的《社会净化：对剑桥学生的讲话》(Social Purity: An Address Given to Students at Cambridge)④等。

"女性关怀孤单女孩协会"专门设立了道德教育分会，负责开展这方面的工作，意图通过教育计划打击堕落的根源，进而预防卖淫的发生。道德教育分会设立了针对性的组织开展这项工作，如针对已婚妇女的"母亲联盟"和"妇女联盟"，针对年轻单身女性的"雪莲花社团"、"夜晚之家"(Evening Homes)、"夜晚俱乐部"(Evening Club)等。

到1889年，建立于1885年的"母亲联盟"有157 668名成员。"母亲联盟"除了对已婚女性进行道德教育，避免她们因为各种原因走上卖淫之路外，还要求母亲们学会并牢记怎样对子女进行道德教育，如何保护好女儿，如何让子女成为体面、正直、高尚的人等。每个加入该组织的母亲都要签署一份誓约，誓约包括以下内容：

(1) 每天为孩子祈祷

(2) 绝不允许在孩子面前讲粗俗的笑话、下流的词语或进行低俗的谈话

(3) 绝不把女儿送到酒馆或下流场所工作

---

① Social Purity Alliance, *Schoolboy Morality: An Address to Mothers*, London: Social Purity Alliance, 1884.
② Elizabeth Blackwell, *Counsel to Parents on the Moral Education of Their Children*, London: Hatchards, 1879.
③ J. Ellice Hopkins, *Early Training of Boys and Girls: An Appeal to Women*, London: Hatchards, 1882.
④ Josephine Butler, *Social Purity: An Address Given to Students at Cambridge*, London: Dyer Bros., 1881.

(4) 夜晚不让男孩和女孩在一起

(5) 尽量让孩子早上床睡觉,不让女儿在街上逗留过晚

(6) 绝不把罪恶说成是不幸

(7) 努力培养孩子成为守信、诚实、服从和纯洁的人①

"雪莲花社团"的工作对象是 11 岁以上的工人阶级少女,要把她培养成诚实、忠贞、文明、坚守道德原则的女性。该组织的誓约是:

> 作为"雪莲花社团"成员,我们签名表示我们同意:无论我们在哪里,无论在什么样的场合,我们都将在上帝的帮助下竭尽全力,通过我们的示范与影响,阻止所有错误的谈话、轻佻且不庄重的行为以及阅读愚蠢下流的书刊。②

该组织将"雪莲花"作为组织名称、标志及所办杂志名称,就是在传递雪莲花蕴含的纯洁与忠贞的象征意味。该组织创办的杂志《雪莲花》(The Snowdrop)经常刊登一些少女成功抵御性诱惑的故事,组织内的成员也被要求向所在地区警察举报色情文学与图画的情况。"夜晚之家"和"夜晚俱乐部"则向工人阶级少女提供道德教育,宗教教育,唱歌弹琴等音乐教育,缝纫与玩具制作等手工制作教育等,目的是用这些教育来转移她们的注意力,让她们把时间与精力花在这些事情上,而不是游荡在街头或者酒馆,进而使她们远离道德风险。

社会净化派建立了培训之家,主要接收那些所谓的"问题女孩"(wayward and troublesome girls),对她们进行以培养服从与道德规范为主要目标的教育,进行基本的识字、计算教育和家务劳动训练。这种培训的目的是将这些女孩培养成合格的家庭女仆,同时也为她们以后的婚姻家庭生活做准备,尤其是为国家的未来培养合格的母亲。因此,在培训教育中

---

① Paula Bartley, *Prostitution: Prevention and Reform in England*, 1860–1914, p.79.
② Paula Bartley, *Prostitution: Prevention and Reform in England*, 1860–1914, p.80.

非常注重道德规范的培养,即使在家务劳动训练中也是如此,例如,在厨艺训练中注意培养节俭的习惯,杜绝浪费的恶习。另外,社会净化派还建立了职业介绍机构,为这些女孩提供就业中介服务,帮助她们找到家庭女仆等工作。

所有这些针对年轻女性的教育都指向一个目标:将她们教育培养成纯洁、体面、正直的女性以及未来合格的母亲。因此,在教育过程中,社会净化派反复强调:

> 教育她们明白,她们的身体从头到脚都属于基督;她们绝不能让肮脏的话语或言辞玷污自己;决不允许粗野的家伙带她们出去,或对她们无礼,或给她们写下流书信;绝不与在街上对她们说话的任何陌生男性搭话;绝不与任何男性一起进入酒馆;绝不与对其一无所知的男性一起散步。①

"女性关怀孤单女孩协会"的"玛格德林分会"则向首次生育的未婚单亲妈妈提供救助,帮助她们找到合适的工作,并帮助她们解决照顾孩子的问题,以免这些无助、没有能力、无家可归又有养育孩子负担的单亲妈妈在走投无路的情况下堕入卖淫行业。因为,"如果单亲妈妈获得帮助,止步于未来的堕落之前,其对道德秩序的威胁就会消失"②。当然,对单亲妈妈的救助也有前提条件,那些放荡成性、无可救药的女性是没有资格得到救助的,只有那些因为懵懂无知、不谙世道,偶尔犯下过错、尚有向善之心的女性才有可能获得救助。

社会净化派对双重性道德进行批判,谴责堕落的男性行为,鼓励男性节欲,揭露贩卖少女、迫使少女卖淫的白奴贸易,推动净化文化市场,为消除卖淫现象营造有利的道德氛围。可以说,"无论社会净化运动参加者有

---

① Ellice Hopkins, *How to Start Preventive Work*, London: Hatchards, 1884, p.28.
② Paula Bartley, *Prostitution: Prevention and Reform in England, 1860–1914*, p.105.

着什么样的背景,他们都有一个共同的观念,正如他们当中的一位所说,'所有这些协会成员都接受两性平等的道德标准的观念。所有人都相信男性有可能像女性一样保持贞洁'"①。社会净化派认为,卖淫问题持续恶化、得不到解决的一个重要原因是双重性道德的存在。在双重性道德标准之下,卖淫被视为满足男性性需求,保护婚姻、家庭及中上层道德的必需,妓女要为卖淫恶习的存在负责,男性对此不负有责任。社会净化派反对双重性道德标准,把斗争矛头指向男性性行为,对男性性行为提出质疑、挑战,试图控制与改变男性性行为。他们认为,卖淫是男性性欲无节制的必然结果,而不是女性不当行为的结果,"只有单身男性成为禁欲者,已婚男性保持对妻子的忠诚,才能消除卖淫"②。艾莉丝·霍普金斯、约瑟芬·巴特勒等人对妓女得到改造、卖淫就会消失的看法提出质疑,她们认为也应该对涉足卖淫的男性或男性嫖客进行改造。"社会净化联盟"的主要工作对象是年轻男性,联盟干事罗伯特·布伦表示,他的特殊工作对象是追逐妓女的上流社会男性。③"社会净化联盟"希望对包括男性对卖淫的需求在内的导致卖淫现象存在的原因开展持久性的改造工作。"社会净化联盟"的前身、成立于1870年的"全国推进社会净化协会"(The National Association for the Promotion of Social Purity)主张,净化的律法是一项普遍性的义务,对所有男性和女性都一样。④ 这一主张也成为"社会净化联盟"的重要主张。该联盟认为,要想消除卖淫现象,就必须消除对卖淫的需求,而这就需要男性在净化行为上有较大程度的改善。白十字组织"坚持纯洁的律法对男女两性具有同样的约束力"⑤,认为男性应该为性道德负

---

① M. J. D. Roberts, *Making English Morals: Voluntary Association and Moral Reform in England*, 1787–1886, p.263.
② Paula Bartley, *Prostitution: Prevention and Reform in England*, 1860–1914, p.178.
③ Alan Hunt, *Governing Morals: A Social History of Moral Regulation*, p.158.
④ Alan Hunt, *Governing Morals: A Social History of Moral Regulation*, p.157.
⑤ Paula Bartley, *Prostitution: Prevention and Reform in England*, 1860–1914, p.184.

责。在这种情况下,"被人得知性行为不检点的男性受到警告,不再担任拥有公众信任与影响的官职"①。"全国警惕协会"的章程也明确宣布,承认道德律法适用于所有男性和女性的原则。② 在 1892 年 11 月的市政选举中,社会净化派试图阻止有放荡传闻的男性谋求与获得官职。1889 年,米德兰各郡反对有道德缺陷的男性候选人进入城镇或郡委员会。"国教会净化协会"建议,那些众所周知的生活放荡的男性不应该被接纳进入社会净化组织。斯特德在《现代巴比伦的少女献祭》(*The Maiden Tribute of Modern Babylon*)系列报道中,对贩卖少女、逼迫少女卖淫的白奴贸易予以揭露,将童妓问题存在的根源直指社会中上层男性嫖客,推动了对白奴贸易和童妓卖淫现象的打击。

社会净化派积极通过推行高标准的公共道德来改变社会风气,努力实现文化市场的净化。实际上,早在 19 世纪 20 年代,英国就出现了一个"在民众中普及纯洁文学协会"(Society for the Diffusion of Pure Literature Among the People),该协会简称为"纯洁文学协会"(Pure Literature Society)。该协会关注文学作品带来的道德问题,协会的一位创建人对大众消费文学带来的道德隐患深表忧虑:

> 出身于技工家庭和商店主家庭的青年男女现在习惯了读书看报,在他们的读物中重罪、谋杀、侵害、诈骗、色情以及所有其他犯罪都被视为生活中习以为常的事情。其结果是,数以千计的人的头脑被这些东西毁坏了,本来阅读应该完善他们的头脑。③

国教会中的社会净化派认为,大众报纸、廉价小说、耸人听闻的杂志以及廉价的惊险小说在道德上多有问题。有些画报道德水平低下,对年轻人是一

---

① Paula Bartley, *Prostitution: Prevention and Reform in England, 1860-1914*, p.184.
② Alan Hunt, *Governing Morals: A Social History of Moral Regulation*, p.161.
③ M. J. D. Roberts, *Making English Morals: Voluntary Association and Moral Reform in England, 1787-1886*, p.169.

种危害;通俗小说大多道德败坏,应该受到声讨。在"全国警惕协会"看来,色情文学、下流广告、有伤风化的戏剧都与道德上的邪恶有联系。色情文学会刺激性放纵,并加剧普遍堕落。下流广告会刺激没有抵抗力的年轻人的下流想法,进而使他们做出违背道德的行为。他们严格监视下流文学与绘画的售卖,主张对色情作品实行严刑峻法。弗朗索瓦·拉伯雷(Francois Rabelais)、奥诺雷·德·巴尔扎克(Honoré de Balzac)、爱弥尔·左拉(Émile Zola)等人的作品都在他们主张的限制与打击的作品之列。"伦敦促进公共道德委员会"希望查禁控制生育的作品和引发流产的药物广告,因为这类作品隐含着"婚外性行为并不可怕"的意思。成立于1802年、到19世纪80年代并入社会净化运动的"消除恶习协会"(The Society for the Suppression of Vice)一直是维多利亚时代打击色情出版物的主要力量。"1858—1880年间,道德警戒会总共没收了25万张色情图片。"①正是该协会的游说推动了1857年的《色情出版物法》(The Obscene Publications Act)的通过,随之在伦敦建立了一个存在时间不长的打击色情出版物警察队伍。②

19世纪80年代,"消除恶习协会"对"下流"欧洲小说发起攻击,这场斗争在1888年达到高潮。在这种情况下,色情作品的作者、印制者与售卖者会被处以监禁。维泽特利(Vizetelly)在1888年受到"全国警惕协会"的指控,理由是他出版了所谓的色情作品,尤其是左拉的《土地》;第二年,他再次被指控,这次是因为出版居斯塔夫·福楼拜(Gustave Flaubert)的作品而被判处监禁。在公开场合发表有关健康、生育和科学报告的人,也可能被控告散播色情信息,因为据说在他们的报告中充满了色情语言,不适合在公开场合宣讲。1877年,查尔斯·布拉德劳(Charles Bradlaugh)和安妮·贝赞特(Annie Besant)因为售卖美国医生查尔斯·诺尔顿(Charles

---

① [英]劳伦斯·詹姆斯:《中产阶级史》,李春玲、杨典译,北京:中国社会科学出版社,2015年,第283页。
② Jeffrey Weeks, *Sex, Politics and Society: The Regulation of Sexuality Since 1800*, p.104.

Knowlton)的《哲学的果实》(*The Fruits of Philosophy*)而受到审判。审判他们的理由是,他们售卖的这本书是"下流的、淫荡的、猥亵的、肮脏的、色情的书籍",会诱使人去做"下流的、色情的、非自然的、不道德的行为"。① 后来,安妮·贝赞特还因为撰写与售卖控制生育的书籍而丧失了对女儿的监护权。寄宿学校和公共厕所的色情图画也被列入社会净化团体与警察的监督检查范围。② 一些大众剧场和音乐厅也受到批评,社会净化派指责它们上演的低俗、下流的节目对观众尤其是年轻观众造成恶劣影响,成为下流语言与下流行为的诱因之一。"1896 年夏天,肃清运动者们鼓起勇气进入伦敦各个音乐厅,结果他们震惊至极,因为所见之景完全超乎了他们的想象。他们随即向地方长官报告了调查结果,力求吊销这些场所的营业执照。"③由萨拉·伯恩哈特(Sarah Bernhardt)主演的奥斯卡·王尔德(Oscar Wilde)的《莎乐美》(*Salome*)因被斥为下流,只能在法国演出。甚至威廉·莎士比亚(William Shakespeare)的戏剧、爱德华·吉本(Edward Gibbon)的著作以及一些所谓"色情"的古典作品,都要予以净化,删节成适合家庭阅读的所谓"洁本"。④

在社会净化运动的推进过程中,社会净化派逐渐认识到,单靠社会力量通过改造、道德教育等手段来消除卖淫现象,远远不能实现目标,政府必须实施干预,通过法律手段来消除卖淫现象,推动社会净化目标的实现。为此,他们采取请愿、舆论造势、向议会施压等手段,推动议会和政府通过相关法律,并与教会、政府、警察合作,加大保护女性和打击、惩处卖淫行为的工作力度。这一改变是一个重要的转折点,它意味着从传统的私人慈善与救助工作策略向国家干预社会道德问题的重要转变。推动这一转变的

---

① Gertrude Himmelfarb, *The De-Moralization of Society: From Victorian Virtues to Modern Values*, p.121.
② Paula Bartley, *Prostitution: Prevention and Reform in England, 1860–1914*, p.191.
③ [英]劳伦斯·詹姆斯:《中产阶级史》,第 285 页。
④ Harold Perkin, *The Origins of Modern English Society*, London: Routledge, 2002, p.280.

原因有三：一是卖淫问题不仅没有得到有效解决，反而有愈演愈烈的趋势；二是人们观念的转变，人们不再坚持道德问题不属于政府管理范围的看法，反而认为政府可以通过立法来改变国民的不道德行为；三是面对19世纪下半叶日益严重的社会问题，政府不再固守自由放任政策，而是采取一系列立法活动，推进社会改革，以解决工业革命以来不断加剧的社会问题。

"女性关怀孤单女孩协会"专门设有"请愿分会"，通过组织请愿，给议会施加压力，促使其对卖淫采取更强硬的干预立场。"女性关怀孤单女孩协会"还与其他社会净化组织一道，推动迟疑不决的政府实施法律手段，控制国民的性行为。"女性关怀孤单女孩协会"与"女孩友谊会""国教会净化协会"一起，向议会递交了很多请愿书，敦促议会将上院专门委员会关于修改法律、加强对少女保护的提议付诸实施。1883年，超过300个地方城镇向议会递交了有1 041 690人签名的请愿书，仅埃克塞特递交的一份请愿书就征集了11 000个签名。同年，"女性关怀孤单女孩协会"还建立了"保护少年儿童联合委员会"（Minor's Protection Joint Committee），该联合委员会由许多伦敦的协会以及少数持同情态度的伦敦律师组成，以争取对强化道德立法、保护少年儿童的支持。

1883年，以上院专门委员会报告建议为基础的《刑法修正案》在议会上院顺利通过，但在议会下院遭到搁置。1884年该修正案再次被提交议会，又因为议会改革斗争而重蹈被搁置的命运。1885年5月，该修正案在略做改动后获得议会上院批准，可在议会下院仍然遭到抵制，很可能无法摆脱第三次被搁置的命运。在这种情况下，法案的支持者认为，如果"不能激起公众舆论并迫使新政府将该法案变成法律，我们的所有努力都将付之东流"①。于是，他们发动了促使议会通过《刑法修正案》的斗争，试图通过唤起公众关注，进而对下院议员们施加压力，迫使其对该修正案投赞成票。

---

① Estelle W. Stead, *My Father: Personal and Spiritual Reminiscences*, London: William Heinemann, 1913, p.124.

为此,担任"伦敦禁止贩运英国女孩委员会"(The London Committee for the Prevention of Traffic in English Girls)主席的伦敦城财务官本杰明·斯科特(Benjamin Scott)、"废除《传染病法》全国女性协会"领导人约瑟芬·巴特勒找到废除《传染病法》与社会净化运动的积极支持者、《帕尔摩报》主编斯特德,请他出面主持对性侵害少女与童妓问题的调查,并将调查报告公之于众。① 斯特德在坎特伯雷大主教、威斯敏斯特红衣大主教等教会权威人士的支持下,组成了由约瑟芬·巴特勒、"救世军"领导人威廉·布斯及一些编辑部同仁组成的秘密委员会,进行了为期1个月的调查,并将调查报告在《帕尔摩报》上公开发表。该报告在英国社会引发的道德恐慌,给社会净化运动的发展提供了有利的舆论环境,为社会净化运动注入了强大动力。该报告发表后,英国各地举行了各种规模的集会,一些团体与个人到处征集签名,并给所在地的议会下院议员递交请愿信,要求他们重新审查《刑法修正案》。内政大臣也下令就《刑法修正案》征求意见。在社会舆论和诸多社会力量的共同推动下,1885年8月14日,《刑法修正案》最终获得通过。虽然在19世纪30年代就有大量证据证明,少女被诱骗卖淫的现象普遍存在,但是如果没有斯特德这样的报人大胆站出来揭露这一恶习,"这个问题就仍旧会属于救助工作的范畴,而不会成为立法的目标"②。所以,当时就有人说,这份《刑法修正案》早就握在内阁手中,只是因为《帕尔摩报》登载的文章的缘故,内阁才决定促使该修正案通过成为法律。③

为了更好地实施1885年《刑法修正案》的有关规定,社会净化派成立了"全国警惕协会"来监督该法的实施。在成立后的20年里,"全国警惕协

---

① Estelle W. Stead, *My Father: Personal and Spiritual Reminiscences*, pp.123 - 124.
② Richard Price, *British Society, 1680 - 1880: Dynamism, Containment and Change*, p.199.
③ M. J. D. Roberts, *Making English Morals: Voluntary Association and Moral Reform in England, 1787 - 1886*, p.268.

会"成为社会净化运动的核心。该协会开展的活动包括:发行大量主要针对年轻女性、宣传贞洁的小册子和传单;组织开展一系列全国性的运动,如"社会净化斗争"(Social Purity Crusade);与警察和地方当局合作,对妓院老板进行起诉,打击卖淫行为;发起第二次"消除白奴运动"(White Slavery Campaign);推进救助妓女工作和保护城市单身女性的"帮助旅行者"工作;开展针对大众娱乐的运动,打击色情艺术品与色情文学。① 社会净化派还与教区委员会、警察加强合作,加大对卖淫行为的打击力度。在不奉国教派影响较大的城市,如伯明翰、布里斯托尔、曼彻斯特、利物浦,社会净化派与警察有着很好的合作。在伯明翰,1891年有41个妓院被起诉,1899年有15个妓院被起诉并被关闭。在布里斯托尔,有5个妓院被关闭,其老板被判处6个月或8个月苦役。在曼彻斯特,妓院数量从1882年的402个减少到1892年的3个。② 在牛津,有几家妓院在警惕协会的积极努力下关闭了。在南安普顿,警察与法官共同行动,一些男性由于为妓女提供帮助而受到惩处。在奥尔德肖特,有22家妓院被关闭。在伦敦,教区委员会与警察展开合作,警察对一些妓院进行监视,取得必要证据后,将监视报告交给教区委员会,教区委员会据此对这些妓院提出控告或警告。当然,并不是所有地方的法官、警察都与社会净化派有着很好的合作,甚至一个地方的警察也不总是与社会净化派合作良好,因此,社会净化派不得不为赢得法官、警察及政府的支持而不懈努力。

无论是改造妓女、使其回归正常生活,还是加强对年轻女性及单亲妈妈的道德教育和救助,抑或是营造严肃的道德氛围,压缩卖淫行为的生存空间,乃至制定法律,加大对妓女和卖淫行为的打击力度,其最终目标都是要消除卖淫现象,将英国塑造成一个道德净化的体面社会。这也是所有社会净化组织的共同目标。各个社会净化组织的斗争目标虽然相同,组织成

---

① Alan Hunt,*Governing Morals: A Social History of Moral Regulation*,p.161.
② Paula Bartley,*Prostitution: Prevention and Reform in England*,1860 - 1914,p.166.

员又都以中产阶级女性为主,且都有着或多或少的福音运动等宗教因素的影响,但在社会净化运动中,不同的净化组织之间还是存在着或多或少的分歧甚至矛盾,而这些分歧或矛盾在一定程度上不利于社会净化运动目标的达成。

在接收妓女进入改造机构的问题上,社会净化派内部有着很大的分歧。有不少改造机构对接收妓女设置了诸多条件,如不接收只把改造机构当作临时休息之处的妓女,不接收来自性病医院的妓女,不接收 30 岁以上的妓女,不接收患病或怀孕的妓女等。对于那些毫无悔改之意、无意脱离卖淫行业的妓女,社会净化派则坚持打击惩处,该判刑的判刑,该监禁的监禁,该服苦役的服苦役。这说明,社会净化派"对妓女和卖淫的政策表现出两面性"①。但这种两面性政策未尝不是灵活的、符合实际的解决卖淫问题的策略。因为,在妓女当中的确有相当部分的人走上卖淫之路是出于懒惰、贪图享受、不愿吃苦等个人品质原因,远远高于女工工资的卖淫收入让她们甘之如饴,这部分人恰恰是非常难以改造的。对这部分妓女只能采取高压政策,用法律手段迫使其脱离卖淫生活。

社会净化派对双重性道德进行了激烈批评,甚至认为男性才应该对卖淫现象的存在负责任,而妓女只是这一社会恶习的受害者。艾莉丝·霍普金斯、约瑟芬·巴特勒等人虽然认为也应该对涉足卖淫的男性或男性嫖客进行改造,但这个看法仅限于语言上,并未付诸实际行动。"全国警惕协会一直坚持这样的看法,即如果违反了道德规范,就应该对男女施加同样的惩罚,无论他们是工人阶级还是中产阶级,试图购买性服务的男性要尽可能与出卖性服务的女性受到同样的惩罚。"②然而,这些主张多停留在理论上。什罗普郡警惕协会成员 H. G. 韦克菲尔德牧师(Rev. H. G. Wakefield)被指控给当地女仆写色情信件,但利奇菲尔德主教拒绝对他采

---

① 毛利霞:《19 世纪末英格兰社会净化运动》,《历史教学》2017 年第 12 期,第 55 页。
② Paula Bartley, *Prostitution: Prevention and Reform in England*, 1860 – 1914, p.166.

取措施,理由是他此前的行为无可指摘。直到一份当地报纸报道了这一事件,这位教区牧师才认错并辞去教职。因此,可以说,社会净化运动的确对双重性道德产生了冲击,但在当时的男权社会里,这种冲击还没有达到彻底击垮双重性道德的程度。而且,"对双重标准的挑战仍然是在正统性观念范围内进行的"①。

1885年《刑法修正案》将同性恋作为一种犯罪加以打击。在这方面,引起英国社会轰动的是作家奥斯卡·王尔德在1895年受审的案件。1895年5月,在经历了将近两个月的审讯后,王尔德被控犯有有伤风化和鸡奸罪,被判处两年监禁。"对王尔德的判决是清教徒的胜利,向公众描绘了同性恋者'败坏青年德行者'的形象,是危险和堕落的源头。"②在这个案件的审理过程中,有组织的同性恋生活在英国的存在得到证实。而在此前的克利夫兰街丑闻案中,已经有这类事件存在了。值得注意的是,在王尔德案件之后,英国社会各界对这类案件反而采取了禁止传播的态度。《柳叶刀》(The Lancet)杂志载文称,"尤为重要的是,此类事情不得在街巷谈论,对少年男女不宜"③。议会也在1896年通过《风化案庭审记录发布条令》,禁止公布此类案件的庭审记录。④

社会净化运动工作者多出身于中产阶级,他们有时间、金钱、社会关系与愿望从事这项事业。社会净化运动的对象则是工人阶级女性,"不道德行为似乎总是被视为工人阶级的罪行"⑤。在分析妓女卖淫原因的时候,工资低、贫困、被中上层社会男性诱奸或欺骗、缺乏教育、居住条件差、酗酒等似乎也都与社会下层密不可分。那些参与救助与改造妓女工作的人们认为,女裁缝、制衣女工、女帽销售员、软帽生产女工、商店女店员、农业女

---

① Paula Bartley, *Prostitution: Prevention and Reform in England*, 1860–1914, p.76.
② [法]弗洛朗斯·塔玛涅:《欧洲同性恋史》,周莽译,北京:商务印书馆,2009年,第22页。
③ [法]弗洛朗斯·塔玛涅:《欧洲同性恋史》,第22页。
④ [法]弗洛朗斯·塔玛涅:《欧洲同性恋史》,第22页。
⑤ Paula Bartley, *Prostitution: Prevention and Reform in England*, 1860–1914, p.181.

工、酒吧女侍、卖花女以及所有家庭女仆构成了妓女中的大多数,而这些人无疑也多属于工人阶级。工人阶级常常被视为性欲更强,因此,也比其他阶级发生更多的性罪错。那些出身中产阶级的社会净化运动工作者"试图用庇护者的话语将他们自己的经济、性与道德议程强加给工人阶级"[①],希望工人阶级将中产阶级的社会规范转化为自己的规范。在这一点上,社会净化运动带有某种程度的阶级色彩。有学者认为,"实际上,社会净化运动的道德之战被视为压制与敌视工人阶级文化"[②]。这种救世主式的高高在上的态度,这种高压式的道德同化,在社会净化运动当中遭到妓女以及社会下层自觉或不自觉的抵制,因为他们并不甘心全盘接受中产阶级的文化与道德价值观。"显然,穷人的体面概念并不完全是中产阶级体面概念的翻版。"[③]"到19世纪末,在工人阶级中确立了性抑制的文化,这不是中产阶级道德教化的结果,而是劳动人民内部自我发展的结果。"[④]因此,尽管社会净化派精力充沛、热情高涨地通过各种手段改造妓女、打击卖淫行为、整肃社会风气,但只取得了有限的成功,卖淫现象依旧存在。"几乎可以肯定的是,无论是在公共层面还是在私人层面,社会净化立法远远没有扫除罪恶,而只是促使罪恶形式发生了改变。"[⑤]

  政府、警察、法官的大力支持与积极参与是社会净化派实现其斗争目标的不可缺少的条件。如前文所述,在社会净化运动的推动下,在社会问题凸显的紧迫形势下,政府、警察、法官确实在对待卖淫问题的态度上有了很大改变。然而,这种改变还不够彻底,他们在处理卖淫问题的态度上还会出现反复。在打击卖淫这个问题上,"国家在很大程度上是一个不情愿

---

① Paula Bartley, *Prostitution: Prevention and Reform in England, 1860–1914*, p.79.
② Paula Bartley, *Prostitution: Prevention and Reform in England, 1860–1914*, p.16.
③ Judith R. Walkowitz, *Prostitution and Victorian Society: Women, Class and the State*, p.29.
④ Jeffrey Weeks, *Sex, Politics and Society: The Regulation of Sexuality Since 1800*, p.89.
⑤ Jeffrey Weeks, *Sex, Politics and Society: The Regulation of Sexuality Since 1800*, p.111.

的合作者"①。即使态度相对积极的自由党也认为,国家给个人自由带来了威胁。因此,在道德改革过程中,政府表现消极,不愿意干预国民的道德生活。在伦敦,在社会净化派的压力下,警察与教区委员会在打击卖淫问题上有很好的合作,但 1887 年之后,双方关系破裂,警察以需要警力打击更严重犯罪、教区委员会工作不力等原因,不再积极参与打击卖淫活动。1885 年《刑法修正案》通过后,被起诉的妓女反而减少了。在"全国警惕协会"控告的性侵儿童案件中,并未全部达到定罪、判处较长刑期的目标。显然,法官们不愿意判处重罚,陪审团也不愿意定罪。在 1890 年伦敦警惕协会控告的 6 个案件中,只有 3 个案件最后被定罪。在法庭之上被判无罪的侵害者或妓院老板也不在少数。1886 年,社会净化派对臭名昭著的妓院老板杰弗里斯夫人(Mrs. Jeffries)提起诉讼,虽然她承认了罪行,但法庭最终判处她交付 200 镑罚金,这对于她来说是很轻松的事情。没有了警察、法官们的积极行动,单单依靠"全国警惕协会"等社会净化组织,想通过法律来消除卖淫现象则困难重重。正如"全国警惕协会"抱怨的,"由于苏格兰场撤回了帮助,使得消除卖淫实际上变得不可能"②。

对于社会净化运动成功与否,社会净化派自己常常陷入矛盾境地。一方面,社会净化派认为他们的斗争取得了成功,在改造妓女和打击卖淫方面取得了成效。"伦敦促进公共道德委员会"认为,在他们和都市警察的勤奋努力之下,伦敦街头的道德状况得到了改善。牛津警惕协会也宣称,由于得到警察的大力支持,当地的卖淫现象得到了有效遏制。在设菲尔德,由于司法机关的严厉惩处,卖淫现象几乎从这个城市消失了。类似的宣传还有很多,给人一种社会净化运动即将大功告成的印象。但另一方面,民众对卖淫现象的泛滥仍有诸多抱怨,有人对伦敦南部克拉帕姆、圣马丁广

---

① Paula Bartley, *Prostitution: Prevention and Reform in England*, 1860 – 1914, p.83.
② Paula Bartley, *Prostitution: Prevention and Reform in England*, 1860 – 1914, p.165.

场等地依然猖獗的卖淫现象提出批评。就连社会净化组织自己也在表达对卖淫和妓院增多的警惕。"救世军"的官方报纸《社会报》(The Social Gazette)认为,在伦敦,无论街头的卖淫还是妓院都比以前多。在奥尔德肖特,妓女还和以往一样招徕生意,即使在宣称卖淫现象消失的设菲尔德,卖淫现象也依旧存在。① 这说明,社会净化派关于卖淫现象减少的证据是存疑的。而且,没有资料证明他们宣称的成功是否具有长期效果,因为他们自称的成功或者是暂时的,或者是区域性的,甚至是虚假的。"社会净化运动没有取得最终的胜利。"②

造成这种情况的原因有以下几个。首先,在社会净化派及警察的打击下,一些妓女和妓院转移了卖淫地点,由此造成一种假象:妓女和妓院转出地的卖淫现象减少甚至消失了。其次,为了规避《刑法修正案》的打击,妓女还会租住小型公寓从事卖淫,因为这类房屋不属于法律规定的妓院,如果妓女利用自己的住所卖淫,就规避了法律对妓院的打击。而妓院也打着合法生意的幌子,"挂羊头卖狗肉",以养老院、按摩院或美甲店的名义组织卖淫,以此逃避打击。最后,警察更倾向于遏制卖淫的政策,卖淫犯罪的证据难以搜集,警察对办错案的担忧使其在办理卖淫案件时有畏难情绪等因素,导致警察处理的卖淫案件数量在减少。然而,许多统计数据完全来自警察方面处理卖淫案件的数据,而非来自实际数据,也会导致产生妓女与妓院数量减少的错觉。

尽管由于种种主客观因素限制,社会净化运动并未能实现消除卖淫现象的目标,但是,这场运动在整肃社会风气、推动解决卖淫问题、促进维多利亚时代价值观形成等方面还是发挥了重要作用。

社会净化运动打破了维多利亚时代英国人在性问题上的缄默。在维多利亚时代,性是个禁忌,虽然卖淫问题日益严重,但人们对此似乎讳莫如

---

① Paula Bartley, *Prostitution: Prevention and Reform in England*, 1860-1914, p.160.
② Jeffrey Weeks, *Sex, Politics and Society: The Regulation of Sexuality Since 1800*, p.113.

深。"由于现在众所周知的原因,有教养的人、上层社会的女性都避免使用性语言及邪恶的语言。"①"当时的确是委婉语和浮夸的谨慎的天下,小说不能过于直率,莎士比亚的戏剧遭到删节,用'社会恶习'(social evil)来暗指卖淫,用'社会病'(social diseases)来暗指淋病与梅毒。"②在当时人所用的语言中,妓院往往被"邪恶的房子"(bad house)、"不正派的房子"(improper house)、"下流的房子"(immoral house)等委婉语或隐语代替,妓女也常被"下流女子"(immoral woman)、"失足女"(fallen woman)等委婉语或隐语取代。那些正派的、有教养的女性不仅是正派人,而且尽可能不去知晓任何邪恶之事。在这种情况下,人们尽量避免公开谈及妓女、妓院等与性有关的话题,而对于妓女更是避之唯恐不及,担心为此惹上不必要的麻烦,有损自己体面人的名声。斯特德在报纸上揭露童妓问题的文章,在一些同行看来,是在传播"勾引过路人淫荡好奇心的东西"③。社会净化派尤其是社会净化派中的女性敢于直面卖淫问题,公开谈论性、妓女、妓院等敏感话题,与有败德恶名的妓女接触,"以身涉险",以自己的勇敢行为打破了英国人在这个问题上的沉默。"在19世纪80年代到第一次世界大战之间,社会净化运动的发展对性行为控制产生了深远影响。"④他们的行动唤起了英国社会各界对于卖淫问题的关注,动员各种力量致力于解决卖淫问题;也推动了人们对性问题、性道德、性健康及与此相关的生育问题的关注。

社会净化运动对维多利亚时代的双重性道德造成了冲击,尽管这种冲击并未达到摧毁双重性道德的地步,但它为单一性道德标准取代双重性道德标准创造了条件。

---

① Ann P. Robson, "The Significance of 'The Maiden Tribute of Modern Babylon'", *Victorian Periodicals Newsletter*, Vol.11, No.2 (June, 1978), p.52.
② Jeffrey Weeks, *Sex, Politics and Society: The Regulation of Sexuality Since 1800*, p.27.
③ 陈力丹、董晨宇:《英国新闻传播史》,北京:人民日报出版社,2015年,第160页。
④ Jeffrey Weeks, *Sex, Politics and Society: The Regulation of Sexuality Since 1800*, p.101.

双重性道德标准是历史的产物:

> 只是在较早的文化阶段,这种由纵欲的恶行所造成的症状才习惯地被认为是优势地位的标志,并成为一种美德,博得社会的尊敬;但是由某些这类恶行而来的那种荣誉竟长期保持着很大势力,以致富裕阶级或贵族阶级的男性因生活放纵过度而受到的责难大为减轻。正是由于存在着这种歧视性差别,妇女、青年和下级的人们发生了任何这类放纵行为,他们受到的指责就格外严厉。这种传统的歧视性差别,即使在现今比较进步的民族中,也仍然没有失去力量。①

在维多利亚时代,多数人认为双重性道德是自然而然的事情,是两性关系的组成部分,是家庭稳定的基础。有位大教长甚至认为摩西十诫中的第七条戒律适用于男女两性的想法是可笑的。② 当时有两句人们时常挂在嘴边的话,即"他只是放荡不羁罢了"和"浪子回头就是个好丈夫",但这两句话只适用于男性,不能用于女性。男性散布他们的"放荡不羁",被视为"狂野""快乐""阅历丰富的男人",而女性"堕落"或被"遗弃"后,则被叫作"荡妇""堕落的女人""娼妓""妓女"。前者不仅没有批评之意,反而带有一丝欣赏;后者则完全是一副谴责、鄙视、唾弃的口吻。在这种双重性道德标准之下,"所谓'堕落的女人'便成为'牺牲品'"③,而"卖淫则被视为女性的罪恶"④。当人们谈论卖淫行为的时候,往往对妓女百般指责,认为所有的责任都在于她们,而嫖客则很少受到指责,尤其是当嫖客是有身份、有地位的人时,情况更是如此。

早在18世纪,就有人对双重性道德提出了质疑与批判;到19世纪中

---

① [美]凡勃伦:《有闲阶级论》,蔡受百译,北京:商务印书馆,2011年,第56页。
② Ann P. Robson, "The Significance of 'The Maiden Tribute of Modern Babylon'", *Victorian Periodicals Newsletter*, Vol.11, No.2 (June, 1978), p.52.
③ [英]阿萨·布里格斯:《英国社会史》,第315页。
④ Dennis Grube, *At the Margins of Victorian Britain: Politics, Immorality and Britishness in the Nineteenth Century*, New York: I. B. Tauris and Co. Ltd., 2013, p.123.

叶,这种批评之声日渐增多,尤其是在 19 世纪 60 年代社会净化运动兴起之后。①"到 19 世纪 60 年代,随着这个世纪中叶宗教复兴给妓女带来的困境,双重标准受到了觉醒的社会与道德意识的挑战。"②社会净化运动把反对双重性道德、以单一性道德标准取代双重性道德标准作为一项重要内容。社会净化派认为:

> 双重道德标准——对女性严厉,对男性宽松——在社会上持续的时间太久了。一个男人可能是一个浪子,但在社会观念中,他并不因此而不适合结婚……而一个女孩如果丢掉了她的端庄稳重,绝不会被社会原谅。③

因此,双重性道德是卖淫持续存在的根源,必须用单一性道德取而代之。他们认为,正是因为双重性道德的存在,才让社会只把妓女作为舆论谴责和法律惩罚的对象,却放任那些嫖宿妓女的男人置身于舆论谴责与法律惩罚之外。"与其他罪恶相比,富有、堕落的上层放荡者对劳动女性的性侵害才是最严重的罪恶。"④为此,社会净化派提出了一些废除双重道德的主张,例如,在性道德方面存在问题的男性不得当选各级议员、官员,不得进入教会组织等。只是这些主张多停留在口头或书面上,未能成为获得社会共识的行动,但它开启了对双重性道德质疑、挑战的进程,为最终废除双重性道德创造了条件。从 19 世纪 80 年代起,有关同性恋的立法也是建立单一性道德标准的一种努力。从这个意义上讲,"在英国禁止有组织卖淫的运动,变成了男人与女人、阶级与阶级之间道德平等的运动"⑤。"到这个

---

① Jeffrey Weeks, *Sex, Politics and Society: The Regulation of Sexuality Since 1800*, p.101.
② Judith R. Walkowitz, *Prostitution and Victorian Society: Women, Class and the State*, p.70.
③ Paula Bartley, *Prostitution: Prevention and Reform in England, 1860-1914*, p.184.
④ W. T. Stead, "The Maiden Tribute of Modern Babylon Ⅳ: The Report of the Secret Commission", *The Pall Mall Gazette*, July 10, 1885.
⑤ Ann P. Robson, "The Significance of 'The Maiden Tribute of Modern Babylon'", *Victorian Periodicals Newsletter*, Vol.11, No.2 (June, 1978), p.54.

世纪最后十年,已经能够对这个易于被人们接受的观念提出重大挑战。"①

社会净化运动推动了英国议会与政府以更加积极的态度介入卖淫问题的解决,进而推动了19世纪道德整肃目标的达成。在社会净化运动的推动之下,"19世纪80年代和90年代,公众对这一问题的关注以及政府对这一问题的反应明显在增强"②。"W. T. 斯特德在1885年所做的引人注意的揭露使得社会净化成为一个全国性问题。"③警察与法官在不同程度上更加积极地参与打击卖淫工作,政府和议会组织多个专门委员会,对卖淫问题、童妓问题展开调查,对卖淫状况进行评估,提出解决卖淫问题的建议与对策。在社会净化派的压力与推动下,1885年《刑法修正案》在议会下院通过并正式生效,这标志着"作为19世纪晚期不列颠基础的道德力量的增强"④。1886年,随着1885年《刑法修正案》的正式实施,《传染病法》被废除,这表明英国政府放弃了通过规范卖淫来解决卖淫问题的做法,实质上宣布了卖淫在英国是非法的。以此为开端,英国议会与政府以更加积极的态度来解决卖淫问题,推动社会道德风气进一步好转。1898年,议会通过《流浪法修正案》(*Vagrancy Law Amendment Act*)等法律,对打击和惩处妓女、拉皮条者、老鸨、妓院老板、跨国淫媒等相关从业者及其违法行为做出法律规定。政府还授权警察与法官关闭妓院,起诉老鸨并施以惩罚,惩罚出租房屋给老鸨和妓院的房主,打击街头拉客卖淫的行为等。这说明,政府日益重视运用"新的法律手段介入卖淫和同性恋问题"⑤。

---

① Jeffrey Weeks, *Sex, Politics and Society: The Regulation of Sexuality Since 1800*, p.39.
② Dennis Grube, *At the Margins of Victorian Britain: Politics, Immorality and Britishness in the Nineteenth Century*, p.122.
③ Paul McHugh, *Prostitution and Victorian Social Reform*, p.263.
④ Dennis Grube, *At the Margins of Victorian Britain: Politics, Immorality and Britishness in the Nineteenth Century*, p.121.
⑤ Jeffrey Weeks, *Sex, Politics and Society: The Regulation of Sexuality Since 1800*, p.108.

第四章
教会与道德建设

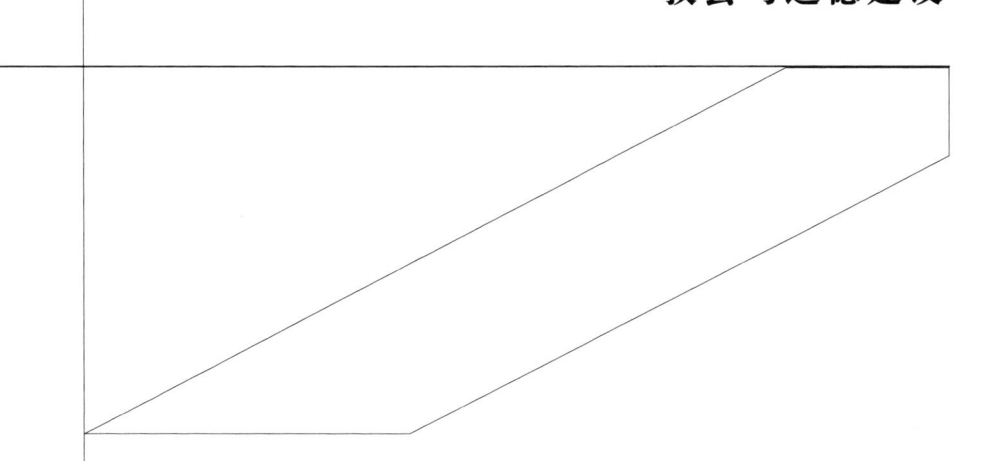

在工业革命之前,基督教会是英国人道德生活的裁判者,基督教道德标准指导着英国人的生活。工业革命以来的工业化与城市化对基督教造成了巨大冲击,新的生产方式的出现,新的社会阶级的形成,都对基督教的道德伦理权威提出了疑问和挑战,道德多元化趋势开始出现。尽管约翰·斯图亚特·密尔(John Stuart Mill)"把宗教看做道德的敌对者"①,但"19世纪依然是一个宗教氛围颇浓的时期。人民的信仰多种多样,相互对抗,基督教忏悔的仪式依旧被众多教徒实践着,塑造了社会各阶级的道德观念和他们的思维模式"②。维多利亚时代的道德问题引起教会关注,宗教复兴与福音运动为教会参与解决社会道德问题提供了推动力,各个教派从不同程度、通过不同方式与途径,参与到禁酒运动和社会净化运动当中:

> 维多利亚时代,人们在道德精神上严肃认真,其最大的原因是福音派新教的复兴,这种复兴造就了卫理公教派(Methodism),使非国教徒(Dissent)得到复兴,并感化了英国国教近1/3的信徒。……事实上,道德认真并没有因为神学的衰退而丧失了力量,因为许多人在道德中发现了代替物。……人们发现同样的道德宝典也存在于《圣经》之中,他们从卫理公会礼拜堂中、从公理会的宗教仪式(Congregational Services)中、从英国国教的学校中,都可以读到这种道德宝典。没有任何一本书对维多利亚时代风尚的影响能够与《圣经》相媲美。1837年,当维多利亚成为女王时,普通民众对人世的看法,是以《圣经》所讲的道理为坚实基础的。③

"安东尼·威尔逊·索罗尔德牧师(后来的温切斯特主教)在1868年讲

---

① 阎照祥:《英国政治思想史》,北京:人民出版社,2010年,第316页。
② 阎照祥:《英国政治思想史》,第293页。
③ [美]克莱顿·罗伯茨、戴维·罗伯茨、道格拉斯·R.比松:《英国史》(下册),潘兴明等译,北京:商务印书馆,2013年,第267—268页。

道,福音派教友们一如既往地积极、严格,他们投身于各种运动之中,'反对粗鄙和无知,反对自我放纵,反对任何形式的荒淫和邪恶,反对理性主义和罗马教派的入侵'。"①教会的支持与参与,大大推动了这两项运动的发展。

---

① ［英］劳伦斯·詹姆斯:《中产阶级史》,第 244—245 页。

一、教会与禁酒运动

饮酒不仅是英国人生活的一部分,也是他们宗教生活的一部分。在教会看来,饮酒与酗酒是完全不同的两码事,适量饮酒没有什么过错,但酗酒是要受到谴责的。这是因为,在《圣经》当中有相关的规定,即天堂的大门不对醉生梦死的酒鬼开放。在教会看来,酒是上帝的赐予物,是可以饮用的,但饮酒要适量,要节制,不能酗酒,因为酗酒、醉酒往往与无知、罪孽、放纵等相伴而行。"禁酒运动"在英国出现后,教会在禁酒问题上的态度虽然经历了一番变化,但教会组织及神职人员还是以不同方式参与到禁酒运动当中。

在18世纪与19世纪之交,一些"自觉的基督教道德家——来自国教会、长老会、卫理公会以及其他教派的——在1800年左右开始发动反对酗酒的斗争,不过他们的宣传遭到大多数人的普遍漠视甚至嘲笑"[①]。然而,随着酗酒问题愈演愈烈,很多人表示担忧,担心这一问题会成为维多利亚时代英国社会的阿基里斯之踵。教会对酗酒问题也表现出担忧。坎特伯雷教士会议的一个委员会在1869年指出,酗酒是一种可怕的恶习,是一种范围广、后果严重的恶行。[②] 蓬勃发展的福音运动也对酗酒问题十分关

---

① Charles Ludington, *The Politics of Wine in Britain: A New Cultural History*, p.226.
② John Greenaway, *Drink and British Politics Since 1830: A Study in Policy-Making*, p.9.

注。福音派认为,酗酒带来的危害是多方面的,既包括身体上的损害、家庭的不幸,也包括各种恶行与犯罪,更重要的是,酗酒会损害人们的心智与良知,令人漠视对上帝的爱与敬畏,进而无法获得上帝的拯救。"同福音派密切相联系的价值观与生活方式,与原有的道德伦理发生了冲突,这也是有组织的禁酒运动产生的深层次原因。"[①]反对酗酒、革除酗酒恶习、拯救基督徒的灵魂、培养清醒理性的基督徒成为教会组织参与"禁酒运动"的出发点。

在维多利亚时代,英国禁酒运动的主流是绝对禁酒,要求禁绝包括烈酒、红酒、啤酒在内的一切酒类。这与教会反对酗酒但允许适量饮酒的主张是相悖的。因此,教会并没有正式宣布支持或参与该运动,没有从任何官方渠道去开展禁酒活动。但是,教会并不禁止牧师或教士以个人身份支持或参与禁酒运动,国教会与不奉国教派都允许牧师或教士以个人身份决定是否以及在何种程度上支持运动。因此,禁酒运动在初期受到了来自国教会教士与不奉国教派牧师的大量个人支持。也有些主教会鼓励或要求牧师们积极参与禁酒运动。诺里季主教要求其教区的所有教士为禁酒运动及其支持者提供帮助,1837年他在给手下一个教士的信中表示,"在帮助数以千万计的人摆脱堕落的挥霍浪费、养成有道德的与勤勉的习惯,在帮助有罪者摆脱邪恶道路、转向信仰之路方面,禁酒协会是最有用的"[②]。

这些教会人士对禁酒运动的同情与支持主要体现为以下几种情况。第一,参与组织禁酒协会并参与其管理工作。在布拉德福德及其附近地区,教区组织有着禁酒工作的优良传统,许多绝对禁酒协会是由国教会教士组织起来的。在布拉德福德附近的集镇宾格莱(Bingley),当地禁酒协会的组织与活力完全依赖于教区教士。本来在宗教事务上存在分歧的国教会教士与不奉国教派牧师,甚至会在组织地方禁酒协会的工作中进行合

[①] John Greenaway, *Drink and British Politics Since 1830: A Study in Policy-Making*, p.8.
[②] Lilian Lewis Shiman, *Crusade Against Drink in Victorian England*, p.47.

作,在约克郡的哈沃斯村(Haworth)禁酒协会、在"威尔斯登禁酒协会"(Wilsden Temperance Society),都可以看到这种合作。第二,组建教会禁酒团体。1840年4月,J.F.威蒂牧师(Rev. J. F. Witty)创办了"国教会禁酒协会",这是建立全国性教会禁酒团体的一次尝试。但是,这个协会只存在了6个月,就被"国教会完全戒酒协会"(Church of England Total Abstinence Society)取代,而后者开展了哪些活动,因为缺乏记载而不为人所知。[①] 在19世纪70年代之前,教会禁酒团体不多,而且往往不是教会官方出面建立的。就这一时期的教会禁酒团体而言,不奉国教派的禁酒团体占据数量优势。第三,受聘担任禁酒协会的代理人,以个人身份参与禁酒活动。温和派禁酒协会代理人往往是受过良好教育、有身份的人,他们与教会有着密切联系。他们中的许多人是被按立的牧师,特别是浸礼会牧师。他们受雇于地方性或全国性禁酒协会,在各地旅行开展禁酒工作,做禁酒宣讲报告,组织禁酒协会。温和派禁酒运动最著名的代理人是约克郡赫布登布里奇(Hebden Bridge)的詹姆斯·杰克逊(James Jackson),他是一个浸礼会牧师,曾为"布拉德福德禁酒协会"和"不列颠与海外禁酒协会"(British and Foreign Temperance Society)工作,在约克郡与兰开郡巡游,与可能支持禁酒事业的个人与团体接触。他在北部禁酒运动圈子里非常有名,通过他的努力,布拉德福德禁酒协会的声望与影响大涨。[②] 神职人员之所以能够在禁酒协会的建立、管理上发挥作用并担任一些禁酒协会的代理人,主要原因有三:一是当时人认为酗酒属于道德问题,而对道德问题的管理是教会的天然职责;二是在当时的英国,教区在英国基层社会管理上具有重要地位,教区教士自然成为禁酒协会管理的最佳人选;三是教士本人在道德人品及管理才能上的表现,让人们对他们产生信任感,愿意在禁酒问题上听从他们的意见。

---

① Lilian Lewis Shiman, *Crusade Against Drink in Victorian England*, p.49.
② Lilian Lewis Shiman, *Crusade Against Drink in Victorian England*, p.13.

然而，并不是所有教士对禁酒运动都持同情或支持态度。在许多地方，教区教堂与禁酒派会堂之间存在着敌对情绪。1840年4月，《不列颠禁酒倡导者》报道，绝对禁酒派感到失望，因为伍德豪斯（Woodhouse）的卫斯理宗牧师拒绝宣布绝对禁酒派集会的消息。1851年，利兹的一个教士致信《利兹水星报》，对禁酒运动的问题与不足发出抱怨。然而，说19世纪40年代至70年代的英国教士要么赞成、要么反对禁酒改革是不准确的。"像其他民众一样，大多数教士对酗酒问题漠然视之，认为这不是他们要关心的事情。"①1847年，"利兹禁酒协会"牵头成立了一个4人小组，其中2人是禁酒协会成员，1人是浸信会信徒，1人是禁酒的世俗官员。他们对利兹的所有牧师进行了访谈，了解他们对禁酒运动的看法。根据其调查结果，有人敌视绝对禁酒，有人支持绝对禁酒，但总的来说，牧师们不关心绝对禁酒工作，也不愿意与绝对禁酒派保持密切联系。反对绝对禁酒的理由有：誓约不符合洗礼誓言；誓约并未触及人的道德本质；禁酒协会促进了人的暂时幸福，但忽视了更高的道德与信仰诉求。② 即使在19世纪70年代国教会建立起自己的禁酒协会之后，多数国教会教士仍然认为民众的饮酒习惯不在教会的关注范围内。

虽然教会与绝对禁酒派之间存在分歧，教会对绝对禁酒派的禁酒运动也不给予官方支持，但绝对禁酒派需要在禁酒问题上得到教会的支持。由于难以得到各教会的官方支持，禁酒改革者们转而集中精力争取牧师们的个人支持。1848年，禁酒改革者们组织起来，起草了一份支持绝对禁酒的牧师声明。禁酒改革者们在全国各地争取各教派牧师的参与和支持，所有在声明上签字的人本身也都是宣过誓的戒酒者。总共有583名牧师在声明上签了字，其中140人是独立派牧师或公理会牧师，111人是原初循道宗牧师，87人是浸信会牧师，56人是加尔文循道派牧师，47人是联合长老

---

① Lilian Lewis Shiman, *Crusade Against Drink in Victorian England*, pp.52-53.
② Lilian Lewis Shiman, *Crusade Against Drink in Victorian England*, pp.64-65.

会牧师,42人是卫斯理联合会牧师,29人是国教会牧师,25人是卫斯理循道派牧师,14人是一位论派牧师,32人是其他教派牧师。① 由此可见,尽管教会官方不支持绝对禁酒活动,但在神职人员当中还是有相当数量的人对"绝对禁酒"持同情或支持态度。爱尔兰禁酒运动的灵魂人物马修神父在推进绝对禁酒事业上做出了突出贡献。他加入科克绝对禁酒协会后,当地民众踊跃加入该协会,导致该协会会员人数在短时间内剧增。为推进绝对禁酒事业,马修神父接受各地禁酒组织的邀请,进行了禁酒巡游,在爱尔兰的都柏林,苏格兰的格拉斯哥,英格兰的利兹、利物浦、曼彻斯特等地,进行禁酒布道,使得数百万人接受并签署了禁酒誓约。②

与教会一样,禁酒改革者也意识到,禁酒是宗教信仰的助力。为了得到教会的大力支持,他们积极向教会表示,只要"酒鬼"被改造过来,走上变成体面人的道路,他就会加入教会。有些禁酒协会乐于高调宣布有多少他们拯救过来的"酒鬼"也成为新加入教会的信徒,这固然有炫耀功劳的成分,但也不乏争取教会好感的意图。例如,1838年,"伯明翰完全戒酒协会"的报告说,在其成员名单上有177人,这些人曾以放荡的酒鬼而闻名,令其家庭感到恐慌,如今他们不仅是绝对禁酒派的坚定成员,而且其中的170人还成为礼拜场所的常客。③ 尽管希望获得教会的支持,但是,还有相当部分的禁酒派不愿意把禁酒组织贴上某个教派的符号。他们担心会因此将其他教派的人挡在门外,他们希望禁酒派的大门对所有人敞开,无论其属于哪个教派。而在教会看来,这部分人及其所在的禁酒组织带有一定程度的不信神的倾向,应该避免与其接触。当然,部分禁酒派成员愿意将自己所在的禁酒组织与某个教派联系在一起,希望借此获得该教派的大力支持。

① Lilian Lewis Shiman, *Crusade Against Drink in Victorian England*, pp.63 - 64.
② Richard Barrett, *The Temperance Movement: Its Rise, Progress and Results*, pp.10 - 11.
③ Lilian Lewis Shiman, *Crusade Against Drink in Victorian England*, pp.65 - 66.

教会与绝对禁酒派之间的分歧乃至矛盾主要体现在以下几个方面。首先,是温和禁酒还是绝对禁酒。绝对禁酒派认为,所有的烈酒及含酒精的饮料都在禁止之列,都不应当饮用。教会主张,饮酒与酗酒是两回事,适量饮酒是可以接受的,应该谴责的是酗酒。而且,在基督教的圣餐礼上要按照礼仪和传统饮用葡萄酒,这让那些绝对禁酒派中的教徒处于非常纠结的困境之中。其次,签署禁酒誓约。绝对禁酒派要求禁酒协会会员必须签署禁酒长誓约,不仅自己不饮酒,不向他人提供酒水,就连圣餐礼上的葡萄酒也不得饮用。对于绝对禁酒派这一激进主张,教会表现出强烈的不满情绪。国教会认为,绝对禁酒派是在用禁酒原则取代基督教原则;天主教会认为,禁酒长誓约与教徒洗礼时的誓约存在冲突;循道宗等不奉国教派认为,这种做法可能导致教派分裂。因此,国教会、天主教会等教派对绝对禁酒采取了抵制策略。再次,关于遵守主日禁令。在维多利亚时代的宗教复兴浪潮中,教会要求严守教规,严肃宗教生活。针对人们宗教情感淡漠、疏于履行宗教义务、不遵守教规的情况,教会要求信徒严守主日规定,在主日期间停止一切工作,到教堂参加宗教活动。绝对禁酒派在开展禁酒宣传的过程中,喜欢利用主日这个休息日,因为这一天人们有时间来参加禁酒宣传活动,在这一天开展宣传活动会收到更好的效果。但在教会看来,主日应该停止一切工作,绝对禁酒派在主日开展禁酒宣传活动,违背了基督教教义教规,也在应该停止之列。另外,一些禁酒协会对所有教派开放的做法,也让许多教派产生了信徒流失的担忧,甚至认为这种做法有无神论的嫌疑。

温和禁酒派没有能够唤醒教会与酗酒开战,绝对禁酒派与教会之间的关系则因为种种分歧甚至矛盾而遇冷。正是因为没有得到来自教会的官方支持,禁酒在19世纪上半叶并未成为社会改革者关注的核心问题。19世纪60年代以后,情况发生了变化。随着国内禁酒意识的加强,所有基督教派别都建立了自己的禁酒组织,虽然有些派别并未完全接受绝对禁酒的原则，但各教派都停止了对"禁酒运动"的批评。

  1861年，在各教区从事禁酒工作的国教会教士们感到有必要建立一个交流机制，以便相互交流探讨，促进禁酒工作。他们在伦敦举行会议，成立了"国教会绝对禁酒协会"。1863年，该协会改名为"国教会改革禁酒协会"。到19世纪70年代，该协会再次改名为"国教会禁酒协会"。到19世纪末，该协会成为英国最有声望、影响最广泛的禁酒协会，拥有7 000个分支机构，注册会员在150 000人到200 000人之间。该协会在各地的分支机构极不稳定，不断有生有灭，这往往取决于教区教职人员及教徒在禁酒问题上的态度。同时，由于该协会隶属于国教会，因此教士在协会内部占据统治地位。该协会的最终目标是适量饮酒，完全戒酒只不过是19世纪时的权宜之计。1862年，该协会创办了《国教会禁酒年报》，宣传禁酒主张。该协会的旅行秘书巡访各地，激发人们对酗酒问题的兴趣，宣传禁酒主张，在有条件的地方帮助建立与教会相联系的禁酒组织。

  "国教会禁酒协会"在1882年组织成立了"联合王国铁路禁酒协会"，该协会通过举办禁酒集会、社交茶会、出版《铁路信号》杂志等方式，在铁路工人当中开展禁酒活动。"国教会禁酒协会"的辅助机构"女性联盟"致力于在人们认为更不容易救治的"女酒鬼"中开展禁酒工作。为了在儿童中开展禁酒工作，"国教会禁酒协会"组织成立了"儿童禁酒会"，这是禁酒运动中最成功的组织之一，也是国教会建立的儿童禁酒组织的典范。在"儿童禁酒会"与成人禁酒协会之间还有一个组织，这就是"国教会少年团队"(The Church Lads Brigade)，是"国教会禁酒协会"建立的又一个成功的禁酒组织。"少年联合会"(The Juvenile Union)也是"国教会禁酒协会"建立的儿童禁酒组织。与国教会其他禁酒组织有所不同，在"儿童禁酒会"和国教会另一个分支机构"教会军团"(The Church Army)中，所有成员都必须签署绝对禁酒的誓约。

到19世纪末,禁酒在国教会牢固确立下来。弗雷德里克·坦普尔(Frederick Temple)是一个坚定的绝对禁酒者,他当选为坎特伯雷大主教和"全国禁酒联盟"(The National Temperance League)主席,并在伦敦的50个教堂做了专门的禁酒布道,宣传禁酒主张,推进禁酒运动。① 有些禁酒改革者将他就任坎特伯雷大主教看作禁酒运动的一个胜利。到1900年,在国教会中,禁酒工作成为最时尚的工作,至少有一半的主教成为绝对禁酒者。②

在绝对禁酒问题上,天主教会与国教会有相似的立场。这两个教派都坚持这样的态度:一个人选择戒酒必须出自其自己的自由意志,不能实行强制。它们都倾向于在绝对禁酒问题上保持沉默。天主教会对饮酒的传统看法是:酒是合法的,人们必须将饮酒与酗酒区别开来。对于酗酒,天主教会的官方态度是:酗酒是一种罪,是七大罪之一,但酗酒不是饮酒的罪,而是酒鬼的罪。对天主教会来说,戒酒是美德中的一种,而不是特殊的具有独特价值的一种,因此,对于那些只关注禁酒这一个问题的禁酒协会,教会不会给予积极的大力支持。但是,在各个教派纷纷组织建立禁酒协会的情况下,为防止天主教徒被其他教派的禁酒协会吸收入会,天主教会鼓励那些想成立禁酒协会的人在天主教内部建立禁酒协会。因此,在一些教区就有了由教士指导的专门的天主教禁酒协会。第一个"天主教完全戒酒协会"(Catholic Total Abstinence Society)是由切尔西的教士J.西斯克(J. Sisk)建立的。③ 1872年,纽金特神父(Father Nugent)、红衣主教曼宁等人组织建立了全国性的天主教绝对禁酒协会"十字架联盟"。同国教会一样,天主教会也建立了自己的儿童禁酒组织,即"儿童向导"(The Children's Guild),在天主教儿童中开展禁酒活动。"利兹天主教完全戒酒协会"

---

① Lilian Lewis Shiman, *Crusade Against Drink in Victorian England*, p.108.
② John Greenaway, *Drink and British Politics Since 1830: A Study in Policy-Making*, p.54.
③ Lilian Lewis Shiman, *Crusade Against Drink in Victorian England*, p.60.

(Leeds Catholic Total Abstinence Association)主要在当地爱尔兰人当中开展禁酒活动，拥有 250 名成员。到 1878 年，"天主教绝对戒酒联盟"(Catholic Total Abstinence League)在利物浦拥有 6 个分支机构，也主要在爱尔兰移民中开展活动。

不奉国教派是教会禁酒运动的主要力量。在整个 19 世纪，由公谊会(The Society of Friends)信徒组成的团体坚定地支持"禁酒运动"。他们努力在下层阶级中提升下层民众对酗酒恶习的认识。他们还为禁酒协会和独立的禁酒代理人提供大量经费，支持其开展禁酒活动。在温和禁酒派时代，卫斯理宗牧师曾发挥了重要作用，但绝对禁酒派出现后，许多卫斯理宗牧师的态度发生了变化。他们的抵制直接指向绝对禁酒派的新主张和吸引成员的新方式。在传统上，卫斯理宗是反对蒸馏酒的，卫斯理宗信徒要尽一切可能避开烈酒，既不喝烈酒也不从事烈酒经营。但后来卫斯理宗在个人戒酒问题上发生了分化。这种分化不仅是观念上的，有时也体现为组织上的。1842 年，600 个康沃尔地区的卫斯理宗信徒从母体分裂出去，组成了他们自己的卫斯理宗运动分支，他们称其为"绝对禁酒派卫斯理宗信徒"(The Teetotal Wesleyan Methodists)。只不过他们与卫斯理宗主体的分裂并未持续很长时间，到 1860 年所有这些派别都回归到卫斯理宗。与官方政策不同，在地方层面发生的事情表明，在卫斯理宗信徒中有很多人同情"禁酒运动"。1846 年，利物浦的卫斯理宗禁酒运动支持者成立了"卫斯理宗完全戒酒派联合会"(Wesleyan Union of Total Abstainers)。很快，该组织就声称拥有成员 90 人，其中 30 人是牧师。在约克，禁酒协会实际上是由卫斯理宗信徒建立与管理的，在这个协会存在的头 50 年里，除了 1 个牧师外，其他牧师都是绝对禁酒派。"圣经基督徒"是又一个时常认同绝对禁酒主义的卫斯理宗派别，但直到 1882 年该派才建立了自己的禁酒协会。在对待绝对禁酒的态度上，活跃在社会底层的"原初循道宗"和"圣经基督徒"一样，对"绝对禁酒"持支持态度。公谊会有着温和禁酒的传统，该派认为在饮食上应该适量,因此过度饮食包括酗酒都是错误的。但是,公谊会并未要求其成员绝对禁酒,同时并不禁止信徒个人对禁酒运动的强烈支持。浸信会、公理会也没有正式接受绝对禁酒的主张,它们都倾向于在这个问题上保持绝对中立。与其他教派一样,这两个教派将决定权交给各个教堂,允许它们在禁酒改革问题上表明各自的立场。1880年以后,绝对禁酒主义在不奉国教派的牧师中有了更快的发展。

到19世纪70年代,英国的酗酒问题呈现增长态势,教会与其他组织感到有必要采取更加有效的行动。因此,道德劝诫派的禁酒再度复兴,福音禁酒运动登上历史舞台。福音禁酒运动有广义与狭义之分。就广义而言,其意味着受到宗教影响的禁酒运动,也意味着道德劝诫派的禁酒运动。就狭义而言,这是一种重新燃起的混合了宗教信仰与禁酒运动的特殊运动。该运动支持者认为,当肉体始终处于酗酒败坏时,灵魂是不能得救的。① 1877年,威廉·诺布尔在美国期间了解到"蓝带运动",决定将这一运动引入英国,福音禁酒运动进入英国,在伦敦出现了"蓝带协会"等组织。最开始的几年,福音禁酒运动在伦敦以外的地区影响不大。1880年,以美国戒酒者、自封的禁酒布道家理查德·T. 布斯(Richard T. Booth)到访英国为契机,福音禁酒运动在英国高涨,"蓝带运动"也从地方性运动向全国性运动转变。到19世纪80年代末,"蓝带运动"高潮过去的时候,有超过100万人签署了誓约,披上了蓝色缎带。其他禁酒派的绝对禁酒者也采用了这一做法,戴上了不同颜色的缎带。天主教绝对禁酒者戴上了绿色缎带,还有禁酒团体采用白色缎带,甚至反禁酒组织也采用黄色缎带表明自己的主张与立场。应该说,福音禁酒运动影响很大。随着福音禁酒运动的发展,道德劝诫派在禁酒运动中再度复兴。19世纪晚期,在福音禁酒运动的影响下,许多不酗酒的家庭也签署了誓约,因为他们相信所有饮用酒精

---

① Lilian Lewis Shiman, *Crusade Against Drink in Victorian England*, p.96.

饮品的行为都不是基督徒该做的。同时，福音禁酒运动也让原本因为绝对禁酒而僵化的教会与禁酒运动之间的关系有所缓和，有利于禁酒运动的发展。之所以有这样的成效，与福音禁酒派工作者非常投入的奉献精神与工作热情是分不开的。在布莱克本，经过刘易斯夫人（Mrs. Lewis）的努力，有 1 000 个到 2 000 个"酒鬼"签署了戒酒誓约。在"酒鬼"们签署誓约后，她会一直与他们保持密切联系，直至他们真正戒除酒瘾。她还非常重视让戒酒者现身说法，因为她发现，与那些不饮酒也不懂得饮酒诱惑力的人相比，这些人在说服、劝诫工作中更有实效。① 不过，也有些福音禁酒派工作者往往夸大签署誓约者的数量，因此，他们估计的签约戒酒者人数往往高于准确的统计数字。还有人指责"蓝带运动"工作者借机敛财、贪图享受，或称他们所做布道花言巧语、不重实效。

虽然教会在 19 世纪 70 年代之后改变了对禁酒运动的态度，以更加积极的姿态参与到禁酒运动当中，但在绝对禁酒、许可证改革、禁止酒类贸易等问题上，各个教派之间、教会与世俗禁酒组织之间仍然存在较大分歧。在绝对禁酒问题上，"教会拒绝把绝对禁酒作为其主导的禁酒协会成员资格的条件，只要求其成员谴责酗酒，而不谴责适量饮酒。而且，国教会拒绝将不含酒精的葡萄酒放上圣餐桌，而改变这一态度是许多绝对禁酒派成员努力争取的"②。在许可证改革问题上，"尽管多数禁酒组织接受《许可证法案》（The Permissive Bill），但有影响的大团体'国教会禁酒协会'却不接受这个法案，而且在这件事上也看不到该组织有改变其态度的希望"③。在禁止酒类贸易问题上，教会也有不同看法："国教会禁酒协会"成员、"利物浦公共控制与许可证改革协会"主席亚历山大·鲍尔弗（Alexander

---

① Lilian Lewis Shiman, *Crusade Against Drink in Victorian England*, p.124.
② Lilian Lewis Shiman, *Crusade Against Drink in Victorian England*, p.5.
③ A. E. Dingle, *The Campaign for Prohibition in Victorian England: The United Kingdom Alliance, 1872–1895*, p.68.

Balfour)表示不支持全国性禁止酒类贸易。不奉国教派绝对禁酒者与国教会禁酒协会之间也有很多分歧。可以说,正是这些分歧与矛盾使得不同教派的禁酒组织之间、教会禁酒组织与世俗禁酒组织之间的联合与合并无法实现,"每个组织都珍视其独立性,觉得有必要通过推进他们自己独特的计划来证明他们存在的合法性"①。1893年,在内政大臣威廉·哈考特向议会提交有关禁酒提案的同时,伦敦主教与切斯特主教也分别向议会提交了自己的提案,这也是国教会禁酒派内部分歧的表现。

1900年,在圣保罗大教堂做的一场布道中,斯特普尼主教(Bishop Stepney)在谈到禁酒运动的两个分支——道德劝诫与禁止酒类贸易——时表示,国教会的禁酒协会应该选择一个折中办法,来实现建立"清醒的不列颠"的目标。这说明,"禁酒运动"的目标还未实现,摆在教会面前的禁酒任务仍然任重道远。

---

① A. E. Dingle, *The Campaign for Prohibition in Victorian England: The United Kingdom Alliance, 1872–1895*, p.88.

二、教会与社会净化运动

19世纪以来,被称为"严重社会恶习"的卖淫问题也引起了视道德教化为己任的教会的高度关注。《圣经》中的"不可邪淫"等教义教规是国教会、天主教会、新教不奉国教派等基督教派与卖淫行为展开斗争的理论依据。18世纪以来的福音运动更是把打击包括渎神、卖淫等行为在内的不道德行为视为自己的神圣使命,"福音派是许多道德改革运动的后盾"[①]。而且,在当时的英国,"毫无疑问,总的道德体系是基督教传统的体系。它提供了道德(甚至无信仰者的道德)和实际控制性行为的正式惯例的表述语言"[②]。因此,社会净化运动兴起后得到了基督教会的大力支持,各个教派也以不同方式参与到这场运动当中。

早在19世纪40年代,卖淫问题就吸引了宗教界、医学界以及一些受福音派影响的人,他们对卖淫问题开展研究,揭示卖淫问题现状,剖析其根源,提出治理卖淫问题的对策主张。在这些人当中,有公理会牧师威廉·贝文(William Bevan)、拉尔夫·沃德洛(Ralph Wardlaw)、罗伯特·沃恩(Robert Vaughn),有禁酒与道德改革者威廉·洛根(William Logan)、威廉·泰特(William Tait),还有福音派医生迈克尔·瑞安、J. B. 塔尔伯特

---

① Paul McHugh, *Prostitution and Victorian Social Reform*, p.187.
② Jeffrey Weeks, *Sex, Politics and Society: The Regulation of Sexuality Since 1800*, p.101.

(J. B. Talbot)等人。作为家长制家庭制度的维护者,这些福音派作者认为,妓女在道德上是污染源,是中产阶级经常要面对的危险的诱惑,而对体面社会的更大威胁是那些偶尔卖淫的女仆,因为她们就生活在中产阶级家庭之中,她们对中产阶级家庭的破坏是渗透性的。在他们看来,通奸与嫖宿妓女亵渎了婚姻这一神圣不可侵犯的结合,通奸对婚姻双方都是不幸的伤害,卖淫更是玷污了被视为神圣律法的婚姻。值得注意的是,这些福音派作者首次谴责了男性性放纵对家庭和婚姻之爱的威胁,并提出单一性道德标准和纯洁的性关系的要求。虽然这些福音派作者的作品不是掀起反对卖淫斗争的唯一声音,但他们"主导着关于卖淫的公共舆论"①。

当然,教会对卖淫问题的态度不只表现在舆论上,还针对卖淫问题采取了实际行动。1844 年,菲尔波茨主教(Bishop Philpotts)向议会上院提交了《关于有效打击妓院及诱拐和卖淫行业的提案》(*Bill for the Effectual Suppression of Brothels and Trading in Seduction and Prostitution*),只是因为政府撤回了对该提案的支持,这个提案在三读的时候遭到否决。19 世纪 40 年代,福音派提出并实施主动帮助计划,通过建立救助之家等方式,向不幸沦为妓女的女性提供救助。警察在伦敦打击妓女夜间拉客以及在西区公开招嫖的行动,显然受到了伦敦教区委员会的"消除恶习协会"宣传的推动,一些妓女集中的有名的夜店如位于皮卡迪利的阿盖尔公寓(Argyll Rooms)在警察的打击下被迫关闭。这些做法都受到了社会有识之士的欢迎与支持。

"废除《传染病法》运动"发生后,教会及其神职人员也参与进去,只不过在《传染病法》存废问题上,教会内部并未达成一致意见。在 1871 年皇家委员会举行的关于《传染病法》的听证会上,支持《传染病法》的证人包括

---

① Judith Walkowitz, *Prostitution and Victorian Society: Women, Class, and the State*, p.34.

一些国教会、天主教会的教士以及卫斯理宗和浸礼会的牧师,他们都认为该法有利于打击卖淫现象、提升道德。浸礼会牧师 J. G. 格雷格森(J. G. Gregson)表示,据他了解,只有妓院老板才反对该法。① 然而,有相当多的教士支持废除《传染病法》,有不少人受聘担任废除《传染病法》组织的代理人,亲身参与废除《传染病法》运动。那些没有在教堂任职的不奉国教派牧师是废除《传染病法》组织代理人的一个来源,这些人可靠、正直,被视为合适的人选。对一些废除《传染病法》组织而言,培养当地教士是其工作职责的重要部分。教堂牧师的支持能够带来有分量的请愿书、与议员联系的代表、地方委员会的建立以及"体面的"工作人员的名单,牧师可以成为打开一扇大门的钥匙。从 1874 年到《传染病法》最终废除,浸礼会牧师 J. H. 林恩(J. H. Lynn)一直给"全国反《传染病法》协会"做代理人。公理会牧师 J. P. 格莱德斯通(J. P. Gledstone)给"北方各郡废除联盟"(The Northern Counties League for Repeal)做了两年代理人。②

福音派与不奉国教派是废除《传染病法》的支持者,许多地方的废除《传染病法》运动的开展离不开他们的努力。"废除派"在南安普顿的活动是通过一位论派牧师 E. 凯尔(E. Kell)及其妻子的努力而开展的。"废除派"在多佛的活动是通过卫斯理宗信徒罗兰·里斯(Rowland Rees)的努力而开展的。在"废除《传染病法》全国女性协会"中,卫斯理宗、公理宗、一位论派、公谊会的信徒都有,最多的是公谊会信徒。一位论派的詹姆斯·斯坦斯菲尔德(James Stansfeld)、威廉·谢恩(William Shaen)、R. F. 马蒂诺(R. F. Martineau),公理会的本杰明·斯科特、亨利·理查德(Henry Richard)、C. J. 塔林(C. J. Tarring),卫斯理宗循道会的珀西·邦廷(Percy Bunting)、谢尔登·阿莫斯夫人(Mrs. Sheldon Amos)、休·普赖斯·休斯(Hugh Price Hughes)等,都是废除《传染病法》运动中的领袖人物或骨干。公谊会从一开

---

① Paul McHugh, *Prostitution and Victorian Social Reform*, pp.62-63.
② Paul McHugh, *Prostitution and Victorian Social Reform*, p.130.

始就参加了废除《传染病法》运动。1870年的公谊会年会谴责《传染病法》并要求下属组织全力反对该法。很多公谊会教徒参加了各种废除《传染病法》组织。1873年11月"公谊会废除协会"的成立是公谊会废除运动的一个里程碑。巴特勒夫人对公谊会在废除《传染病法》运动中的积极表现给予了高度评价。到19世纪70年代中期,公谊会、卫斯理宗、公理会教徒也组建了他们自己的废除《传染病法》组织,如"公谊会废除协会""卫斯理宗废除协会""公理会委员会"等。卫斯理宗向驻守奥尔德肖特的军队派出了首批不奉国教派的随军牧师,他们在1861年建立了第一个士兵之家。H.鲁尔(H. Rule)、C. H.凯利(C. H. Kelly)等卫斯理宗牧师努力让士兵远离妓院,他们认为《传染病法》阻碍了在军队提升道德标准的努力,因此对《传染病法》持批评态度。不奉国教派在反对《传染病法》问题上的立场,反映了"不奉国教派良心"(Nonconformist Conscience),即"在所有政策制定事宜上坚持道德原则的权威"[①]。

与福音派与不奉国教派的牧师不同,许多国教会教士认为《传染病法》对道德有利,对《传染病法》表示支持。在1868年一份扩展《传染病法》实施范围备忘录上签名的人当中,有超过三分之一的人是国教会教士,包括3个主教、8个牛津大学与剑桥大学的院长、7个校长、7个实施城镇的教区牧师。

尽管各个教派在对待废除《传染病法》问题的态度上有分歧,但对待卖淫问题的态度是一致的,消除卖淫、提升性道德、维护婚姻与家庭稳定是他们的共同目标。因此,各个教派以各种方式参与到社会净化运动当中,一些教派的废除《传染病法》组织也将工作重点转移到社会净化运动上来。"苏格兰自由教会"(The Free Church of Scotland)全体大会在1874年任命了一个委员会负责内部活动组织工作。在《传染病法》中止实施后,该委员会的工作范围扩大到全面维护社会净化。1884年以后,"卫斯理宗废除协会"变成一个官方的"社会净化联合委员会"(Social Purity Committee of

---

① Paul McHugh, *Prostitution and Victorian Social Reform*, p.194.

Conference),"公谊会废除协会"也将工作重点转移到培育更高的、平等的道德标准上来。①

教会组织用力最多的是对妓女的改造工作。作为一个重要的改造妓女手段,感化院制度带有国教与天主教的特点。近代英国最早的感化院——玛格德林性病医院于1758年在伦敦的白教堂(Whitechapel)开办。到19世纪中叶,随着国教会感化协会的建立,感化院的数量进一步增多。到1885年,据说有53个与国教会有联系的感化院。到19世纪末,有13个天主教会机构改造了886名妓女。② 19世纪中叶,国教会中福音派的复兴给妓女改造工作提供了新的动力。福音派在现有的感化院制度以外,又建立了一种家庭式的救助之家制度。托利党中的福音派领袖莎夫茨伯里勋爵是第一个救助之家协会,即"伦敦女性寓所"的庇护人,该协会于1850年在伦敦的卡姆登镇建立了第一个救助之家。1856年,福音派建立了"改造与救助联盟",当然,这个组织在妓女改造工作之外,还做了很多预防性工作,对那些被视为处于道德风险中的少女进行救助,以免她们堕入风尘。受此影响,"救世军""教会军团""犹太教女性协会"(The Jewish Ladies' Association)也建立了它们自己的救助机构。凯瑟琳·布斯于1884年在东伦敦的白教堂开设了英国"救世军"首个救助之家,随后又在其他地方建立了几个小的救助之家。"犹太教女性协会"于1885年开设了专门接收犹太教少女的救助之家。

国教会建立的妓女改造机构往往是由教士与俗人联合管理。总负责人理所当然是男性,他是管理指导者、公共关系负责人,代表所在机构出席年度会议,撰写年度报告,管理财务和对媒体发表讲话等。"国教会感化协会"这个感化运动协调机构的主席是坎特伯雷大主教与约克大主教,另外28名主教担任副主席。虽然"国教会感化协会"不干预国教会其他妓女改

---

① Paul McHugh, *Prostitution and Victorian Social Reform*, p.198.
② Paula Bartley, *Prostitution: Prevention and Reform in England*, 1860–1914, p.26.

造机构的内部管理,但所有这些妓女改造机构都接受国教会的灵性指导,这是它们得到国教会承认的前提条件。国教会还鼓励各主教在其主教区范围内的妓女改造工作中发挥积极作用,每个妓女改造机构都由一个主教担任名义上的领导人,如坎特伯雷大主教是达特福德感化院名义上的主席。这些妓女改造机构的中层管理者一般由中产阶级女性担任,"国教会感化协会"往往由修女从事具体的管理事务。之所以让女性来从事妓女改造机构的具体管理事务,是因为无论是她们的中上阶层出身,还是她们对改造妓女的全身心投入,或是她们高尚的道德,以及作为女性的诸多便利条件,都使她们成为这项工作的最合适人选。在教会看来,妓女是"迷途的羔羊",拯救她们于迷惘、堕落之中,帮助她们脱离苦海、重新走上正途,是基督徒的神圣使命。然而,让参与妓女改造工作的女性了解不道德的事,谈论普遍认为不适合女性谈论的性问题,与道德堕落的妓女进行交流,还是要承担道德风险的。不过,宗教信念与信仰能够让她们在拯救妓女的同时保持自身的纯洁。

各个教派建立的感化院规模有大有小,最小的只能接收 5 个妓女,最大的可以接收 200 个妓女。一般说来,天主教会与国教会设立的感化院人数较多,而福音派和其他改革派设立的感化院人数较少。与其他妓女改造机构一样,各教会设立的改造机构在接收妓女问题上也有区别,有的教会改造机构无条件地接收妓女并对她们进行改造,有的机构会将一些他们认为不适合接受改造的妓女拒之门外。福音派与不奉国教派的妓女改造机构更倾向于自己直接选择候选人。这些机构或者派人在街头巡视,看到在街头招嫖或游荡的妓女,就会动员她们进入妓女改造机构接受改造;或者派人直接到妓院动员妓女进入妓女改造机构接受改造;或者通过聚会的方式动员参加聚会的妓女进入妓女改造机构接受改造。在妓女改造机构的内部管理上,不同教派的改造机构也有所不同。相对而言,国教会的妓女改造机构对妓女的改造管理较为严格。这是因为,在"国教会感化协会"的一些人看来,妓女是道德罪犯,民事罪犯要接受政府的处罚与管制,作为道德罪犯的妓女也要接受教会的处罚与管制。在这种思想指导下,国教会正统派设立的妓女改造机构对妓女的改造工作具有更多的强制性,惩罚性的改造措施更多一些。而国教会中福音派设立的妓女改造机构在对妓女改造的过程中则要少一些强制性与惩罚性措施。在福音派的妓女改造机构中,上帝的宽恕时常取代上帝的惩罚。这是因为,在他们眼中,妓女很少被视为罪犯,更多的时候被视为社会不公的受害者,因此妓女改造工作的重点是宽恕而不是惩罚。但是,在各个教派的妓女改造机构中,有一项工作是相同的。参加宗教仪式是每个接受改造的妓女生活中的重要部分。在教会设立的妓女改造机构里,受俸牧师每个主日主持正式的礼拜,每天的祈祷由庇护人组织,日常的《圣经》课程则由委员会成员主持。①

教会积极支持并参与对童妓卖淫问题的揭露与打击,致力于保护少女。针对英国严重的童妓卖淫问题,教会在议会上院的议员们积极参与对童妓问题的调查,并推动《刑法修正案》在议会上院顺利通过。由于《刑法修正案》多次在议会下院被搁置,社会净化派决定通过舆论造势,对议会下院议员施加压力,推动《刑法修正案》在议会下院通过。"伦敦禁止贩运英国女孩委员会"主席本杰明·斯科特、"废除《传染病法》全国女子协会"领导人约瑟芬·巴特勒请《帕尔摩报》主编斯特德出面主持对性侵害少女与童妓问题的调查,并将调查报告公之于众。② 斯特德深知这种调查的难度和风险,在调查开始之前,他专门征求了坎特伯雷大主教、威斯敏斯特红衣大主教等教会权威人士的意见,这些教会权威人士对斯特德的调查表示支持,并给出了不少中肯的建议。在他们明确表示支持的情况下,斯特德组成了由约瑟芬·巴特勒、"救世军"领导人威廉·布斯及一些编辑部同仁组成的秘密委员会,进行了为期 1 个月的调查,并将调查报告在《帕尔摩报》

---

① Paula Bartley, *Prostitution: Prevention and Reform in England*, 1860-1914, p.56.
② Estelle W. Stead, *My Father: Personal and Spiritual Reminiscences*, pp.123-124.

上公开发表。斯特德在调查过程中也得到了不少教会人士的支持与帮助,他在报告中也多次提到这些教会人士给予的帮助。该调查报告发表后,引发轩然大波,更有人对调查报告的真实性提出疑问。为了证明调查报告的真实性,斯特德将报告交给由坎特伯雷大主教、伦敦主教等权威人士组成的审查委员会进行审查。该审查委员会在对报告的真实性进行审查后宣布,除了在伊丽莎·阿姆斯特朗(Eliza Armstrong)的买卖一事上存在问题外,整个调查的可信度还是非常高的。对斯特德调查报告真实性的证明,等于宣布调查报告所指出的童妓卖淫问题已经到了十分严重的地步,必须引起政府与社会各界的高度重视。《教会评论》《基督徒》等宗教报刊也纷纷刊文,对斯特德的报道表示支持。在包括教会在内的各方力量的共同努力下,1885年《刑法修正案》在议会获得通过。

教会通过与警察的合作,推动对卖淫活动的打击,促进社会风气的净化。伦敦教区委员会建议警察对一些妓院进行监视,以便取得必要的证据,用这些证据来惩处妓院的老板。警察根据教区委员会的建议,对妓院进行监视,并将监视报告交给教区委员会,教区委员会据此对这些妓院提出控告或警告。虽说1887年之后双方的合作出现了问题,但双方的合作对于打击教区委员会所在地区的卖淫活动依然起到了不小的作用。教会还利用自己的地位与影响,为社会净化派与警察合作打击卖淫活动提供条件。在不奉国教派影响较大的城市,如伯明翰、布里斯托尔、曼彻斯特、利物浦,社会净化派与警察有着很好的合作,教会在其中发挥了重要作用。[①]

教会还积极投身于净化文化出版与演出市场的活动。国教会中的社会净化派反对大众报纸、廉价小说、耸人听闻的杂志,他们认为,有些画报道德水平低下,对年轻人是一种威胁,因为这些杂志中的图画向年轻人传递了太多的渎神思想;通俗小说大多是道德败坏的,应该受到声讨。因此,

---

① Paula Bartley, *Prostitution: Prevention and Reform in England*, 1860-1914, p.166.

他们主张,加强对出版物和演出剧目的审查,避免下流书刊与演出带来道德上的恶劣影响。值得注意的是,在教会中的社会净化派的眼中,下流书刊不仅包括那些明目张胆的、彻头彻尾的色情书刊和报纸,也包括那些隐晦地包含不道德内容的书刊和报纸,所以当时出现的一些宣传节制生育、提倡性健康的书刊也因此受到审查与处罚。

教会中的社会净化派也对双重性道德标准提出批评。在一些人看来,卖淫问题泛滥的一个重要原因,就是在双重性道德标准之下男性的性放纵受到宽容。因此,他们主张,在打击卖淫活动过程中,也要对性放纵的男性进行处罚。达勒姆主教提出了"对上层社会男士的呼吁"(to the men of the upper classes),他强调懒惰本身是一个轻微的过错,但它会导致犯罪,会污染道德风气,上流社会的通奸就是证明。[①] "国教会净化协会"建议那些众所周知的生活放荡的男性不应该被接纳进入基督教协会,而且宣布男性应该为性犯罪而受惩罚。[②] 然而,这些有价值的主张多停留在理论上,在当时的社会氛围下很难付诸实施。

为了更好地开展社会净化运动,各个教派也组织建立了许多社会净化组织,其中最大的有两个:一个是"白十字军",另一个是"国教会净化协会"。1883年,为了消除导致堕落的根源并提高公共道德水平,艾莉丝·霍普金斯和达勒姆主教建立了"白十字军",以使女性和儿童远离卖淫与堕落。"白十字军"这个名字有特殊含义,白色代表纯洁,"十字"强调为基督而战,军队意味着这是一个遵守纪律的组织。"白十字军"是一个跨教派的组织,其成员既有不奉国教派信徒,也有国教会信徒,其工作对象则是男性工人阶级。大约与此同时,"国教会净化协会"也建立了,该协会主席是坎特伯雷大主教,同时得到约克大主教及英国其他30个主教的支持,该组织工作对象主要是社会中上层男性。虽然这两个组织的工作对象不同,但也

---

① Alan Hunt, *Governing Morals: A Social History of Moral Regulation*, p.141.
② Paula Bartley, *Prostitution: Prevention and Reform in England, 1860-1914*, p.186.

有许多共同点：两者都在教区层面开展活动，两者的基础都是基督教教义，都依赖于教区教士、主日学校教师及其他拥有灵性职责者的布道影响力，其对象都是男性而非女性，因为两者都认为男性应该为性道德负责。因为它们的工作在某种程度上是重叠的，所以双方在1891年联合组成"国教会净化协会白十字联盟"。随后，该联盟的分支机构在英国陆军、海军以及地方教区纷纷建立，极大地推动了社会净化运动在英国男性中的传播。

19世纪基督教的复兴与福音派的活跃，带动教会以更加积极的态度参与到社会净化运动当中。"在这些运动表现出的极大活力背后，是福音派的复兴，由此将大部分女权运动带入与不奉国教派的联盟当中，这个联盟的标志就是激烈反对双重标准。"①促使福音派以更加积极的态度投身于社会净化运动的因素中，包含了一系列事件与丑闻，如《传染病法》中体现的双重性道德标准，白奴贸易中对少女的侵害和诱奸，1886年的查尔斯·迪尔克（Charles Dilke）的离婚事件，1889—1890年克利夫兰街的同性恋妓院事件，等等。② 而对多数社会净化派而言，宗教信仰是他们生活中的重要组成部分，宗教情感的全力支持让他们义无反顾地投身于社会净化运动当中。同时，在国家立法并未完全取代宗教在道德伦理方面作用的时候，教会在社会净化运动中还有着不可替代的作用。

---

① Jeffrey Weeks, *Sex, Politics and Society: The Regulation of Sexuality Since 1800*, p.107.
② Jeffrey Weeks, *Sex, Politics and Society: The Regulation of Sexuality Since 1800*, p.106.

第五章
思想文化界的道德关怀

对于维多利亚时代社会存在的道德问题,英国思想文化界本着高度的社会责任感,以各种方式提出自己的主张。旅居英国的恩格斯在关注英国工人阶级状况的时候,也十分关注英国工业革命时期的道德问题,并对此做了深入分析。以马修·阿诺德为代表的一批思想家,站在哲学或文化高度提出高屋建瓴的理论思想;以塞缪尔·斯迈尔斯为代表的道德家则就如何锤炼品格、提升道德水平提出具体建议;而以查尔斯·狄更斯为代表的批判现实主义作家们用他们的文学作品揭露社会丑恶现象,唤醒人们的良知,推动了维多利亚时代道德的塑造。

一、恩格斯对英国道德问题的认识

1845年,弗里德里希·恩格斯(Friedrich Engels)在德国莱比锡出版了《英国工人阶级状况》一书。该书是恩格斯根据他在1842年11月至1844年8月居留英国期间的考察与研究写成的。在这本书中,恩格斯十分关注工业革命时期英国的道德问题。工业革命时期英国工人阶级的状况是这本书的主题,工人阶级的道德问题也就成为恩格斯在道德问题上谈得最多的问题。

转型期是社会问题的高发期,道德问题也不例外。在这种情况下,工人阶级"这个阶级的道德水平和智力水平究竟怎样,是不难想象的"①。恩格斯在书中提到工人阶级的道德问题时用了"道德堕落""道德沦丧""道德败坏""完全失去了道德感"等词语,这表明他对当时英国工人阶级的道德状况感到痛心疾首。

恩格斯在书中提到的工人阶级的道德问题主要有两项:酗酒、性道德混乱。对于工人而言,"烧酒几乎是他们唯一的快乐的泉源"②。每到周末发了工资以后,"所有的工人都从自己的贫民窟中涌到大街上去,这时,人

---

① [德]恩格斯:《英国工人阶级状况》,第36页。
② [德]恩格斯:《英国工人阶级状况》,第145页。

们就可以看到酗酒的全部粗野情形"①。有资料显示,每逢周六晚上,在格拉斯哥至少有3万名工人喝得烂醉。阿什利勋爵在1843年2月28日的议会下院演讲中说,工人每年用于酒类消费的开支将近2 500万镑。② 酒馆与酿酒作坊的数量、烧酒产量都能够在一定程度上反映当时工人酗酒的程度。在格拉斯哥,1840年,每10幢房子中就有1家酒馆,在曼彻斯特有100多家酿酒作坊。1837年,在英格兰缴纳消费税的烧酒达7 875 000加仑,在苏格兰达6 620 000加仑。③ 酗酒之所以成为"染上了就要受到责备的恶习"④,就在于"酗酒本身也必然要给它的牺牲者的肉体和精神以毁灭性的影响"⑤。酗酒会危害工人的健康,降低他们抵御疾病的能力,使他们患病的概率大大增加。酗酒会耗尽工人本就不多的薪水,甚至导致一些人一贫如洗:

> 当钱花光了的时候,这些酒徒就跑到最近的一家当铺里去,……当掉他们仅有的一切。……直到出了件什么事情,结果这些东西无法赎回,一件件都落到高利贷者的手里,或者是高利贷者再也不愿意为这些破旧不堪、毫无用处的东西付出一个小钱,那才算完。⑥

酗酒还会导致工人缺少节制、放纵自己,进而引发其他道德问题。总之,"酗酒如何使工人的物质生活状况恶化,如何破坏精神上和肉体上的健康,如何引起家庭纠纷,那是容易想象的"⑦。

工人阶级中存在的性道德混乱主要有两种表现:卖淫、性关系混乱。

---

① [德]恩格斯:《英国工人阶级状况》,第172页。
② [德]恩格斯:《英国工人阶级状况》,第173页。
③ [德]恩格斯:《英国工人阶级状况》,第171—172页。
④ [德]恩格斯:《英国工人阶级状况》,第145页。
⑤ [德]恩格斯:《英国工人阶级状况》,第146页。
⑥ [德]恩格斯:《英国工人阶级状况》,第172页。
⑦ [德]恩格斯:《英国工人阶级状况》,第173页。

在伦敦的晚上,有 4 万个妓女在街上游荡,招揽生意。① 许多小酒馆里不仅有酒客,"一些公开的职业妓女也坐在那里"②。对一些女工而言,"卖淫在她们当中几乎成了流行病"③。在工厂和矿山里,性关系混乱的现象几乎普遍存在。在 1833 年的工厂调查委员会报告里有许多这样的内容。来自莱斯特的一个证人表示,他宁愿让他的女儿去讨饭,也不愿送她进工厂,工厂是地狱的真正入口,城市中的大多数妓女都是工厂造成的,这从侧面说明了工厂工人中性关系混乱的严重程度。来自曼彻斯特的一个证人更是断定,"工厂中的十四岁到二十岁的青年女工有四分之三已经丧失了童贞"④。许多向童工调查委员会作证的证人表示,"早期的紊乱的性关系和卖淫(这些事情常常发生在十四岁到十五岁的少年身上)在设菲尔德是极常见的现象"⑤。正因如此,童工调查委员会的委员们认为,"混乱的性关系看来几乎是普遍现象"⑥。性关系混乱导致了私生子等社会问题,工人的婚姻生活与家庭关系也都因此受到破坏。

恩格斯在书中提到的工人阶级的道德问题还有语言下流、赌博等。在 1833 年的工厂调查委员会报告中,"许多证人都说工厂中的谈话是'猥亵的'、'下流的'、'肮脏的'等等"⑦。在设菲尔德,"年轻人一到星期日就整天待在街上,掷钱赌博或唆使狗打架"⑧。

商业道德缺失是恩格斯在书中着墨较多的另一个道德问题。在这方面主要存在四种问题。第一种问题是出售劣质商品或过期食品。根据《曼彻斯特卫报》(*The Manchester Guardian*)的报道,"1844 年 1 月 6 日曼彻斯特有十一

---

① [德]恩格斯:《英国工人阶级状况》,第 173 页。
② [德]恩格斯:《英国工人阶级状况》,第 254 页。
③ [德]恩格斯:《英国工人阶级状况》,第 242 页。
④ [德]恩格斯:《英国工人阶级状况》,第 194 页。
⑤ [德]恩格斯:《英国工人阶级状况》,第 254 页。
⑥ [德]恩格斯:《英国工人阶级状况》,第 250 页。
⑦ [德]恩格斯:《英国工人阶级状况》,第 194 页。
⑧ [德]恩格斯:《英国工人阶级状况》,第 254 页。

个肉商因出售不能吃的肉,被地方法庭处以罚款"。在这些肉商中:

> 有一个被没收了六十四只肚子里填满了馅的圣诞节吃的鹅,这些鹅没有及时在利物浦卖出去,因此就运到曼彻斯特来,在这里的市场上摆出来的时候已经腐烂了,散发着强烈的臭气。

这样的事情非常多,"有一个时期,这个每周出版两次的《曼彻斯特卫报》每一号都报道了曼彻斯特或邻近的工厂城市中所发生的这类案件",另外像洗后严重缩水的法兰绒、袜子、涂釉过薄到手就开裂的瓷器等也常见。①第二种问题是商品掺假、造假。根据报纸的报道和自己的观察,恩格斯列举了如下商品掺假现象:用咸黄油冒充新鲜黄油,糖里面掺米粉或其他价钱便宜的东西,咖啡粉里掺菊苣或其他价钱便宜的东西,可可里掺褐色黏土,茶叶里掺黄荆叶子或其他类似杂物,胡椒里掺豆荚磨成的粉末及其他东西,烟草里掺其他东西,面粉里掺石膏粉或白垩粉,将泡过的茶叶加工后当作好茶叶出售,用颜料、酒精等制成假葡萄牙红酒,窄幅呢子当作宽幅呢子出售,等等。②第三种问题是出售商品缺斤少两,使用不合规定的度量衡器具。"小商人的尺和秤大部分是不合规定的。在警察局的报告里,因犯了这类罪而被处以罚款的事情,每天都多得难以置信。"③恩格斯列举了《曼彻斯特卫报》报道的这类案件,仅在 1844 年 6 月 16 日、19 日、22 日、26 日,7 月 9 日、13 日、24 日、27 日,8 月 3 日、10 日,就有 96 人因此受到处罚。④第四种是虚假广告。在当时的城市里有许多江湖医生,他们往往靠虚假广告等兜售药品、招揽顾客。他们宣称自己出售的药剂,如莫里逊氏丸、帕尔氏生命丸、曼威灵博士丸等药品"能医治世界上的一切疾病……吃得愈多愈好",在这类广告的误导下,"无怪乎工人们不管有没有必要,总是

---

① [德] 恩格斯:《英国工人阶级状况》,第 109—111 页。
② [德] 恩格斯:《英国工人阶级状况》,第 110—111 页。
③ [德] 恩格斯:《英国工人阶级状况》,第 112 页。
④ [德] 恩格斯:《英国工人阶级状况》,第 112—113 页。

大量吞服这些药品"①。实际上,这类药品可能对身体没有大的害处,却可能贻误疾病的治疗。

恩格斯在书中还谴责了资产阶级的道德,尤其是对他们奉行的金钱至上的拜金主义、利己主义做了批判。他指出,"金钱是人间的上帝"②,为了赚钱,"商人和厂主昧着良心在所有的食品里面掺假,丝毫不顾及消费者的健康"③,工厂主让工人在极其恶劣的条件下进行生产,不管工人的死活。作为第一个发生工业革命的国家,英国资产阶级的拜金主义、利己主义也表现得最为典型:

> 这种目光短浅的利己主义是我们现代社会的基本的和普通的原则,可是,这些特点在任何一个地方也不像在这里……表现得这样露骨,这样无耻,这样被人们有意识地运用着。④

因此,

> 在这个国家里,社会战争正在炽烈地进行着。每个人都只顾自己,并为了自己而反对其他一切人。他是否要伤害其余所有被他看做死敌的人,那纯粹是由自私自利的打算来决定,就是说,看怎样才对他有利。⑤

在性道德问题上,资产阶级同样糟糕,不仅工厂主是"女工的身体和美貌的主宰"⑥,而且"每天晚上充塞于伦敦街头的4万个妓女中有多少是靠道德高尚的资产阶级为生呵"⑦。

---

① [德]恩格斯:《英国工人阶级状况》,第146页。
② [德]恩格斯:《英国工人阶级状况》,第159页。
③ [德]恩格斯:《英国工人阶级状况》,第110页。
④ [德]恩格斯:《英国工人阶级状况》,第59页。
⑤ [德]恩格斯:《英国工人阶级状况》,第177—178页。
⑥ [德]恩格斯:《英国工人阶级状况》,第195页。
⑦ [德]恩格斯:《英国工人阶级状况》,第173页。

应该说,指出存在的道德问题并不是恩格斯的最终目的,分析这些问题的成因,对这些问题及其成因赖以生存的社会制度进行批判,进而唤起英国工人阶级的阶级意识才是他撰写这本书的目的所在。

恩格斯认为,工业革命导致的社会变迁是这一时期的英国出现道德问题的一个重要原因。工业革命是一场翻天覆地的变化,它所引起的变化是全方位的。工业革命之前,虽然英国工人的生活和思想"闭关自守,与世隔绝,没有精神活动",但是,"他们都是'值得尊敬的人',……过着道德的生活"①。然而,随着工业革命的进行,"美好的旧时代的习俗和关系已被消灭得最彻底"②,在传统道德失去效用的时候,新的道德规范并未确立,而且不同的道德规范同时并存,甚至相互冲突,"人们用来调节人对人的关系的简单原则……非常紊乱"③。工业革命造就的两大阶级——工人阶级与资产阶级更"是两种完全不同的人","工人比起资产阶级来,说的是另一种习惯语,有另一套思想和观念,另一套习俗和道德原则,另一种宗教和政治"。④ 在这种状况下,人们在道德规范上无所适从,缺少了道德规范的制约,就会出现道德失范的问题。

恩格斯认为,人口集中也是道德问题涌现的原因。人口的集中"使这种道德堕落的现象更加扩大,使它达到了极点"⑤。随着工业革命的进行,大量人口涌入城市。不同于传统的乡村熟人社会,在城市这个陌生人社会里,人们的道德自觉、道德监督、道德禁忌、道德认同在短时间内还没有建立起来。因此,"在这种街头的拥挤中已经包含着某种丑恶的违反人性的东西"⑥。就连当时的英国人自己也承认:

---

① [德]恩格斯:《英国工人阶级状况》,第37页。
② [德]恩格斯:《英国工人阶级状况》,第56页。
③ [德]恩格斯:《英国工人阶级状况》,第157页。
④ [德]恩格斯:《英国工人阶级状况》,第169页。
⑤ [德]恩格斯:《英国工人阶级状况》,第164页。
⑥ [德]恩格斯:《英国工人阶级状况》,第59页。

> 正是在大城市里,恶习和不正当的享乐布下了诱人的天罗地网。……美德在这里湮没无闻,罪恶由于不容易被识破而繁荣滋长;放荡的生活因为可以给人以眼前的欢乐而为人所喜好。……大城市腐化的主要原因在于坏榜样所具有的传染性,在于年轻一代很容易遇到,而且每天都会遇到恶习的引诱,因而很难抵御这种引诱。……这就是道德堕落的原因。①

恩格斯指出,贫穷是工人阶级道德堕落的重要原因。司马迁有言,"仓廪实而知礼节,衣食足而知荣辱"②。因此,"当无产者穷到完全不能满足最迫切的生活需要,穷到要饭和饿肚子的时候,蔑视一切社会秩序的倾向也就愈来愈增长了"③。穷困逼迫工人要么"慢慢地饿死,立刻自杀",要么"在什么地方见到他们所需要的东西,只要可能就拿走,干脆说,就是偷"。④正如当时人所说:

> 有某种程度的贫困,就有某种引人堕落的力量,美德很少能够抵挡得住,特别是年轻人很少能够抵挡得住。在这种情形下,恶习的传播几乎和人体的传染病一样不可避免并且也常常同样地迅速。⑤

不过,恩格斯认为贫穷并不是终极原因,因为工人们的"放荡生活……只是绝望的一种特殊表现形式而已"⑥。

恩格斯认为,"使工人道德沦丧的另一个根源就是他们的劳动的强制性"⑦。他说:

---

① [德]恩格斯:《英国工人阶级状况》,第165页。
② (汉)司马迁:《史记》(第10册),北京:中华书局,1982年,第3255页。
③ [德]恩格斯:《英国工人阶级状况》,第159页。
④ [德]恩格斯:《英国工人阶级状况》,第159页。
⑤ [德]恩格斯:《英国工人阶级状况》,第165页。
⑥ [德]恩格斯:《英国工人阶级状况》,第184—185页。
⑦ [德]恩格斯:《英国工人阶级状况》,第162页。

> 这种强制劳动剥夺了工人除吃饭和睡觉所最必需的时间以外的一切时间,使他没有一点空闲去呼吸些新鲜空气或欣赏一下大自然的美,更不用说什么精神活动了,这种工作怎么能不使人沦为牲口呢?①

为了说明这一点,恩格斯引用了一位法官的话:

> 日复一日年复一年的没有间息的消耗精力的劳动,是不会使人在智力的和道德的能力上有所发展的。在这种永无止境的苦役中,反复不断地完成同一个机械过程;这种苦役单调得令人丧气,就像息息法斯的苦刑一样;劳动的重压像巨石般一次又一次地落在疲惫不堪的工人身上。……判决一个人从事这种劳动就是要在他身上培养兽性。他逐渐变得对什么都不在乎,抛弃了他天生的精神上的渴望。他轻视人生中的舒适和高尚的娱乐,生活在肮脏、穷困和缺乏营养的状况中,并把最后的一点工钱花在各种放荡生活上。②

实际上,"除了纵欲和酗酒,他们的一切享乐都被剥夺了,可是他们每天都在工作中弄得筋疲力尽,这就经常刺激他们去毫无节制地沉湎于他们唯一能办到的这两种享乐"③。"一切煤矿工人的过度疲劳必然会促使他们酗酒。"④

恩格斯认为,缺乏教育尤其是道德教育是工人阶级道德问题的重要原因。他在书中用较多文字来分析这个原因。他说"在所有的英国学校里,道德教育总是和宗教教育连在一起,这种道德教育所产生的结果显而易见地丝毫不会比宗教教育好些",而且,"正像所有的权威、特别是童工调查委员会所承认的那样,学校对工人阶级的道德几乎没有任何影响"。⑤ 造成

---

① [德]恩格斯:《英国工人阶级状况》,第163页。
② [德]恩格斯:《英国工人阶级状况》,第225页。
③ [德]恩格斯:《英国工人阶级状况》,第140页。
④ [德]恩格斯:《英国工人阶级状况》,第302页。
⑤ [德]恩格斯:《英国工人阶级状况》,第157—158页。

这一局面的原因有很多。首先,这一时期的英国工人尤其是儿童的受教育水平很低。在伯明翰,"五岁到十五岁的儿童有一半以上根本没有进过学校;学生经常你来我去,所以要使他们好好地受点教育是不可能的,所有的儿童很早就离开学校去做工"①。斯塔福德郡铁矿区的"教育水平实在低得令人难以置信:有一半儿童甚至连主日学都不上,其余的虽然去上了,但也很不经常;和别的地区比起来,只有极少数的儿童识字,会写字的就更少了"②。设菲尔德的教育水平也很低,"一个长期做教育统计工作的牧师认为,在工人阶级的16 500个能够上学的孩子中,识字的不超过6 500人"③。在陶业区、煤矿区,情况也大抵如此。其次,"英国资产阶级自私自利到这样愚蠢、这样鼠目寸光的程度,甚至不肯花一点力量把现代的道德,把资产阶级为了自身的利益、为了使自身有保障而炮制出来的道德灌输给工人"④。再次,在学校里,道德教育没有受到应有的重视:

> 一个女教员在回答她是否进行道德教育的问题时说:"没有,一星期3便士的学费哪能这样要求。"有些女教员连这个问题都不懂,而其他一些则认为,对儿童进行道德教育根本不是她们分内的事。⑤

各类学校,尤其是夜校和主日学校的教师水平不高。斯塔福德郡铁矿区主日学校的教师常常是铁匠或矿工,他们"自己也几乎认不得多少字,甚至连自己的名字都写不来"⑥。在设菲尔德与煤矿区,夜校和主日学校的许多教师"都是毫无用处的废物"⑦,甚至还有从监狱出来的小偷。这样的教育水平能够在道德教育上发挥什么样的作用,也就不言而喻了。

---

① [德]恩格斯:《英国工人阶级状况》,第249—250页。
② [德]恩格斯:《英国工人阶级状况》,第251页。
③ [德]恩格斯:《英国工人阶级状况》,第253—254页。
④ [德]恩格斯:《英国工人阶级状况》,第158页。
⑤ [德]恩格斯:《英国工人阶级状况》,第250页。
⑥ [德]恩格斯:《英国工人阶级状况》,第251页。
⑦ [德]恩格斯:《英国工人阶级状况》,第254页。

与学校教育相比,家庭教育也难以承担良好的道德教育的职责。在许多工人家庭里,"酗酒的父母常常直接影响自己的孩子"①,甚至"有些母亲给怀抱中的婴儿喝酒"②。在当时英国的工人家庭中:

> 丈夫整天出去工作,妻子和大一点的孩子也常常是这样,大家都在不同的地方,只有早晨和晚上才能碰到,另外,他们还经常受到烧酒的诱惑,——在这种情况下,家庭生活会成什么样子呢?……无休止的家庭纠纷和口角,不仅对夫妇两人,而且特别是对他们的孩子起着极其不良的影响。……在这种伤风败俗的环境中——他们的父母往往就是这环境的一部分——像野草一样成长起来的孩子,还能希望他们以后成为道德高尚的人?③

家庭是孩子成长的第一所也是最重要的一所学校,良好的家庭教育的缺失,对于英国工人阶级道德问题的存在有着不可忽视的影响。

爱尔兰人的道德问题及其影响是英国工人阶级道德存在问题的又一个原因。恩格斯认为:

> 爱尔兰人具有南方人的轻浮性格,具有几乎可以和野人相提并论的暴躁的性格,他轻视所有那些正是因为他性情粗野而享受不到的人类享乐,他既肮脏,又贫穷,——所有这一切都促成他的喝酒的嗜好。④

而且,"即使那些侵入其他部门的爱尔兰人已经不得不接受一定程度的文化,他们仍然保存了一些旧习惯,这些旧习惯足以使那些在他们影响之下的英国同伴趋于堕落"⑤。恩格斯的看法并不是对爱尔兰人有偏见,对爱尔兰人的这种看法在当时的英格兰并不少见。1832 年,詹姆斯·菲利普

---

① [德]恩格斯:《英国工人阶级状况》,第 145 页。
② [德]恩格斯:《英国工人阶级状况》,第 172 页。
③ [德]恩格斯:《英国工人阶级状况》,第 174—175 页。
④ [德]恩格斯:《英国工人阶级状况》,第 135 页。
⑤ [德]恩格斯:《英国工人阶级状况》,第 136 页。

斯·凯伊-舒特沃斯发表了《曼彻斯特棉纺厂工人阶级的道德和身体状况》一书,他在书中认为爱尔兰人是英国工人中不道德的传播者。1840年,托马斯·卡莱尔(Thomas Carlyle)出版了《宪章运动》一书,他也认为爱尔兰人是"道德堕落和秩序混乱的祸根"[①]。19世纪初,爱尔兰的贫穷与英格兰的富裕形成了鲜明的对比,也导致大量爱尔兰人移居英格兰。在移居英格兰的爱尔兰人中,以穷人居多,他们往往聚居在各个城市的贫民窟中,这些贫民窟也常常被人称为"因肮脏和贫穷而道德堕落的爱尔兰人"[②]的住所——"小爱尔兰"。这些穷困的爱尔兰人多信奉天主教,与信奉国教的英格兰人存在宗教矛盾,因而遭到英国社会中上层的厌恶;他们还与穷苦的英格兰人争夺工作机会,因而遭到英格兰工人的痛恨;他们的酗酒、粗鲁野蛮增加了英国城市的社会问题,也让英格兰人对他们没有好感。在这种情况下,许多英国人将出现道德问题的根源指向了爱尔兰人。

至于商业领域中出现的道德问题,恩格斯认为,除了商人的贪婪本性驱使外,还有两个重要原因。一个原因是政府监管不到位、执法力度小。对于出售假货、劣质食品等问题,尽管也有罚款、没收货物、在报纸上公布名单等处罚办法,但是,"由于市场的范围很大,所有的大街两旁都是市场,并且由于市场监察员监督不严,许多事情都逃过了他们的眼睛"[③]。与此同时,"掺假的行为除非和漏税有关,是很少受到法律追究的"[④]。另一个原因是违规成本小,在利益驱动下,许多商人敢于冒险违规。对于售卖假货的小商人而言,由于其:

> 营业面不出一条街,如果他的骗人的伎俩被揭穿了,那他会失掉些什么呢?要是他在安柯茨再也得不到信任,他可以搬到却尔顿或休

[①] [德]恩格斯:《英国工人阶级状况》,第133页。
[②] [德]恩格斯:《英国工人阶级状况》,第63页。
[③] [德]恩格斯:《英国工人阶级状况》,第110页。
[④] [德]恩格斯:《英国工人阶级状况》,第112页。

尔姆去，那里谁也不知道他，他又可以重施他的欺骗伎俩了。①即使被抓住了，交一点微不足道的罚款，就又可以重新开张了。

应当指出的是，当时的英国人尤其是社会中上层大多认为，民众当中出现道德问题是个人责任，与社会无关。英国公共卫生之父埃德温·查德威克爵士把贫穷与懒惰、道德堕落等同起来。苏斯伍德·史密斯医生认为肮脏会导致道德堕落。还有许多人公开指责各地的贫民窟是无知、邪恶、败坏、犯罪的温床。社会舆论认为由于酗酒、浪费、不道德等原因造成的贫困应当受到谴责，而不应当给予救济。一些慈善组织也对申请救济者提出了严格的道德限制，那些酗酒者、道德败坏者、懒惰者没有资格接受救济。

与这些看法有所不同，恩格斯对上述原因做了分析和揭示，但他并未止步于此，而是认为在这些原因的背后还存在着更为深刻、更为根本的原因，这个原因就是资本主义制度。他指出，"工人阶级处境悲惨的原因不应该到个别的缺陷中去找，而应该到资本主义制度本身之中去寻找"②。"各种对工人的身体和精神起破坏作用的原因，都和有产阶级的利益有十分密切的关系"，这是因为，如果：

> 承认贫穷、生活无保障、强制的过度劳动是主要的原因，那末所有的人，……就得对自己说：既然这样，我们就给穷人们财产吧，我们就保障他们的生活吧，我们就颁布法令来禁止过度的工作吧；而资产阶级是不能同意这样做的。③

在这种制度下，"社会已经堕落到无法形容的下流和可怜的地步"④。工人酗酒，是因为"社会使他陷入几乎不可避免地要成为一个酒徒的那种境

---

① ［德］恩格斯：《英国工人阶级状况》，第112页。
② ［德］恩格斯：《英国工人阶级状况》，第20页。
③ ［德］恩格斯：《英国工人阶级状况》，第164页。
④ ［德］恩格斯：《英国工人阶级状况》，第72页。

地"①。工人纵欲,是因为"这个阶级既然处于无人照管的情况下,又没有正当地享受他们的自由所必需的手段,那末,这种毛病的产生,就是无可避免的,就是铁的规律",而"忽视一切家庭义务,特别是忽视对孩子的义务,在英国工人中是太平常了,而这主要是现代社会制度促成的"②。正如当时的一份报告所说,"无节制、放荡、不关心将来,这就是工厂居民的主要恶习,这些毛病都很容易从今天的制度所产生的风气上得到解释,而且是几乎不可避免地从这个制度里产生出来的"③。总之,在这种制度下:

> 我们随便把目光投到什么地方,到处都可以看到经常的或暂时的贫困,看到因生活条件或劳动本身的性质所引起的疾病以及道德的败坏;到处都可以看到人的精神和肉体在逐渐地无休止地受到摧残。④

恩格斯承认资本主义发展带来的巨大变化,如"一切纺织品迅速跌价,商业和工业日益繁荣,差不多夺得了一切没有实行保护关税的国外市场,资本和国民财富迅速增长",但是资本主义制度带来的深刻问题也不容忽视,如果:

> 无产阶级的人数更加迅速地增长,工人阶级失去一切财产,失去获得工作的任何信心,道德堕落,政治骚动以及我们将在这里加以研究的、对英国有产阶级十分不愉快的一切事实。⑤

当然,恩格斯也认识到,作为一种社会制度,资本主义制度也有自我调整的功能。在1892年的《英国工人阶级状况》德文版第二版序言中,恩格斯指

---

① [德] 恩格斯:《英国工人阶级状况》,第135页。
② [德] 恩格斯:《英国工人阶级状况》,第173,175页。
③ [德] 恩格斯:《英国工人阶级状况》,第205页。
④ [德] 恩格斯:《英国工人阶级状况》,第261页。
⑤ [德] 恩格斯:《英国工人阶级状况》,第41页。

出,"英国现在已度过了我所描写的这个资本主义剥削的青年时期"①,因此,"这本书里所描写的情况——至少就英国而言——大部分已成过去"②,有些问题如商业道德问题会逐步得到缓解或解决。他认为,"资本主义生产愈发展,它就愈不可能采用它在低级发展阶段所惯用的那些小小的诓骗和欺诈手段"③。因此,出售假货、短斤少两、虚假广告"这些狡诈和诡计在大市场上已经吃不开了,在那里时间就是金钱,在那里商业上的诚实已发展到一定的水平,但这并不是出于伦理的热狂,而纯粹是为了不白费时间和劳动"④。这说明,诚信经商首先是市场经济规律,然后才是经济伦理,而且这种经济伦理的形成有自己的规律。

然而,这并不影响恩格斯对资本主义制度的根本性判断,也没有改变他对资本主义制度下的英国工人阶级状况的判断。在1885年发表的一篇文章中,恩格斯指出:

> 至于广大的工人群众,他们的穷困和生活无保障的情况,现在也和过去一样严重……一条规律把劳动力的价值限制在必需的生活资料的价格上,另一条规律把劳动力的平均价格照例降低到这种生活资料的最低限度。这两条规律以自动机器的不可抗拒的力量起着作用;而工人就被这个自动机器的齿轮压轧着。⑤

这是资本主义制度本身无法克服的根本性矛盾。

---

① [德]恩格斯:《英国工人阶级状况》,第21页。
② [德]恩格斯:《英国工人阶级状况》,第17页。
③ [德]恩格斯:《英国工人阶级状况》,第17页。
④ [德]恩格斯:《英国工人阶级状况》,第18页。
⑤ [德]恩格斯:《英国工人阶级状况》,第29页。

二、马修·阿诺德的道德思想

马修·阿诺德(Matthew Arnold)是19世纪英国著名的诗人、文学批评家和社会批评家。他生活的维多利亚时代正是英国从农业社会向工业社会转型的重要时期,同时也是各种社会问题日益凸显的时期。"接踵而至的是道德缺失、文化品位的急剧下降、拜金主义大行其道以及社会信仰支柱的坍塌,整个社会为焦虑、混乱和迷茫所笼罩。"① 阿诺德对英国社会快速发展中出现的诸多社会问题,如物质至上、拜金主义、道德沦落等给予了高度关注,在他的诗歌、散文、评论中提出了自己的道德建设主张。

维多利亚时代的英国,工业革命带来经济快速发展,整个社会的物质财富急剧增长,工业化、城市化的脚步日益加快,呈现在人们眼前的是一片繁荣景象。然而,在繁荣景象的背后却是物欲横流、信仰危机、道德失范等日益严重的社会问题。阿诺德对此深表忧虑。"他的诗歌作为一个病态社会的病态心灵的记录,的确反映了维多利亚社会的心绪走向和发展主线。……阿诺德的诗歌反映了他的时代的现实弊病,从各个不同角度关注这个弊病对这个时代人们的精神的影响。"② 在创作于1851年的诗歌《多佛海滩》(*Dover Beach*)中,阿诺德表达了他对这种状况的忧思与关切,他用诗

---

① 袁晓军:《文化观念与市侩习气:马修阿诺德的文化与社会批评》,第33页。
② 钱青:《英国19世纪文学史》,北京:外语教学与研究出版社,2018年,第253页。

的语言描述了当时英国发展背后隐藏的问题：

> 展现在我们面前的世界，
>
> 处处如梦似幻，
>
> 看似多彩、新奇、绚烂，
>
> 实无欢乐、光明、爱恋，
>
> 亦无虔信、和平、慈善；
>
> 我们身处这漆黑的莽原，
>
> 到处弥漫着厮杀、溃逃的惶恐与纷乱，
>
> 愚蠢的军队在暗夜里厮杀纠缠。①

这段诗文所反映的是，在维多利亚时代繁荣与发展的表象之下，物质至上、功利主义甚嚣尘上，人与人之间的关系在很大程度上变成了金钱交易关系，宗教信仰淡薄，道德价值混乱，传统道德伦理崩塌。然而，许多英国人沾沾自喜于大英帝国的辉煌，看不到这些深层次的危机。这也正是阿诺德所深深忧虑的问题。在创作于1852年的诗歌《道德》(Morality)中，阿诺德表露了他的担忧：

> 我们想要点燃那火却无能为力，
>
> 这团火一直深藏在我们心里；
>
> 我们的精神一如既往生生不息，
>
> 我们的灵魂还停留在神秘里。②

在阿诺德看来，尽管当时的英国社会存在诸多问题，但并未引起人们的关注，许多人只顾追逐物质利益，淡漠了道德上的追求。虽说道德之火"一直

---

① 诗歌英文原文见：https://www.poetryfoundation.org/poems/43588/dover-beach，2019年8月24日。

② 诗歌英文原文见：https://www.poetryfoundation.org/poems/43595/morality，2019年8月24日。

深藏在我们心里",可"想要点燃那火却无能为力",人们的灵魂还没有真正觉醒。这才是最令人担忧的事情。

阿诺德认为,之所以出现这种局面,宗教观念的淡薄、信仰的迷失是一个重要原因。工业革命的发展,物质至上的盛行,功利主义的影响,生物进化论的提出,自然科学的发展,都对宗教信仰造成了极大冲击,在很大程度上动摇了人们的宗教信仰,导致作为传统社会伦理道德观念支柱的基督教影响减弱,人们的精神出现迷失。阿诺德在诗歌《恩培多克利斯在埃特纳》(*Empedocles on Etna*)中写道:

> 诸神窃笑不止,
> 看世人疑虑颤栗,
> 世人对信仰懵懂无知,
> 皆因他眼中诸事迷离,
> 不敢确定何为非何为是。①

正是人们的信仰淡薄、精神迷失,才使得本应多姿多彩的世界变成了物欲横流的世界,变成了昏暗、忧郁的蛮荒之地。阿诺德在诗歌《多佛海滩》中描绘了这样一幅散发着蛮荒、忧郁气息的画面:

> 这信仰之海
> 也曾大潮涨满,
> 似彩练,似云卷,遍布大地海岸。
> 可如今我只听见
> 它那悲伤、悠长的衰退嘶喊,
> 夜风哀婉,
> 潮水远离漫长、阴郁的海岸,

---

① 诗歌英文原文见:http://fullreads.com/poetry/empedocles-on-etna/4/,2019 年 8 月 24 日。

留给世间裸露的石滩。①

这一时期英国人出现价值观与信仰的失衡,与社会转型期的新旧秩序并存、新旧观念交织也有着密切关系。就像阿诺德在创作于1855年的诗歌《游大沙特勒兹修道院而作》(Stanzas from the Grande Chartreuse)中所说的:

　　彷徨在两个世界之间,一个已死,
　　另一个却没有力量诞生。②

正是因为新旧两种价值观、伦理道德观尚处于交织状态,新的价值观与伦理道德观还未占据统治地位,旧的价值观与伦理道德观还不愿退出历史舞台,导致人们在一定程度上处于无所适从的状态。在这种情况下,价值观与信仰的失衡也就可想而知了。而价值观与信仰的失衡则会衍生出许多思想观念的混乱,进而引发一系列道德混乱、道德失范等社会问题。可以说:

　　从《多佛海滩》到《恩培多克利斯在埃特纳》,他的诗歌探讨的无一不是道德与人生的问题。因此,他提出的"诗歌是人生的批评"的观点足见他对时代的关注。把对社会伦理道德的关注融入自己的诗歌创作中,这就是阿诺德对当时盛行的功利主义、享乐主义和直觉主义的直接回应。③

阿诺德对维多利亚时代英国社会中存在的思想道德问题进行了分析,但他并未探讨具体的道德问题,而是着重对享乐主义和拜金主义冲击下的英国社会的片面发展进行了批判,针对当时英国社会文明教化的偏颇与缺失提

---

① 诗歌英文原文见:https://www.poetryfoundation.org/poems/43588/dover-beach,2019年8月24日。
② 诗歌英文原文见:https://www.poetryfoundation.org/poems/43605/stanzas-from-the-grande-chartreuse,2019年8月24日。
③ 袁晓军:《文化观念与市侩习气:马修阿诺德的文化与社会批评》,第56页。

出了自己的主张,他"所有的批评都可以落实到广义的教育和转变人的内心这个问题上"①,希望由此提升整个英国社会的思想道德水平,进而建设一个人性全面发展的完美社会。

阿诺德认为,当前英国最大的问题是人们的思想观念出现了偏差,物质利益在人们的心目中占据了绝对统治地位。在当时的英国社会:

> 人们从来没有像现在的英国人那样,如此起劲地将财富视为追求的目标。人们从来没有像我们现在那样具有坚定的信念——十个英国人里有九个都相信,我们如此富有便是伟大和幸福的明证了。②

如果一个人一门心思追求财富,将积累财富作为人生的全部内容,他就会变成唯利是图、眼中只有财富的"非利士人"(Philistines)。如果一个社会也这样做,这个社会就会变成"非利士人"的天下。只要:

> 想想这些人,想想他们过的日子,他们的习惯,他们的做派,他们说话的腔调。好生注意他们,看看他们读些什么书,让他们开心的是哪些东西,听听他们说的话,想想他们脑子里转的念头。如果拥有财富的条件就是要成为他们那样的人,那么财富还值得去占有吗?③

阿诺德著作的主导思想就是批评被他称为"非利士人"的英国中产阶级的道德问题,在他看来,随着这个阶级重要性的提高,它的道德问题尤其是狭隘及实利主义毒化了英国人的生活。④ 现实中的伦敦就是一个典型的例证:

> 我们作为上帝的子孙所建立的功业,那轰轰烈烈的生活的中枢、我们建造起来并居住于内的城市,就是伦敦呀!伦敦,它外表丑陋不

---

① [英]马修·阿诺德:《文化与无政府状态》,韩敏中译,北京:生活·读书·新知三联书店,2008年,译本序第6页。
② [英]马修·阿诺德:《文化与无政府状态》,第14页。
③ [英]马修·阿诺德:《文化与无政府状态》,第15页。
④ [美]马丁·威纳:《英国文化与工业精神的衰落:1850—1980》,王章辉、吴必康译,北京:北京大学出版社,2013年,第49页。

堪,内里溃烂腐败,就像萨卢斯特笔下的加图所描绘的罗马:*publicè egestas*,*privatim opulentia*,民众水深火热,显贵灯红酒绿!此情景旷世无双!①

在阿诺德看来,当时的英国人在时代大潮冲击下丢失了很多传统美德,如服从、恭敬,很多人表现得粗野无比、缺乏教养,"严肃认真的中产阶级在商业活动中的不道德行为呈上升趋势,过去刚正不阿的习惯因不敌迅速致富、崭露头角的诱惑而销蚀"②。这种状况并没有令统治者警醒:

> 每个官员想的都不是如何在被治理者中树立健全理智的高标准;相反,他面对自己的选民,为了博得其好感,便禁不住一切可能的诱惑,会尽量满足下面天生的低等趣味。即使想做相反的事,也必定要阿谀奉承,一路好言好语地哄着,不让下面人觉察到无知与偏见离健全理智有多远,或低下品位与热爱崇高有何区别。于是乎人人自以为是,惟此为荣。③

可以说,"世上没有哪个国家比我们更推崇机械和物质文明"④,在物质至上和拜金主义盛行之下,英国社会背离了正道,而"背离正道一定会出问题,这种违拗自然规则的做法引起了混乱,出现了伪运动,现在,我们刚开始感到来自四面八方的麻烦"⑤。

维多利亚时代的英国人有一种天生的自豪感,他们的工业产品行销世界,他们的财富与日俱增,他们的海外势力无远弗届,经历了文艺复兴、宗教改革与启蒙运动的他们生活在一个文明社会里,他们就是现代文明的代表。1850年,帕默斯顿子爵(Viscount Palmerston,Henry John Temple)在

---

① [英]马修·阿诺德:《文化与无政府状态》,第22—23页。
② [英]马修·阿诺德:《文化与无政府状态》,第128页。
③ [英]马修·阿诺德:《文化与无政府状态》,第81—82页。
④ [英]马修·阿诺德:《文化与无政府状态》,第12页。
⑤ [英]马修·阿诺德:《文化与无政府状态》,第112页。

对下院所做的一次关于对外政策的讲演中说道：

> 我们显示了一种国家的范例，在这个国家里，社会的每一个阶级都高高兴兴地接受了上天给他们安排的命运，与此同时，每一个阶级中的每一个人都在孜孜不倦地力图提高自己在社会中的地位；他们不是靠不正当和不道德的办法，不是靠暴力和非法的手段，而靠的是坚持良好的行为举止，并且坚定而有力地发扬造物主所赐予他们的道德品质与聪明才智。①

阿诺德给沾沾自喜的英国人敲响了警钟。他认为文艺复兴在道德上的建树不大，因为"文艺复兴在道德上也是孱弱的，道德品格松垮，道德情感冷漠"②。在某种程度上正是出于这个原因，清教才应运而生。在阿诺德看来：

> 清教——那在英国，而且是英国中坚力量中如此强盛的清教传统——原本是17世纪时，我们的民族良心和道德意识对于16世纪随文艺复兴而蔓延的道德情感冷漠、行为放纵的一种反动。③

阿诺德承认基督教对于英国人的道德建设有重要作用，"宗教是人类努力中最伟大、最重要的成果，人类通过宗教表现了完善自身的冲动"④，"英国民族的道德进步和自我克制的冲动在清教主义中得到最强烈的表现"⑤。因为英国是一个基督教国家：

> 对绝大多数人而言，救赎还是要依靠宗教组织。……宗教所体现的人性更为重要，因为它所要达到的完美更为宽泛，受宗教影响的人数也更多。……宗教的主旨是克服人身上种种显而易见的动物性的

---

① ［英］阿萨·布里格斯：《英国社会史》，第296页。
② ［英］马修·阿诺德：《文化与无政府状态》，第110页。
③ ［英］马修·阿诺德：《文化与无政府状态》，第111页。
④ ［英］马修·阿诺德：《文化与无政府状态》，第10页。
⑤ ［英］马修·阿诺德：《文化与无政府状态》，第19页。

缺陷,使人性达到道德的完善。①

基督教之所以能做到这一点:

> 并不是通过遵循律法的具体条文实现克己制欲,而是通过效法一个舍己的榜样,达到奉行克己自制,摆脱恶念的束缚,从而得到拯救的目的。基督教为道德颓败的世界提供了神启的献身精神;面对人欲横流的世界,基督教示之以愿舍弃一切的人。②

然而,到了维多利亚时代,由于人们在宗教信仰上的怀疑与迷失,基督教在这方面的作用大大减弱了,而且由于自身的局限性,基督教的这种作用也受到很大限制。在阿诺德看来,"清教主义或许是必要的,有利于培养英国民族的道德素质;不奉国教或许是必要的,可以打破教会束缚思想的枷锁,为遥远将来的思想自由扫清道路"③。不过,这些宗教的法则毕竟只是外在的,并没有在信徒的心中激发出自在的向善、自律、虔敬的意识。在人们虔敬信仰的时候,这些法则会发挥作用,可一旦人们的信仰发生动摇,这些作用就会减弱乃至消失。这是因为:

> 他们的心目中,真正惟一值得顶礼膜拜的是那牵挂他们顺从与否,而不关心他们有无智慧的权能,是几乎只对他们的道德品质感兴趣的神。他们受到如此引导,便会感到那惟一的一件不可少的事,是严正的良心,是坚定地遵照我们已经明了的既定律法去行事,而不是自发的意识,不是去持续不断地扩展整个行为法则。④

基于这种状况,阿诺德认为,单靠基督教已经无法解决提升社会道德水平的问题了。他在看到一家代表某个宗教组织的报纸刊文批评赛马会观赛

---

① [英]马修·阿诺德:《文化与无政府状态》,第18页。
② [英]马修·阿诺德:《文化与无政府状态》,第105—106页。
③ [英]马修·阿诺德:《文化与无政府状态》,第25页。
④ [英]马修·阿诺德:《文化与无政府状态》,第114页。

者的恶俗陋习,并提出不靠宗教信仰如何能消除这些丑陋恶劣行径的疑问时,表示:

> 坦白说,我那时倒想求教于质询者:依照你那个宗教该如何整治恶俗?你那宗教团体的人生理想如此不招人喜爱,如此缺乏吸引力,如此不完善,如此狭隘,如此远离人类完美之能为人欣然接受的标准,而你本人就是那种人生的一面镜子——试问,这样的团体的理想如何去战胜和改造恶俗?①

既然被称为"非利士人"的中产阶级担负不起引领英国社会思想文化发展的重任,他们信仰的清教因为狭隘与偏激无法促成完美社会的实现,英国社会的"文明"该通过什么途径来实现呢?

阿诺德从西方文化的两大精神源流入手,对这一问题提出了自己的主张。他认为,"和一切伟大的精神准则一样,希腊精神和希伯来精神无疑有着同样的终极目标,那就是人类的完美或曰救赎"②。"然其各自的行径、侧重点以及由各自的原则所引发的行动存在着巨大的差异,因此经过不同的手塑造的人性也就风貌迥异了。"③这种差异体现在:

> 希腊精神以思想清晰、能洞察事物的本质和事物之美为人所能取得的伟大而宝贵的成就,而希伯来精神所提倡的伟大基业,则是对罪恶的清醒意识,是觉悟到人皆有罪。④

在阿诺德看来,这:

> 两大精神准绳,一个注重智慧,另一个注重顺服;一个强调全面透彻地了解人的职责的由来根据,另一个则力主勤勉地履行职责;一个

---

① [英]马修·阿诺德:《文化与无政府状态》,第22页。
② [英]马修·阿诺德:《文化与无政府状态》,第97页。
③ [英]马修·阿诺德:《文化与无政府状态》,第103页。
④ [英]马修·阿诺德:《文化与无政府状态》,第104页。

慎之又慎,确保不将黑暗当成了光……另一个则是看到大的亮光就奋力向前……①

虽说:

> 这两大准绳之中,自然是坚固人类道德力量、铸就必要的人格基础的准则处于优先地位。……这种向善的力提携了人类,使之能完成了解自身、把握自身的命定任务;对此,尤其是对它在紧要关头大大促进道德之举,无论什么样的虔敬赞美之词都无法充分表达人的感激之情。②

但从历史上来看,这两大精神本应均衡、互补,才能使人类社会得到很好的发展。因为:

> 希伯来精神和希腊精神互相更迭,人的智性冲动和道德冲动交替出现,认识事物真相的努力和通过克己自制得到平安的努力轮番登台——人的精神就是如此前行的。③

然而,无论是基督教欧洲的形成,还是宗教改革,特别是清教在英国的产生与发展,都带来一个严重的后果,那就是"希伯来精神对希腊精神的反动"④。而这对于英国人思想观念的健康发展,对于英国人道德的完善都是不利的。而:

> 挽回局面的办法就是圣保罗用过的办法,将我们称为希腊精神的思想和做法引入希伯来精神,让思想自由地作用于朽坏的人生准则,使之获得新生?⑤

---

① [英]马修·阿诺德:《文化与无政府状态》,第107页。
② [英]马修·阿诺德:《文化与无政府状态》,第107页。
③ [英]马修·阿诺德:《文化与无政府状态》,第108页。
④ [英]马修·阿诺德:《文化与无政府状态》,第111页。
⑤ [英]马修·阿诺德:《文化与无政府状态》,第129页。

"面对整个社会发展的严重失衡状态,阿诺德提出了文化的观念,试图借助文化的力量来平衡社会各方面的发展,并以此拯救处于崩溃边缘的传统道德。"①在他看来,"现在恰是文化起作用的时刻了"②,"文化"可以拯救处于道德崩溃边缘的英国。阿诺德所说的"文化",不是一般意义上的狭义"文化",而是一种广义的"文化"。有学者认为,阿诺德所说的"文化"是一种广义的教育。结合阿诺德的有关论述,他所说的"文化"应该是人们所说的"文明教化"。具体来说,"文化"就是:

> 通过阅读,观察,思考等手段,得到当前世界上所能了解的最优秀的知识和思想,使我们能做到尽最大的可能接近事物之坚实的可知的规律,从而使我们的行动有根基,减少了混乱,使我们能达到比现在更全面的完美境界。③

那么,"文化"与积德行善、宗教信仰之间是什么关系呢?阿诺德认为,"文化"是个大概念,希腊精神、诗歌文学、宗教信仰等都可纳入"文化"的范畴之内,但"文化"又有别于这些小的概念。"文化"与积德行善之间的区别是:

> 文化同行善的热情之区别,就在于文化既具有行善的热情,也具有科学的热情;它需要着实堪称为天道和神的意旨的见解,而绝不会随意以自己粗糙的构思和计划来替代之。文化清醒地认识到,不基于天道和神的意旨的行动或规划不可能是有益而持久的,因此,即使在其思考中始终有纠正错误和排忧解难的伟大目标,它也不会急于采取行动、着手规划;它会牢记,如果我们不了解该做什么以及怎样做,那

---

① 袁晓军:《文化观念与市侩习气:马修阿诺德的文化与社会批评》,第135页。
② [英] 马修·阿诺德:《文化与无政府状态》,第9页。
③ [英] 马修·阿诺德:《文化与无政府状态》,第132页。

么行动和规划就没有多大用处。①

也就是说,"文化"要做的绝不仅仅是低头拉车,而是更着眼于抬头看路,要首先弄懂为什么而行动、行动的目标是什么。实际上,这也是针对当时英国社会存在的人们只顾赚钱、一切向钱看而发出的振聋发聩之声,是要告诉那些深陷物质至上与拜金主义旋涡中的人们,要思考生活的真正价值是什么。在文明教化这件事情上,"文化"与宗教信仰有着相近的使命,但"文化"的高度要大于宗教信仰。之所以这么说,是因为:

> 宗教是人类努力中最伟大、最重要的成果,人类通过宗教表现了完善自身的冲动。宗教是表达人类最深刻经验的声音,它批准且赞许文化的崇高目标,即让我们致力于弄清什么叫做完美,并使普天下皆完美。不仅如此,在确定人的完美一般应包含哪些内容时,宗教得出的结论与文化的结论一致。……同样,文化认为人的完美是一种内在的状态,是指区别于我们的动物性的、严格意义上的人性得到了发扬光大。人具有思索和感情的天赋,文化认为人的完美就是这些天赋秉性得以更加有效、更加和谐地发展,如此人性才获得特有的尊严、丰富和愉悦。②

然而,如果就此认为"文化"就是虚无缥缈的东西,或者退一步说就是那些形而上的东西,那就错了。因为,"它的动力并非只是或首先是追求纯知识的科学热情,而且也是行善的道德热情和社会热情"③,而且,"文化并非只是努力地认识和学习神之道,并且还要努力付诸实践,使之通行天下,那么文化之道德的、社会的、慈善的品格就显现出来了"④。阿诺德希望通过

---

① [英]马修·阿诺德:《文化与无政府状态》,第9页。
② [英]马修·阿诺德:《文化与无政府状态》,第10—11页。
③ [英]马修·阿诺德:《文化与无政府状态》,第8页。
④ [英]马修·阿诺德:《文化与无政府状态》,第10页。

"文化"的教化,来提升整个民族的文化品位与道德素质。因为:

> 文化不以粗鄙的人之品味为法则,任其顺遂自己的喜好去装束打扮,而是坚持不懈地培养关于美观、优雅和得体的意识,使人们越来越接近这一理想,而且使粗鄙的人也乐于接受。①

只要做到这一点:

> 健全理智在我们身上便会获得新的力量和权威,变得清晰可鉴,有自己的轮廓形态,并产生影响力;如此,在我们受到蛊惑、无法超出普通自我的许多时刻,健全理智便会帮助我们,使我们能抵制天生的低级趣味,而不是任其放任自流。②

不过,要做到这一点并不容易:

> 文化心目中的完美,不可能是独善其身。个人必须携带他人共同走向完美,必须坚持不懈、竭其所能,使奔向完美的队伍不断发展壮大,如若不这样做,他自身必将发育不良,疲软无力。③

也就是说,"文化"的使命是使得整个社会都变得完美,而不只是社会的一部分或若干部分变得完美。因为,"在粗鄙的盲目的大众普遍得到美好与光明的点化之前,少数人的美好与光明必然是不完美的"④。况且,在当时英国的社会与舆论环境下:

> 凡是文化教我们所确立的几乎所有的完美品格,都遭遇到强劲的反对和公然的蔑视。……传布文化者可能在很长一段时期内会很不好过,他们常常会被人叫做文雅的耶利米或虚假的耶利米,而不会有

---

① [英]马修·阿诺德:《文化与无政府状态》,第13页。
② [英]马修·阿诺德:《文化与无政府状态》,第92页。
③ [英]马修·阿诺德:《文化与无政府状态》,第11页。
④ [英]马修·阿诺德:《文化与无政府状态》,第33—34页。

人把他们当成朋友和恩人。①

基于这种状况,阿诺德并未指望"文化"能在短期内收到理想的效果,"尽管它在目前尚不能挽狂澜于既倒,但我们可以期盼它挽救未来,使之不至于变得庸俗不堪"②。不过,阿诺德对于未来还是充满信心的,只要不懈努力,"美好与光明"终将到来。他在诗歌《道德》中写道:

> 带着疼痛的双手和流血的双脚,
> 我们挖掘着、堆砌着,将石块层层码放;
> 我们肩负重大,忍受着
> 漫长白昼的炎热,满怀胜利的希望。
> 直到光明时刻重现,
> 我们的所有努力才展露眼前。③

作为一个诗人和文学批评家,阿诺德赋予诗歌与文学创作以道德使命,希望诗歌与文学作品可以激发出人们道德行为的能力,以至于有批评者说他在诗歌与文学批评中倾注了太多的道德,是"好说教的批评家""半宗教性质的道德家"。④ 然而,这正是一个诗人与文学批评家应该具有的社会担当意识。也正是这种社会责任感,让阿诺德用自己的笔墨给英国人敲响警钟,让他们认识到自己所处社会的问题,并提出解决问题的办法。他提出"文化救世"主张,希望调动一切力量来改变英国现状,把科学精神与道德精神结合起来,"让'文化'和它所代表的价值观在社会上传播,从而成为这个社会的主流意识"⑤,促进人性完美与社会和谐发展。这就是阿诺德对

---

① [英]马修·阿诺德:《文化与无政府状态》,第 12 页。
② [英]马修·阿诺德:《文化与无政府状态》,第 15 页。
③ 诗歌英文原文见:https://www.poetryfoundation.org/poems/43595/morality,2019 年 8 月 24 日。
④ Vincent Buckley, *Poetry and Morality*, London: Chatto and Windus, 1959, p.53.
⑤ 钱青:《英国 19 世纪文学史》,第 263 页。

英国道德建设做出的前瞻性贡献。正如有学者指出的：

> 阿诺德当时虽未提出具体的道德建设方面的内容,但他对那一时期处于崩溃边缘的传统道德表达了自己的关注,赋予诗歌创作和文学批评以道德的历史使命。也正是如此,阿诺德的文学和文化批评才有如此强劲的生命力,经受住了时间的考验且随着时间流逝越发显示出真正的价值。[①]

[①] 袁晓军:《文化观念与市侩习气:马修阿诺德的文化与社会批评》,第138页。

三、塞缪尔·斯迈尔斯的道德思想

塞缪尔·斯迈尔斯(Samuel Smiles)是19世纪英国著名的作家、社会改革家和道德家,他一生写过20余部著作,其著作涉及良知、信仰、道德等主题,在这些著作中较为主要的有《自己拯救自己》(*Self-Help*)、《品格的力量》(*Character*)、《金钱与人生》(*Thrift*)、《人生的职责》(*Duty*),对近代以来英国乃至西方社会的道德风尚产生了重要影响。与马修·阿诺德高屋建瓴的文化思考不同,斯迈尔斯的道德思想更为具体,更易于为人们接受,影响面也更大。

在斯迈尔斯看来,当时的英国社会存在着较为严重的道德问题,这些问题包括:好逸恶劳、贪图享乐、声色犬马、挥霍浪费、懒惰、奢靡、铺张、贪婪、欺诈、自私、放荡、酗酒、伪善、堕落等。斯迈尔斯注意到,虽然当时英国经济快速发展,社会财富迅速增长,但是:

> 财富的增长同品格的提升并没有必然的联系,相反,财富往往会成为道德败坏和沦丧的诱因。财富与堕落,奢靡同罪恶,彼此之间有着密切的亲缘关系。财富在意志薄弱、缺乏自控力、欲望无度的人手中,只能成为诱惑和圈套,为自己和他人带来无限的困扰。[1]

---

[1] [英]塞缪尔·斯迈尔斯:《品格的力量》,第5页。

而且,由于民众的:

> 品德没有和物质财富同步发展,那么收入的增加可能只会增加本钱,满足他们动物式的放纵。……我们相信,只要这个问题中的道德因素仍然被忽视,那么这种"繁荣"只会带来恶果,而绝非善果。①

在财富增长的情况下,奢侈这个现代社会盛行的恶习,"不仅盛行于富人和有钱人中间,而且也蔓延到了中产阶级和工人阶级","社会生活中到处是铺张浪费",以至于"人们过着入不敷出的生活:失败的生意里、破产的清单中、刑事法庭上都可以看到它的后果"。② 拜金主义的泛滥导致原本作为交换媒介的货币操控着许多人的生活,进而引发道德问题。"人类的许多恶劣品质,比如贪婪、吝啬、不公、奢侈和目光短浅等,也起源于对金钱的滥用。"③对金钱的追逐也使得一部分人做出违背道德之事,"法庭经常宣判商人犯有欺诈和舞弊的罪行"④。当时英国社会流行"体面"的观念,虽然:

> 体面,就其真正的含义而言,是值得努力追求的东西。基于正当的理由而受人尊敬,这是每个人都应该努力达到的目标。但是,现代的体面也包含了外表。它意味着穿高档衣服、住漂亮房屋、过时髦日子。它要看的是表面——声音、仪表和外观。它要听的是口袋里金币的叮当声。道德价值或善良并非现代"体面"的一部分。今天,一个人可能非常的"体面",然而同时也十足的卑鄙。⑤

甚至为了维持所谓的"体面",道德可以被抛弃,为了维持虚假的"体面","必须去欺骗、耍阴谋和搞诡计,这样'世人'就不大可能看到我们藏在面具

---

① [英]塞缪尔·斯迈尔斯:《金钱与人生》,张杰译,北京:中国方正出版社,2012年,第20页。
② [英]塞缪尔·斯迈尔斯:《金钱与人生》,第137页。
③ [英]塞缪尔·斯迈尔斯:《金钱与人生》,第14页。
④ [英]塞缪尔·斯迈尔斯:《金钱与人生》,第137页。
⑤ [英]塞缪尔·斯迈尔斯:《金钱与人生》,第139页。

后面的真面目"①。懒惰与酗酒是社会下层中常见的道德问题,工人中的"绝大多数人经常寅吃卯粮,丝毫不考虑后果。大量的金钱被用来饮酒买醉:这使得工人们变得更加懒散"②。所有这些道德问题的结果是,"那些受过良好教育和培训的人、通过诚实工作挣钱的人,经常因为奢侈、体面的外表、打赌、投机和赌博、性生活放荡而失去自控,并因此而堕落下去"③,"道德败坏的风气在整个社会中弥漫"④。

斯迈尔斯认为,这些道德问题的存在对个人生活、社会稳定和国家发展都是严重的威胁,必须予以高度重视。他认识到,"对金钱的崇拜——不是金钱本身——是罪恶的渊源。对金钱的崇拜禁锢和压迫着人的灵魂,它关闭了通向慷慨大方的生活和行动之门"⑤。在拜金主义的驱使下:

> 即使一个意志坚定、头脑敏锐、动作敏捷的人,一旦抓住机会,他也会立刻行动,不择手段地赚钱。这些人完全有可能既没有高尚的品质,也不会实施任何善行。一个一心只想着钱而意识不到更高的力量的人,虽然他可以腰缠万贯,但他始终只是一个非常可怜的生物。⑥

挥霍浪费不仅不道德,而且是一些人陷于贫困的重要原因:

> 很多人习惯于把赚的钱吃喝挥霍掉,结果是使他们陷入被动,只得省吃俭用。我们周围有很多这样的人,平日贪图享乐,挥霍无度,一旦时势艰难,才发现自己囊中羞涩,生活难于为继。这也是导致社会

---

① [英]塞缪尔·斯迈尔斯:《金钱与人生》,第139页。
② [英]塞缪尔·斯迈尔斯:《金钱与人生》,第37页。
③ [英]塞缪尔·斯迈尔斯:《金钱与人生》,第141页。
④ [英]塞缪尔·斯迈尔斯:《金钱与人生》,第141页。
⑤ [英]塞缪尔·斯曼尔斯:《自己拯救自己》,朱绍格译,西安:陕西师范大学出版社,2005年,第101页。
⑥ [英]塞缪尔·斯曼尔斯:《自己拯救自己》,第101页。

上一些人贫困潦倒、生活凄惨的一个重要原因。①

斯迈尔斯认为：

> 任何挥霍浪费、任何悲惨生活和倒闭破产，都来自于那种想向人炫耀的虚荣心，……人们的欺诈行为所带来的严重后果已经表现在方方面面，人们敢于表现不诚实而不敢显示贫穷，人们崇拜金钱，疯狂地追逐财富，人们对失败破产者毫不怜悯同情，多少个无数无辜的家庭因此而毁灭。②

更为严重的是，当这些：

> 不良的行为转变成难以改变的习惯之后，就会成为一个专制的君主，用邪恶的锁链将人们紧紧束缚，尽管人们诅咒它，却无力摆脱它的束缚，最终只能沦陷为习惯的奴隶。③

一旦"缺失了准则，人就好比是没有航舵和罗盘的孤舟，随风左右摇摆，成为缺失准则、法律、规则、秩序甚至政府的人"④。

这些道德问题也延伸到政治生活当中。为了迎合选民、获得选票，为了赢得议席、进入议会，那些政客们把本该坚守的政治道德抛诸脑后。因为选民掌握着他们的政治命运，政客们：

> 不敢对地位低下者讲实话。这是因为，人民群众可以行使政治权利，因此要奉承他们，说好听的话来安抚他们。人民群众被冠以某些高尚的美德，但是他们很清楚自己根本就不具备那样的品格。政客们不再公开揭露令人不快的真相，只是为了赢得人民的选票，他们还经

---

① [英]塞缪尔·斯曼尔斯：《自己拯救自己》，第86页。
② [英]塞缪尔·斯曼尔斯：《自己拯救自己》，第94页。
③ [英]塞缪尔·斯迈尔斯：《品格的力量》，第58页。
④ [英]塞缪尔·斯迈尔斯：《品格的力量》，第7页。

常抛出一些看似充满同情心的观点,然而这些观点在现实中根本就行不通。①

在这些政客们的眼中,选票的重要性超过了道德的重要性:

> 为了拉选票,即便是那些满腹经纶的达官显贵也会在目不识丁的山野村夫面前弯腰屈膝。他们宁可放弃原则,也要讨得大众的欢心;宁愿卑躬屈膝、惺惺作态,也不愿光明磊落、顶天立地。他们更容易屈从于偏见,而不愿与之抗争。②

在政治利益的驱动下,这种不良风气愈演愈烈,进而:

> 导致公众人物的品格沦丧和道德败坏,良心变得越来越具有伸缩性。人们常常对内持有这种观点,对外却摆出另外一副姿态。他们在公共场合努力迎合人们的偏见,却在私下对这种偏见口诛笔伐。为了党派利益而虚伪地转变立场的事情时有发生,甚至连伪善也几乎被当做是理所当然的事情了。③

更加值得注意的是,这种不良风气逐渐由上层社会向下层社会拓展:

> 上层社会矫言伪行、趋炎附势必然会带动下层社会巧言令色、巧伪趋利。位高权重者尚且不敢直言自己的见解,那么身轻言微者又岂敢直抒胸臆呢?他们只会效仿那些王公大人,推诿搪塞、闪烁其词,说一套、做一套。④

斯迈尔斯指出:

> 言行不一比废话连篇更加糟糕,因为同自身行为不一致的说教只

---

① [英]塞缪尔·斯迈尔斯:《品格的力量》,第119—120页。
② [英]塞缪尔·斯迈尔斯:《品格的力量》,第120页。
③ [英]塞缪尔·斯迈尔斯:《品格的力量》,第120页。
④ [英]塞缪尔·斯迈尔斯:《品格的力量》,第121页。

能教人以罪恶和伪善。……满口仁义道德却一肚子男盗女娼,这样的人,即使是传教士,其说教也只能贻笑后人。①

斯迈尔斯认为,道德问题不仅关系到个人与家庭的生活和命运,也关系到民族、国家的前途命运。他说:

> 如果一个民族的国民道德是堕落不堪的,那么以此为基础的国家政治道德也决不会具有任何坚定的存在形式。即使是自由,在道德败坏的人手中也会变成一种祸害,新闻自由也会沦落为道德放荡和败坏的出口。②

在他看来,"一个国家,如果不再尊重和践行诚实可信、正直公平的美德,那么这个国家也就不值得继续存在"③。而:

> 一个国家若不能持有勇敢正直、诚实守信之品格,就会被其他国家所藐视,在世界民族之林就会变得无足轻重。……那些纵欲淫乐、物欲横流的民族必然是岌岌可危的;……④

斯迈尔斯还以雅典、罗马作为例证来说明这一问题。在他看来:

> 雅典的公共人士,即便不能算是道德败坏,也可以说是道德涣散,即使是有所建树的妇女也都荒淫放荡。因此雅典的沦落比其崛起来得更加突然,这是不可避免的。
>
> 同样,罗马的衰落也可归因为其民众的普遍堕落、游手好闲、贪图安逸。……其伟大先辈们创造的美德,他们不再引以为傲。……一个生活奢侈、懒散怠惰的民族……必然要走向灭亡……⑤

---

① [英]塞缪尔·斯迈尔斯:《品格的力量》,第32页。
② [英]塞缪尔·斯迈尔斯:《品格的力量》,第22页。
③ [英]塞缪尔·斯迈尔斯:《品格的力量》,第25页。
④ [英]塞缪尔·斯迈尔斯:《品格的力量》,第21—22页。
⑤ [英]塞缪尔·斯迈尔斯:《品格的力量》,第24—25页。

鉴于当时英国道德问题的严重性,斯迈尔斯在《自己拯救自己》《品格的力量》《金钱与人生》等书中,对应予倡导的美德进行了阐述,并就培育这些美德的方法与途径做了分析,提出了自己的道德建设主张。斯迈尔斯认为,在当时的英国应该倡导与培育节俭、自尊、自律、自助、诚实、守信、勇敢、正直、勤劳、慷慨、礼貌、善良仁慈、遵纪守法、恪尽职守等美德。

在斯迈尔斯看来,"节俭这种最朴素和最平民化的品质"是"最有价值的美德之一",因为,"人类的某些优秀品质,比如慷慨、仁慈、公正、诚实和远见等,依赖于对金钱的正确使用",①而且,"如果没有节俭,就没有人可能是正直的,也没有人可能是诚实的"②。斯迈尔斯将节俭与挥霍浪费做了鲜明对比,他指出,挥霍浪费不仅"足以使人丧失所有的刚强和美德"③,而且会严重损害个人幸福和家庭安乐,对社会稳定与发展而言也是一个严重威胁。相比之下,"节俭是人类生活秩序的灵魂,是私人经济的主要手段,它保护了许多家庭的和睦幸福"④。因此,"每个节俭者都可被看做公众福利的贡献者,而每个挥霍者都是公众福利的害群之马"⑤。斯迈尔斯呼吁所有人都要过节俭的生活,因为"这样做,既是一个人的道德责任和社会义务,也是一个人的宗教责任"⑥。在拜金主义泛滥、挥霍浪费盛行的时代,节俭的品德更加难能可贵,也更加迫切需要加以倡导。所以,斯迈尔斯专门写了《金钱与人生》一书来重点阐述这一品德。

斯迈尔斯倡导加强自律,他认为:

> 自律……是人类品格的精髓。……
>
> 自律是一切品格的基石。如果做事全凭冲动和热情,人就会丧失

---

① [英]塞缪尔·斯迈尔斯:《金钱与人生》,第14页。
② [英]塞缪尔·斯迈尔斯:《金钱与人生》,第16页。
③ [英]塞缪尔·斯迈尔斯:《金钱与人生》,第15页。
④ [英]塞缪尔·斯迈尔斯:《金钱与人生》,第50—51页。
⑤ [英]塞缪尔·斯迈尔斯:《金钱与人生》,第3页。
⑥ [英]塞缪尔·斯迈尔斯:《金钱与人生》,第18页。

道德自由,继而随波逐流,成为自身欲望的奴隶。

唯有通过自我控制,摆脱冲动的束缚,才能超越动物,获得道德自由。这种自我控制能力是个人品格的主要基础,也正是这种自我控制能力将物质生活和道德生活区分开来。

……

那些引诱人们犯罪、导致社会堕落的邪恶欲望,十有八九是可以通过自我约束、自尊自爱而得到控制的。时刻对自己的品格、心灵加以检视,便能够成为一个心地善良、品行高洁和懂得节制的人。①

在斯迈尔斯看来,自律就是进行自我道德约束,"良好道德品格的形成,在很大程度上……要依靠个人的努力进行不断的自我约束和自我束缚"②。那些道德高尚的人都非常善于自我控制、自我约束,面对各种诱惑和欲望,只有加强自我控制、自我约束,才能使自己远离冲动与放纵,才能远离低级趣味。

斯迈尔斯指出,是否能够自律,会影响到人们的社会交往及事业发展,因为:

在社会交往中,缺乏自制力的人总是让人难以忍受。没有人愿意跟这样的人进行交往,因为他们总是给别人带来困扰。由于缺乏自制,许多人一辈子都在同自己制造的麻烦作斗争。由于他们刚愎自用、负才任气,因此成功女神从不曾对他们有所眷顾。相反,有些人尽管资质平平,却能够束身自修、克己慎行,从而取得了傲人的成就。③

因此,他提出殷切期望:

无论何时何地,无论什么人都要严于律己,注意自己的一言一行。

---

① [英]塞缪尔·斯迈尔斯:《品格的力量》,第139页。
② [英]塞缪尔·斯迈尔斯:《品格的力量》,第141页。
③ [英]塞缪尔·斯迈尔斯:《品格的力量》,第210页。

这是每一个人都能做到的,无论你多么贫穷或微不足道,都应该这样做。①

自助是斯迈尔斯《自己拯救自己》一书的主题。斯迈尔斯认为,"在人生的历程中,人们的幸福生活在很大程度上要依靠人们自身的努力——依靠自己的勤奋、自我修养、自我磨练和自律自制"②。人是生活于社会中的,社会环境对其品格形成具有重要影响。虽然:

> 人类的品格是受各种影响而塑造成的……我们必须承认这些影响,但我们更需要明白,人们应该是他们自己生活和行为积极的主人;因此,无论对别人的感激显得多么明智和多么美好,从事物的本质属性来讲,自己才是自己最好的救星。③

斯迈尔斯强调说:

> 一个人,要想行得正、立得稳,就必须依靠自己的努力,而不能指望别人的帮助。人类是自身的主宰,也是自身行为的实践者。人类能够趋利避害、诚实守信,也能自我克制、抵御肉欲主义的侵蚀,还能够宽宏大度、乐善好施、对于为非作歹的事情敬而远之。这些皆需依靠个人的努力和自律。一个人,成为道德高尚、自由善良的人,还是道德败坏、卑鄙无耻的人,全取决于他自己。④

人们要想在社会上:

> 取得杰出成就必须依靠个人奋发向上的精神,好逸恶劳的懒惰品行必然与杰出成就无缘。正是勤劳的双手和大脑才使得人们富裕起

---

① [英]塞缪尔·斯曼尔斯:《自己拯救自己》,第147页。
② [英]塞缪尔·斯迈尔斯:《自己拯救自己》,李柏光等译,北京:北京燕山出版社,1999年,原著者序(1880年),第Ⅳ页。
③ [英]塞缪尔·斯曼尔斯:《自己拯救自己》,第24页。
④ [英]塞缪尔·斯迈尔斯:《品格的力量》,第168页。

来——在自我修养、智慧增长、商业兴旺等方面。一个人即使出生于富贵和社会上层之家,他也得靠实干才能获得稳固的社会声望。①

对于社会上存在的懒惰、奢靡等道德问题,不能仅靠法律等外在压力,因为:

> 再严厉的法律也无法使懒惰之人变得勤勉,使奢靡之人或嗜酒之徒有所节制。这种改变只有通过个人的行为、节俭和自我克制才能生效,即通过好的习惯而不是大的权力去改变。②

这就是人们所说的"自助者天助之",斯迈尔斯视之为放之四海而皆准的警世良言。在他看来,自助精神是每个人成长成才的基石,也是真正的民族精神与力量的根源所在。斯迈尔斯认为,对于广大劳动者而言,自助精神有着更为重要的意义,因为:

> 在劳动群众中产生的健康的自助自救精神,比其他手段更为有效地使他们上升为一个阶级;而且这种上升,不是通过压低别人来实现的,而是通过把他们的宗教、智慧和美德提高到同一水准来实现的。③

由自助精神出发,斯迈尔斯甚至认为,"靠别人救济度日,不仅是不诚实的,而且是不道德的,就像说谎一样"④。他还引用霍斯莫格监狱的牧师在报告中的话,认为"习惯性欺诈并非因为无知、酗酒、贫穷、城市拥挤,也不是因为财富的诱惑,更不是许多看似诱因的表面现象,而是那种想通过不劳而获的手段获得比诚实劳动更多的财富的欲望"⑤。他主张慈善救济不应该鼓励养成不劳而获的懒惰心理,而应该有助于人们自助精神

---

① [英]塞缪尔·斯曼尔斯:《自己拯救自己》,第 17 页。
② [英]塞缪尔·斯曼尔斯:《自己拯救自己》,第 3 页。
③ [英]塞缪尔·斯曼尔斯:《自己拯救自己》,第 88 页。
④ [英]塞缪尔·斯迈尔斯:《品格的力量》,第 156 页。
⑤ [英]塞缪尔·斯迈尔斯:《品格的力量》,第 156 页。

的养成。

无论是自律,还是自助,都无法脱离自尊,实际上,这三者之间有着密不可分的联系。斯迈尔斯认为：

> 自尊是一个人身上最高贵的外衣,最能升华人的思想。……这一品行,推及日常生活,便成为各种各样的美德之根本——洁净、庄严、贞洁、道德高尚和宗教虔诚。①

他相信,"如果人人都有自尊,各种败坏社会风俗的恶习以及因之而产生的犯罪的四分之三都会消失得无影无踪"②。

斯迈尔斯认为,"诚实守信是维系整个社会的纽带,一旦缺失了诚信,社会便无法正常运转,从而陷入无序和混乱之中。一个家庭无法靠谎言来维系,一个民族也是如此"③。他还引用查尔斯·纳皮尔勋爵的话来强调："诚实是与一个有教养的绅士的性格紧密相连的。"④他赞同托马斯·阿诺德(Thomas Arnold)对诚实的看法,认为诚信是一切美德的基石,是一面能够反映人类道德状况的镜子,而撒谎不啻于道德犯罪。斯迈尔斯说,谎言是与诚实守信针锋相对的：

> 在各种恶习中,撒谎是最卑劣的行径。有时候,撒谎是出于刚愎自用,而更多的时候,撒谎是因为道德的怯懦。然而,许多人对此不以为然,甚至教唆自己的佣人替自己圆谎。⑤

他断言,"一个国家,如果不再尊重和践行诚实可信、正直公平的美德,那么这个国家也就不值得继续存在"⑥,由此可见他对诚实守信这一美德的

---

① [英]塞缪尔·斯曼尔斯:《自己拯救自己》,第119页。
② [英]塞缪尔·斯迈尔斯:《金钱与人生》,第178页。
③ [英]塞缪尔·斯迈尔斯:《品格的力量》,第179页。
④ [英]塞缪尔·斯曼尔斯:《自己拯救自己》,第94页。
⑤ [英]塞缪尔·斯迈尔斯:《品格的力量》,第180页。
⑥ [英]塞缪尔·斯迈尔斯:《品格的力量》,第25页。

重视。

斯迈尔斯认为,礼貌在一个文明社会里十分重要,其重要性甚至要超过法律,因为礼貌"无处不在,它就像我们呼吸的空气一样,存在于整个社会"①。无论是在人与人之间的交往上,还是在经济往来及政治活动中,礼貌修养都是必不可少的。"良好的道德修养是一个获得成功的人所必需的品质,它能扩大你的生活圈子。"②然而,在现实生活中:

> 很多不礼貌的行为都有可能冒犯到他人。比如:衣冠不整、不修边幅或不良积习都可能令他人产生不快。有些人从不顾及他人的感受,常常蓬头垢面地出现在公众面前,这种行为是非常粗鄙失礼的。③

斯迈尔斯指出,缺少礼貌不仅失礼,而且"缺少礼貌的人,其勤劳、正直和诚实的品格往往被此缺陷所淹没"④。与此同时,斯迈尔斯也注意到,虽然"一个人的行为举止,在某种程度上能够反映出该人的性格特征",但"有时候,人们会采用约定俗成的传统行为方式进行社会交往,这样的方式并不能反映出他们的真实品格"⑤。他批评那些虚假的礼貌,强调"过于强调繁文缛节则略显浮华,也是不明智的"⑥。他说:

> 虚伪的礼貌是徒劳无益的。有些人打着"文明"的旗号,却做出一些假仁假义的事情。他们装模作样、惺惺作态,很快就会被拆穿。他们的礼节,只不过是一种道貌岸然的伪装,充其量不过是优雅举止的替代品。⑦

---

① [英]塞缪尔·斯曼尔斯:《自己拯救自己》,第173页。
② [英]塞缪尔·斯曼尔斯:《自己拯救自己》,第174页。
③ [英]塞缪尔·斯曼尔斯:《自己拯救自己》,第210页。
④ [英]塞缪尔·斯曼尔斯:《自己拯救自己》,第174页。
⑤ [英]塞缪尔·斯迈尔斯:《品格的力量》,第208页。
⑥ [英]塞缪尔·斯曼尔斯:《自己拯救自己》,第174页。
⑦ [英]塞缪尔·斯迈尔斯:《品格的力量》,第208页。

斯迈尔斯对一些道貌岸然的伪君子进行了激烈的批评,他说:

> 正如有些道貌岸然的人会装出一副谦谦君子之态一样,优雅的举止也可能会沦落为某些别有用心之人的完美伪装。英俊的仪表、潇洒的风度都只不过是一种外在而肤浅的表现。有些人,尽管仪表堂堂、风度翩翩,内心却十分堕落腐化,令人愉悦的姿态和打动人心的甜言蜜语便是他们惯用的手段。①

这说明,斯迈尔斯对于维多利亚时代存在的伪善问题已经有所认识,他在书中也反复强调言行一致、表里如一的重要性。

针对当时英国社会中存在的懒惰、好逸恶劳的问题,斯迈尔斯认为,"在所有人之中,只有懒散之人才是卑鄙和可耻的"②。他强调劳动的重要性,赋予劳动以道德意义:

> 劳动是人类最好的老师,人类所掌握的一切实用品格都来自于劳动。它能够激发人、塑造人,培养人们忠诚、自律、爱心和坚持不懈的道德品格。
>
> ……
>
> 如果人类停止了劳动,那么作为亚当后裔的我们很快就会因道德的沦丧而垮掉。③

斯迈尔斯希望人们养成吃苦耐劳的好习惯,凭借自己的辛勤劳作立足社会,凭借自己的辛勤劳作取得事业与人生的成功。

对于其他美德,斯迈尔斯虽有提及,但与上述美德相比,他在其他美德上所费的笔墨显然少得多。这说明,在斯迈尔斯看来,在当时的英国社会中,其他美德虽然也很重要,但倡导与培育节俭、自律、自助、自尊、劳动这

---

① [英]塞缪尔·斯迈尔斯:《品格的力量》,第 214 页。
② [英]塞缪尔·斯迈尔斯:《金钱与人生》,第 40 页。
③ [英]塞缪尔·斯迈尔斯:《品格的力量》,第 79 页。

些美德，显然更加紧迫。

斯迈尔斯认为，一个人道德素养的形成受到多种因素的影响，这其中"有榜样和格言的影响；有生活和文学的影响；有朋友和邻居的影响；也有我们所生活的环境和先辈精神的影响，我们继承了他们品德言行的优秀遗产"①。所以，在倡导与培育良好道德素养的过程中，必须重视这些因素，充分发挥这些因素在其中的积极作用。

斯迈尔斯认为，家庭对一个人道德素养的形成起着至关重要的作用，"家里人的一言一行都会深刻地影响一个人，这种影响远远大于学校和社会对他的影响"②。他指出：

> 家庭是社会的细胞和缩影，是塑造国民性格的摇篮。不管这个家庭道德高尚还是道德败坏，它都对其子女产生莫大的影响。在家庭中日渐养成的品德、习惯、生活准则以及待人接物的方式等都会对子女的一生产生难以磨灭的影响。一个民族的全体国民都是从家这个"育婴室"中长大成人的，这个"育婴室"的环境条件、道德、文化、思想品位等等都会在无形中深远地影响全体国民。③

他说：

> 家庭不仅是培养品格的第一学校，也是最重要的学校。人们从家庭中所接受的道德训练，可能是最好的，也可能是最差的。这是因为，人们的基本行为准则来自于家庭教育，而这些行为准则会伴随他们一生，直到生命结束。④

斯迈尔斯认为，"有什么样的家庭，就会有什么样的人"⑤。在他看来：

---

① ［英］塞缪尔·斯曼尔斯：《自己拯救自己》，第24页。
② ［英］塞缪尔·斯曼尔斯：《自己拯救自己》，第143页。
③ ［英］塞缪尔·斯曼尔斯：《自己拯救自己》，第143页。
④ ［英］塞缪尔·斯迈尔斯：《品格的力量》，第29页。
⑤ ［英］塞缪尔·斯迈尔斯：《金钱与人生》，第184页。

一个充满了爱与责任感的家庭应受着头脑和心灵的支配,这样的家庭,日常生活正直有道,对孩子的管教通情达理。我们可以指望这样的家庭培养出身心健康、有所作为和乐观向上的孩子。他们会从家庭中获取必要的力量,然后必定会踏着父母的足迹,走上行为正直、严以律己、乐于助人的道路。

相反,如果生长于冷漠自私、野蛮卑劣的家庭,孩子也会在潜移默化中继承这种不良的品格,在日后变得蛮横粗鲁、缺乏教养。如果置身于现代文明的多重诱惑之中,他将对社会贻害无穷。①

家庭在道德素养培育上的重要性还在于,幼儿就像一张洁白无瑕的白纸,在上面刻下的第一个印记会经久不衰。"幼年时期所处的道德环境,能够对人们产生极其深远的影响。任何人,即便是聪明绝顶的智者也无法摆脱这种影响。"②斯迈尔斯认为,幼年时期的家庭教育对一个人道德品格的形成影响巨大:

即使让一个品格高尚的哲学家生活在一个环境恶劣、道德败坏、罪恶丛生的环境里,他也将在不知不觉中变得冷酷无情。若是让一个敏感无助的孩子置身于这样的环境,他所受影响便可想而知了。在这样一个恶劣、粗糙和肮脏的环境下,要培养出心地善良、纯洁无邪和品德高尚的人是不可能的。③

正因如此,为人父母者必须谨言慎行:

即使是一些看似细小的行为也不能忽略,因为这些细小之处也会对孩子的品性产生不可低估的影响。父母的品行、性格往往会在孩子的身上折射出来。父母谆谆教诲的东西常常早已忘得一干二净,而他

---

① [英]塞缪尔·斯迈尔斯:《品格的力量》,第31—32页。
② [英]塞缪尔·斯迈尔斯:《品格的力量》,第29页。
③ [英]塞缪尔·斯迈尔斯:《品格的力量》,第31页。

们在日常生活中表现出来的有关情感方式、纪律观念、勤劳风范和自我控制等具体行为却会常留孩子们的心中并产生持久的影响。①

斯迈尔斯告诫为人父母者,要以自己的高尚品格为子女树立榜样,而与留给子女的财富相比,"一个人正直、诚实、勤劳的一生,是留给他们儿女,也是留给世界的一份丰厚遗产"②。

斯迈尔斯十分重视女性在道德培育上的重要作用。在他看来:

> 女性是婴儿的抚育者,是青少年的指导者,更是成年人的忠诚伴侣。女性的一生要扮演母亲、姐妹、情人和妻子等多个角色。简言之,女性所产生的影响,或好或坏、或多或少影响着整个人类的命运。③

女性在道德培育方面的作用主要体现为她对子女、丈夫、家庭及社会的道德影响。对子女而言,女性是母亲,而"优秀的母亲能够通过营造良好的家庭道德氛围,为子女的道德生命提供丰富的养料,这种道德养料同物质养料同样重要"④。斯迈尔斯认为:

> 将孩子交付给一位无知的女性照看,是罪大恶极的行为,不论日后如何补偿都无济于事。如果一位母亲游手好闲、心术不正、举止轻浮,在家庭中吹毛求疵、暴戾嚣张、怨天尤人,这样的家庭将会成为滋生不幸的人间地狱——人人唯恐避之不及,而无法全心全意投入。在这样家庭里长大的孩子是不幸的,因为这样的家庭会造成孩子的道德缺陷和人格扭曲——这不仅会给孩子本身带来不幸,也会给他人带来灾难。⑤

---

① [英]塞缪尔·斯曼尔斯:《自己拯救自己》,第143—144页。
② [英]塞缪尔·斯曼尔斯:《自己拯救自己》,第147页。
③ [英]塞缪尔·斯迈尔斯:《品格的力量》,第265页。
④ [英]塞缪尔·斯迈尔斯:《品格的力量》,第36页。
⑤ [英]塞缪尔·斯迈尔斯:《品格的力量》,第37页。

作为妻子,女性会对丈夫的道德品格产生重大的影响:

> 道德败坏、行为不端的妻子会玷污丈夫的名声,而品行高洁、品格高尚的妻子则会提升丈夫的品格。娶道德水平低下的女人为妻,丈夫就会变得麻木不仁、意志消沉、生活四分五裂;而娶道德高尚的女人为妻,丈夫就能充满爱心,充满活力。不仅如此,一个道德高尚的女人还能潜移默化地提升丈夫的人生目标,而一个道德败坏的女人只能降低丈夫对生活的要求。①

由于女性在家庭生活中的重要地位,她的道德品质如何就显得十分重要。如果"女性用自己沉着冷静的脾气、温柔善良的秉性,为家庭成员营造了一个乐观向上、安分知足、宽厚祥和的气氛。这种气氛不仅适合培养纯洁的品性,也适合培养刚毅的品性"②。因此:

> 在一个家庭中,如果父亲品行不端——酗酒、偷鸡摸狗,而母亲勤俭有道、精明能干,那么这个家庭还可以维持下去,孩子日后也有可能飞黄腾达;但是如果母亲劳思逸淫,不管父亲多么正直无私,孩子日后成器的可能性几乎为零。③

斯迈尔斯认为,女性扮演的社会角色决定了:

> 不论在哪个国家,女性的状况都影响着本国人民的道德水准、行为方式和品格修养。若女性的地位受到贬低,整个社会也会成为一滩污泥浊水;而若女性品格高尚、学识渊博,那么整个社会道德也会相应地得到提升。④

---

① [英]塞缪尔·斯迈尔斯:《品格的力量》,第279页。
② [英]塞缪尔·斯迈尔斯:《品格的力量》,第36页。
③ [英]塞缪尔·斯迈尔斯:《品格的力量》,第38页。
④ [英]塞缪尔·斯迈尔斯:《品格的力量》,第51页。

既然"一个人的道德修养主要取决于所受的家庭教育,那么对于女性的教育就成为事关国家前途和命运的大事",而"忽视女性对于净化人们心灵的影响力量,会给社会带来极大的不幸"。① 因此,必须加强对女性的教育尤其是道德教育。斯迈尔斯希望:

> 经过理智的训练,她就不会因为无知和盲目轻信而受骗上当;经过道德和宗教的熏陶,她就不会沉迷于身体的诱惑,而寻求更加长远的力量源泉;学会自强不息,她们就能找到家庭幸福的真正源泉。②

斯迈尔斯还强调榜样在道德培育中的重要作用,他说:"不论善行还是恶行,都会给施动者带来作用和反作用。不仅如此,出于榜样的影响作用,还会对其追随者产生一定的影响。"③他认为,"善行从来不会一枝独秀,恶行也是如此。善良的行为能够引导他人从善,恶劣的行为也会引诱他人从恶,循环往复,生生不息"④。斯迈尔斯非常赞赏托马斯·阿诺德的做法:"通过与学生中的领头羊沟通,向他们灌输善良、高尚的思想;然后,借助他们的榜样力量和威望,向其他的学生宣传这种思想,使他们竞相效仿。"⑤他把榜样比作一根杠杆,希望通过这根杠杆来撬动道德培育,使其取得良好效果。由此出发,斯迈尔斯告诫人们要谨慎交友,努力交良友,避免交损友。他说,"对于品格正在形成的年轻人来说,慎重交友是十分重要的",这是因为,"与德行高洁的人做朋友,则自己也会变得高洁;与小人为友,自己也会变成小人"。⑥ 正是基于这样的认识:

> 洁身自爱的人绝不会与酒鬼为伍,品格高尚的人也绝不会同粗鄙

---

① [英]塞缪尔·斯迈尔斯:《品格的力量》,第50页。
② [英]塞缪尔·斯迈尔斯:《品格的力量》,第50页。
③ [英]塞缪尔·斯迈尔斯:《品格的力量》,第10页。
④ [英]塞缪尔·斯迈尔斯:《品格的力量》,第63页。
⑤ [英]塞缪尔·斯迈尔斯:《品格的力量》,第62页。
⑥ [英]塞缪尔·斯曼尔斯:《自己拯救自己》,第150页。

下流的人为友,正直体面的人更不会同行为放荡的人为伴。与腐化堕落的人为伍,只能说明自身品位低俗,本性邪恶,而且必然会导致社会风气的堕落。①

斯迈尔斯非常重视包括人物传记在内的优秀作品在道德教育中的作用,在他看来,"为优秀的人物立传具有非常重要的意义",因为"优秀的人物能够影响我们的心灵,带给我们希望,为我们树立起良好的榜样"。② 他强调:

> 优秀的作品有助于净化人们的心灵,提升人们的品格,为人们提供不竭的动力;优秀的作品有助于开拓人们的视野,解放人们的思想;优秀的作品有助于培养人们乐观沉静的品格,帮助他们抵御放荡堕落的诱惑;优秀的作品有助于改变人们的心智,使之更加人性化。③

斯迈尔斯还以托马斯·胡德(Thomas Hood)为例,来说明优秀作品对人的道德素养形成的重要性。托马斯·胡德在回顾自己人生的时候,高度评价优秀作品在其道德素养形成中的作用,他说:

> 许多人在幼年时由于缺乏父母的引导而走向堕落的深渊。很幸运,这样的事情并没有发生在我的身上,因为阅读和对知识的追求帮助我提升了自身的道德品格。正是书籍帮助我远离了纸醉金迷、醉生梦死的生活。通过书籍的纽带,我与莎士比亚和弥尔顿进行对话,与蒲柏、爱迪生成为挚友,因此我决不愿同道德低下的人为伍,这是对我们之间那纯洁而高尚的友谊最大的亵渎。④

---

① [英]塞缪尔·斯迈尔斯:《品格的力量》,第58—59页。
② [英]塞缪尔·斯迈尔斯:《品格的力量》,第236页。
③ [英]塞缪尔·斯迈尔斯:《品格的力量》,第258页。
④ [英]塞缪尔·斯迈尔斯:《品格的力量》,第258页。

斯迈尔斯认为,"环境决定人"①,并对环境对道德的影响做了较多阐述,对于家庭教育环境和社会交往环境对道德影响的分析,在上述关于家庭、交友对道德影响的论述中已有阐述,在此不再赘言。除此之外,斯迈尔斯还认为人的居住环境也对人的道德素养有重要影响。在他看来:

> 不卫生的住所对人的道德的败坏性影响远远超过了瘟疫。空气污浊的场所损害身体健康,同时也不可避免地使心灵品质变得低劣和猥琐。个人失去了自尊,整个地区弥漫着愚蠢、懒散、厌倦的情绪,道德开始沦丧。②

斯迈尔斯注意到,在当时的英国"大城市里,大部分贫民窟的房屋都光线暗淡、寒冷潮湿、杂乱无章,令人心情压抑",他相信:

> 在这样的环境里,你不可能培养出温文尔雅的性格,指望他嫉恶如仇、小心谨慎、渴望提高自己的道德品质和知识素养。如果不能够通过这种或者那种方式来改善家庭条件,那么他们的道德水准的下降和社会地位的低贱就一定无法避免。③

正是因为"整洁的意义远不止是身体健康,它还给予我们自尊,影响着整个家庭的道德状况","整洁代表着自尊,是许多美德的根源,尤其是纯洁、高雅和体面",改善人们的居住条件,改善城市街区的卫生状况,过卫生清洁的健康生活,会对提升社会道德起到促进作用。④

斯迈尔斯认为,受教育程度低下、愚昧无知也是道德堕落的原因之一。因此,要想提升大众的道德水平,"必须消除这种无知,才能提升他们的素质。必须从整体上改善他们的品行,在早年就教会他们深谋远虑和自我克

---

① [英]塞缪尔·斯曼尔斯:《自己拯救自己》,第150页。
② [英]塞缪尔·斯迈尔斯:《金钱与人生》,第181页。
③ [英]塞缪尔·斯迈尔斯:《金钱与人生》,第184页。
④ [英]塞缪尔·斯迈尔斯:《金钱与人生》,第184、185页。

制的习惯"①。而要做到这一点,就必须加强教育。在斯迈尔斯看来,仅仅进行知识教育是远远不够的:

> 教育必须建立在宗教和道德的基础上,因为教育本身并不能根除人的邪恶习性。知识文化对道德品行的影响可以说是微乎其微。你可能看到过许多聪明的、受过教育的、博学的人品行恶劣——他们大肆挥霍、鼠目寸光、醉生梦死和邪恶堕落。因此,教育必须建立在宗教和道德的基础上。②

斯迈尔斯认为,要想提高全社会的道德水平,必须发展大众教育,改变教育仅仅限于社会中上层的状况。这是因为:

> 人类知识的两股生命力潮流——世俗知识和神学知识,不应该只在社会的大动脉里传承。只有渗入到社会的毛细血管中,它们才能哺育和净化社会。知识是我们这些有道德观念的人的精神食粮和良药。凡有罪行祸根的地方,知识就是救治它的解药。③

斯迈尔斯表示,尽管当时英国的教育状况不令人满意,但他"相信,随着时间的推移,通过教育——世俗的、道德的以及宗教的教育,人的本性会得到提升"④。他强调:

> 若要使得整个社会保持较高的道德水准,那么对男女两性的教育就必须同步进行。要培养一种操行纯洁的女性气质,就必须相应地培养一种襟怀坦荡的男性气质。道德准则对于男女两性同样适用。⑤

他对双重道德标准提出批评,指出"如果支持这样的观点,那么整个社会的

---

① [英]塞缪尔·斯迈尔斯:《金钱与人生》,第41页。
② [英]塞缪尔·斯迈尔斯:《金钱与人生》,第43页。
③ [英]塞缪尔·斯迈尔斯:《金钱与人生》,第45—46页。
④ [英]塞缪尔·斯迈尔斯:《金钱与人生》,第44—45页。
⑤ [英]塞缪尔·斯迈尔斯:《品格的力量》,第269页。

道德基石将会垮掉。若要在全社会范围内保持一种良好的道德风气,这个社会中的男性和女性首先要做到品行高洁"①。

斯迈尔斯强调,上述途径虽能促进道德水平的提升,但都属于外在的因素,说到底"人们应该是他们自己生活和行为积极的主人……自己才是自己最好的救星"②。所以,他特别重视道德建设中的自尊、自制、自助、自立。在他看来,养成并保持高尚的道德"是每个人都必须履行的义务。任何不想败坏自己的名声、不愿让自己道德沦丧的人都必须履行自己的职责"③。而要做到这一点,离不开良知与意志。斯迈尔斯认为:

> 良知能够使人在天地间立足,而意志则能让人言信行直。良知是心灵圣殿的道德管理者,它使人们行为端正、思想正直、信仰坚定、生活和谐。只有在良知的强烈影响下,人类的高贵品格才能得以发扬光大。④

他希望人们能够扫除"犹豫不决、意志不坚、优柔寡断"这些"阻碍人们履行责任的拦路虎",要"遵从自己的良心,将意志转化为迅速的行动,并克服顽劣的秉性","在自由意志的引导下严格约束自己,最终培养出高尚的品格"。⑤

针对维多利亚时代英国社会的道德问题,塞缪尔·斯迈尔斯通过一系列作品,以平实的语言、生动的事例将他的道德思想表达出来。他将道德品格的塑造与提升,与人们的日常生活结合起来,与人们企盼成功的愿望结合起来,不仅受到意图将自己的价值伦理确立为社会主流观念的中产阶级的欢迎,也受到希望改变社会地位与社会形象的工人阶级的接受,甚至

---

① [英]塞缪尔·斯迈尔斯:《品格的力量》,第269页。
② [英]塞缪尔·斯曼尔斯:《自己拯救自己》,第24页。
③ [英]塞缪尔·斯迈尔斯:《品格的力量》,第165页。
④ [英]塞缪尔·斯迈尔斯:《品格的力量》,第166页。
⑤ [英]塞缪尔·斯迈尔斯:《品格的力量》,第168页。

成为许多青年人走入社会、迈向成功的指南。他出版于 1859 年的《自己拯救自己》非常受公众欢迎,第一年就出了 4 版。到 1904 年,这本书重印超过 50 次,仅在英国就卖出了 25 万册。斯迈尔斯的道德思想对近代以来英国乃至西方社会的道德塑造发挥了重要作用,他也因此被称为"精神导师",是"所有人的道德家"。①

---

① Gertrude Himmelfarb, *The De-Moralization of Society: From Victorian Virtues to Modern Values*, p.167.

四、查尔斯·狄更斯的道德关怀

查尔斯·狄更斯(Charles Dickens)是维多利亚时代英国文学的重要代表,也是英国文学史上伟大的作家之一。他的主要作品有《大卫·科波菲尔》(David Copperfield)、《匹克威克外传》(The Pickwick Papers)、《雾都孤儿》(Oliver Twist)、《老古玩店》(The Old Curiosity Shop)、《艰难时世》(Hard Times)、《我们共同的朋友》(Our Mutual Friend)、《双城记》(A Tale of Two Cities)等。在这些作品中,狄更斯揭露并抨击了社会中上层的虚伪、贪婪、卑劣、凶残、冷酷无情,对下层社会的痛苦、无知、迷茫给予了深切的同情,对他们身上表现出来的美德大力颂扬。"狄更斯作为那个时代极具社会责任感的伟大作家,在其小说中不懈地追求着一种社会批判与道德教化的契合。"①

狄更斯生活的时代,英国正处在社会转型时期,第一次工业革命的完成使英国进入工业化、城市化的浪潮当中,社会财富迅速增长,社会关系发生重大变动,与此同时,社会观念也处于转型当中,新旧思想观念交织。由此带来的问题是:社会贫富分化加深,社会问题日趋严重,社会冲突加剧,社会道德伦理混乱,道德问题凸显。对此,狄更斯深有感触,他在小说《双

---

① 蔡熙:《西方狄更斯研究的道德批评传统及其反思》,《湖南工业大学学报》2016年第1期,第107页。

城记》中对当时的英国社会做了这样的描述：

> 那是最好的年月，那是最坏的年月，那是智慧的时代，那是愚蠢的时代，那是信仰的新纪元，那是怀疑的新纪元，那是光明的季节，那是黑暗的季节，那是希望的春天，那是绝望的冬天，我们将拥有一切，我们将一无所有，我们直接上天堂，我们直接下地狱——简言之，那个时代跟现代十分相似……①

面对这样的现实，19世纪的英国作家，如简·奥斯汀、狄更斯、乔治·艾略特(George Eliot)、勃朗特姐妹、盖斯凯尔、萨克雷等人，都把倡导高尚道德、抨击道德堕落、提升社会道德水平作为义不容辞的责任，他们在作品中强调道德伦理，使这一时期的英国文学打上了深深的道德烙印。

作为这些作家的优秀代表，狄更斯认为，虽然当时的英国社会经济发展迅速，但社会道德建设存在很大问题，而要想经济社会获得健康发展，就不能存在道德失范的问题，换句话说，经济社会的健康发展需要基本的社会秩序，而基本的社会秩序离不开道德功能的全面发挥。为此，他"始终将创作小说作为讨论道德和社会改革的出发点，将自己的小说构建成一个涵盖社会公德、个人品德、家庭美德以及经济道德、政治道德、公共道德、生态道德等各个方面的道德库"②。狄更斯认为，文学作品尤其是小说应该在倡导、弘扬高尚道德方面发挥应有的作用，"每一个国家都必须从自己的文学中寻找教化并改良民众的伟大手段，寻找民族尊严的伟大源泉"③，他的道德关怀主要体现在他的小说当中。

拜金主义是狄更斯在小说中予以较多揭露与批判的道德问题，他"毕

---

① [英]狄更斯：《双城记》，石永礼、赵文娟译，北京：人民文学出版社，1993年，第3页。
② 尹康敏：《时代良知的呼唤——作为社会批评家狄更斯对英国社会发展的影响》，《信阳师范学院学报》2014年第4期，第115页。
③ [英]查尔斯·狄更斯：《在波士顿欢迎宴会上的演讲(一八四二年二月一日)》，参见《狄更斯全集》(第23卷)，丁建民、殷企平、徐伟彬译，杭州：浙江工商大学出版社，2012年，第16页。

生致力于反对那种恬不知耻的唯利是图精神"①。在小说《马丁·朱述尔维特》(Martin Chuzzlewit)中,狄更斯描述了拜金主义对人们心灵的毒害,在他的笔下,对金钱的疯狂崇拜使人们自私、虚伪,彼此疏远,反目成仇,甚至还有人犯下弑父的逆天大罪。在小说《董贝父子》(Dombey and Son)中,狄更斯批判了董贝先生奉行的金科玉律:金钱万能。相信"金钱万能"的董贝先生遭遇了一系列灾难性的打击:温柔善良的妻子死了,被他作为接班人精心培养的儿子夭折了,续娶的妻子离他而去,他信任的卡克尔也不忠诚于他。他所崇拜的万能的金钱根本无法让他摆脱命运的嘲弄。在小说《我们共同的朋友》中,狄更斯批判了拜金主义对人们灵魂的毒害,小说中的小哈蒙的未婚妻贝拉小姐就是一个被拜金主义毒害了灵魂的人,小哈蒙只有在帮助贝拉小姐摆脱了拜金主义的影响后,才可能与她缔结美满婚姻。通过这一系列描写,狄更斯将拜金主义的表现及危害彻底呈现在读者面前,他要告诉读者的是:金钱并不是万能的,人不能做金钱的奴隶,人一旦沦为金钱的奴隶,将给自己的人生、社会、国家带来巨大灾难。

自私自利是狄更斯给予深刻批判的又一个道德问题。在当时的英国社会,功利主义思潮盛行,受其影响与推动,个人主义尤其是极端利己主义在一部分人当中甚嚣尘上,对整个社会道德造成了极大冲击,威胁到社会公德与公共利益。狄更斯在其作品中对自私自利的观念与行为进行了深刻批判。在小说《马丁·朱述尔维特》中,老马丁的弟弟安东尼从小就用利己主义观念教育他的独生子约那斯,告诉他,人不为己,天诛地灭。在这种极端利己主义观念的教育下,他的儿子成为一个极端利己主义者,时时事事都为自己打算,在他的眼中,任何人包括父母都要服务于他的个人利益,都要为他的个人利益做出牺牲,算计别人成为他最大的爱好,最后为了他的个人利益,他将父亲送入了棺材。在小说《艰难时世》中,狄更斯对信奉

---

① [法]安·莫洛亚:《狄更斯评传》,王人力译,上海:上海译文出版社,1986年,第4页。

功利主义和主张个人利益是人类前进主要动力的议员葛莱恩、工厂主庞得贝的自私自利言行做了揭露与批判,指出功利主义是英国社会的一大弊病,也是许多社会灾难的根源所在。"狄更斯的抨击成功地动摇了一种教条的道德基础。他为削弱(这种削弱是有益的)武断的利己主义作出了贡献。"①

对虚伪的揭露与批判是狄更斯小说中的另一个主题。维多利亚时代以崇尚道德和追求体面而著称,然而在道德与体面的高压之下,衍生出了另一个严重的问题:虚伪。造成这一问题的一个重要原因是:

> 维多利亚社会所提倡的道德是一种高标准的道德,大多数社会成员囿于各种原因,实际上是无法达到的。但是由于社会的高压,人们不敢公开地反对,只能私下与暗中违反。这就不难理解为什么最讲道德的维多利亚时期也是英国历史上最为虚伪的一个时期。这倒不是因为维多利亚时期的英国人特别喜欢虚伪,而是过高的道德要求与严峻的社会氛围使当时的英国人既无法达到道德要求的水平又不敢公开违反或表示反对,只能以当面一套背后一套来应对。事实上,任何社会,只要它对自己的社会成员提出了难以实践的过高的道德要求,而社会成员又不能或不敢公开违反或提出异议,虚伪的产生是不可避免的。②

然而,问题的严重性在于,虚伪成为一种不良的社会风气,更有人用虚伪来掩饰道德堕落的丑行。有的人表面一本正经、道貌岸然,但实际上卑鄙下流、堕落不堪;有的人人前一套、背后一套;有的人一方面做着慈善,另一方面极尽压榨剥削之能事;有的人口头上痛斥卖淫现象,实际上自己就是一个彻头彻尾的花花公子或淫荡之徒。对于这种虚伪或伪善,狄更斯在其作

---

① 罗经国编选:《狄更斯评论集》,上海:上海译文出版社,1981年,第108页。
② 赵炎秋、刘白、蔡熙:《狄更斯学术史研究》,南京:译林出版社,2014年,第332页。

品中给予了淋漓极致的揭露。在小说《我们共同的朋友》中,狄更斯描写了上层社会的宴会、婚姻和金融活动等,揭示了这些活动中存在的诸多虚伪和欺诈。在小说《马丁·朱述尔维特》中,狄更斯描写了一个名叫裴斯匿夫的人,裴斯匿夫表面上为人一本正经,实际上是个彻头彻尾的伪君子。他在老马丁面前表现出一副正人君子的样子,实际上时刻想着谋取老马丁的财产。直至最后被老马丁揭穿真相,他仍然装出一副无辜的样子。由于狄更斯对裴斯匿夫的描写十分成功,"从此以后,裴斯匿夫在英国成了伪善者的象征"[①]。

除了对拜金主义、利己主义、自私自利、虚伪等恶习进行揭露与批判之外,狄更斯还在小说中对高尚道德进行大力宣传、肯定与颂扬,希望以此推动良好社会风气的形成。在小说《匹克威克外传》中,狄更斯对主人公匹克威克的热心助人、天真善良、嫉恶如仇,对匹克威克的仆人山姆·维勒的机智、勇敢、忠诚、正直,都给予了高度颂扬。在小说《尼古拉斯·尼克尔贝》(*Nicholas Nickleby*)中,主人公尼古拉斯性格坚强、为人正直,他通过兢兢业业的工作,事业有成,缔结了美满婚姻,让孀居的母亲和妹妹也过上了幸福生活。在小说《双城记》中,英国青年律师西德尼·卡屯为了所爱女子的幸福,宁愿以自己的性命换取该女子所爱青年的性命。"狄更斯通过西德尼·卡屯的自我牺牲在本书中高扬利他主义精神,这是对资产阶级道德准则的一次有力冲击。"[②]在《大卫·科波菲尔》这部带有自传性质的小说中,狄更斯描述了主人公大卫身上体现出的自尊、自爱、自强、务实、勤俭、吃苦耐劳等美德,以大卫为代表的奋斗者"给读者做出道德示范,影响读者的道德选择"[③]。

狄更斯认为,道德水平高低与财富多寡没有必然联系,富人并不一定

---

① [法]安·莫洛亚:《狄更斯评传》,第37页。
② 钱青:《英国19世纪文学史》,第425页。
③ 马娅:《19世纪英国现实主义小说与伦理道德》,《贵州大学学报》2005年第5期,第113页。

就是道德高尚的人,而穷人也并不一定道德水平低下。他说:

> 我相信,衣衫褴褛的穷人身上显示出来的德行并不亚于那些衣着华丽的达官显宦。我相信,德行以及客观外界的每一件美好物体,即使在穷极潦倒者的心中也能唤起共鸣,尽管他每天连很小的面包也要掰成两半儿省着吃。我相信德行不仅与乘坐马车的人为伍,而且还和赤着脚步行的人同行。我相信,德行与其说居住在宫廷大厦,不如说居住在穷街陋巷。寻觅德行的踪迹,对她紧追不舍,这不仅美妙怡人,而且不无裨益。①

从这一认识出发,狄更斯在其作品中对劳动人民身上体现出来的高尚品德不吝笔墨,大力进行宣扬,"他肯定大众的各种优秀品德,赞扬他们乐观向上、尽职尽责、默默无闻、踏踏实实、勤奋坚忍、勇敢正直、节俭朴实、热爱幻想、执迷于梦想"②。在小说《大卫·科波菲尔》中,大卫家的中年女仆及同村的渔民们都是淳朴、善良、道德高尚的人,女仆佩格蒂对大卫一家忠心耿耿,和丈夫一起为处于困境的大卫提供了尽可能的帮助,让他感受到了人间温情,青年渔民汉姆虽然为人木讷,没有受过什么教育,更谈不上什么翩翩风度,但他忠厚、善良、勇敢,有高尚的情操,在生死关头抛弃个人恩怨,奋不顾身跳入海中,去救助拐走其未婚妻艾米莉的斯蒂夫,最后两人都不幸溺水而亡。狄更斯用他的热情笔触,让读者感受到劳动人民的高尚品质。在小说《雾都孤儿》中,主人公奥利弗虽然出生于苦难之中,在黑暗和充满罪恶的社会中成长,但他始终保持着一颗纯真善良的心,生活中的种种磨难并没有使他陷入堕落,反而彰显了他出淤泥而不染的优良品质。狄更斯通过这个人物告诉读者,出身卑微者不必自卑,身处泥淖中不必恐慌,

---

① [英]查尔斯·狄更斯:《在波士顿欢迎宴会上的演讲(一八四二年二月一日)》,参见《狄更斯全集》(第23卷),第14页。
② [英]查尔斯·狄更斯:《狄更斯全集》(第22卷),潘一禾等译,杭州:浙江工商大学出版社,2012年,译者序第3页。

高尚的道德会为其洗去所有尘埃,会助其战胜一切纷扰。

为了使读者更加深刻地认识道德堕落的表现及危害,不断增强远离邪恶的决心、一心向善的信心,狄更斯在其小说中总是将善恶两种观念与行为同时展现在读者面前。美国文学批评家爱德蒙·威尔逊说,狄更斯的:

> 每本书都描写了正好相反的两种道德准则,有时不同作品中的人物成双作对,形成对比。有了一个好工业家朗斯维尔先生,就有一个坏工业家庞德贝先生;有一个坏心眼的犹太老人非勤,就有一个好心肠的犹太老人里亚;有了表面和蔼可亲、实则不择手段的律师伏霍尔斯,就有外表冷酷无情、其实心地善良的律师贾克斯;有了居心不良的矮子奎尔普,就要有乐善好施的矮子毛奇尔小姐;有了满腹怨恨、性格乖戾的私生女怀特小姐,就有温柔和顺的私生女爱漱·索姆逊。①

这种强烈而鲜明的对比,对读者的心灵产生了巨大冲击,让恶习、丑行无所遁形,让美德、善行大行其道。狄更斯不是简单地将善恶对比放在读者面前,让读者自己去做判断,而是旗帜鲜明地表明他的立场,他要"惩恶扬善",要让读者看到"善有善报,恶有恶报",以此来激发读者的向善之心、避恶之意,让人人向善蔚然成风,让恶习、恶行无处立足。在他的小说中:

> 人物的道德与人物的命运是紧密联系在一起的。狄更斯强调扬善惩恶。他不能容忍道德低劣者有幸福的结局,他总是把好的命运赋予那些道德上的正面人物。如果把人物的道德与人物的命运组成一个直角坐标系,我们便可看出,狄更斯笔下人物的命运一般是与其道德品质成正比的,道德正,命运也为正,道德负,命运也为负。②

例如,在小说《雾都孤儿》中,狄更斯将所有人物分为善恶两大阵营。善良

---

① 罗经国编选:《狄更斯评论集》,第147页。
② 赵炎秋、刘白、蔡熙:《狄更斯学术史研究》,第352页。

阵营的人都有美好的结局,主人公奥利弗虽然饱受磨难和屈辱,但最终苦尽甘来,得到幸福;善良美丽的露丝小姐也获得了幸福生活。而邪恶阵营的人都落得个悲惨下场,费金被送上绞刑架;塞克斯在逃窜中死亡;蒙克斯锒铛入狱,最后死在狱中;教区干事法布尔被革职,最后在济贫院潦倒余生。这样的结局达到了惩恶扬善、教育世人的目的,而这也正是狄更斯希望看到的。

从狄更斯的小说来看,道德是其臧否人物、批判社会问题的出发点和立足点,"他所批判的重大社会罪恶,几乎都是属于道德的范畴,如自私、卑劣、残忍、虚伪、高傲、欺骗、冷酷无情,等等"①。与此同时,狄更斯也形成了自己的道德体系,"高尚、诚实、仁爱,这三点是狄更斯的道德体系的核心层次。中间层次是正直、勇敢、无私、利他、厚道、真诚、通情达理等等。表面层次则指人们的教养、生活作风、处世态度如文雅、谦和、稳重、严谨、温柔、有礼貌、自尊、尊重别人、举止得体等"②。可以说,狄更斯的这个道德体系的内容非常符合维多利亚时代所倡导的道德,是"一种理想化了的维多利亚时代的道德观"③。

在狄更斯的道德体系中还有着较深的基督教道德的影响。1843 年,狄更斯发表了《圣诞颂歌》(*A Christmas Carol*)。1843 年至 1849 年间,他又发表了《教堂钟声》(*The Chimes*)、《炉边蟋蟀》(*The Cricket on the Hearth*)、《人生的战斗》(*The Battle of Life*)、《着魔的人》(*The Haunted Man*),并于 1852 年将其结集为《圣诞故事集》(*The Christmas Books*)。1850 年至 1867 年间,狄更斯又发表了《圣诞树》等短篇小说 21 篇。在他逝世后,这 21 篇小说结集为《圣诞小说集》(*Christmas Stories*)。虽然"这些小说并不是每一

---

① 赵炎秋:《论狄更斯的道德观在其长篇小说人物塑造中的作用》,《陕西师范大学学报》1987 年第 4 期,第 74 页。
② 赵炎秋:《论狄更斯的道德观在其长篇小说人物塑造中的作用》,《陕西师范大学学报》1987 年第 4 期,第 75 页。
③ 赵炎秋、刘白、蔡熙:《狄更斯学术史研究》,第 332 页。

篇都正面描写圣诞节,然而其中都体现了同一精神——博爱、仁慈、宽恕"①,而博爱、仁慈、宽恕也正是基督教道德的组成部分。

狄更斯对道德的倡导与宣传并没有局限于他的小说当中,他还利用一切机会宣传自己的道德主张,在他写的随笔中,在他所做的演讲中,都可以看到或听到他对道德问题的看法。在爱丁堡、波士顿、哈特福德等地的演讲中,在曼彻斯特文学协会、利物浦技工讲习所、伯明翰多科技术学院、利兹技工讲习所、格拉斯哥文学协会等机构的演讲中,狄更斯就道德问题提出了自己的看法,宣传自己的主张,激发听众对道德问题的兴趣,引导听众走上向善之路。

在狄更斯看来,在揭露和批判恶习、丑行,倡导宣扬美德,引导民众一心向善这项工作中,除了文学作品尤其是小说应该担当起义不容辞的责任外,还有许多其他途径和手段可以发挥作用。他认为,类似于曼彻斯特文学协会的社会团体能够起到提升人们道德品质的作用,他"把技工讲习所和文学协会看作改善社会的至关重要的环节"②。他说:

> 凡是在文学协会这样的地方日复一日地练笔或训练思维的人,凡是每天在那儿努力提高自己的人,都能获得一种心灵上的品质——这种品质在任何时代都会成为在不同程度上进行奋斗的人的依托,尤其是——并永远是——自学成材者的依托。③

因此,他动员听众多多参与这类组织的活动,因为这对塑造他们的高尚品格是有益的。他要听众们相信:

> 你们一生中所干的最明智的事情莫过于把赞许的目光投向像这个讲习所一样的机构……因为每当知识之光得到了传播,每当你们最

---

① 钱青:《英国19世纪文学史》,第417页。
② [英]查尔斯·狄更斯:《在格拉斯哥文学协会首届年度晚会上的演讲(一八四七年十二月二十八日)》,参见《狄更斯全集》(第23卷),第76页。
③ [英]查尔斯·狄更斯:《在曼彻斯特文学协会年度晚会上的演讲(一八四三年十月五日)》,参见《狄更斯全集》(第23卷),第37页。

清楚地看到什么是美,什么是善,什么最能抵消人类的所有错误和罪孽时,你们的品格、你们的德行、你们的风度以及你们天性中较好的那一面就能得到最好的欣赏,你们就能自豪地得到最真诚的尊敬。①

他赞同通过置办体育、娱乐设施来吸引青少年,防止他们因无所事事而浪迹街头,在受到诱惑后堕入罪恶,因为在这些体育或娱乐场所里,青少年们"会非常安全,他们能得到良好的照料和指导,不会再染上说话粗野、举止粗鲁的坏习惯,也不会再流落街头,去做低级堕落的事情"②。

狄更斯非常重视教育在道德培养上的重要作用,他认为:

> 知识的力量能使人忍辱负重,能引导人走上恪守职责的道路,能使人产生自尊——这种自尊并不仅仅停留于自我,而是包含着对最美好事物的最崇高的敬意。知识的力量还能不断增进我们对人类的悲伤、快乐、能力和缺陷的了解,从而使我们在日常生活和工作中更富有儒雅精神,并且甘愿为社会大厦的完善而添砖加瓦,竭尽绵薄之力。③

在他看来,不仅社会下层需要加强教育,就连素以有教养而自傲的社会上层也需要加强教育,因为:

> 就下层社会而言,教育能使人更清楚地了解到人们所经受的悲惨遭遇,并对此产生同情,从而努力减轻这种悲惨程度,同时致力于关闭罪恶的大门,杜绝各类社会弊端;就上层社会而言,教育能使所有受惠者增长才智,提高效率,改善品格,并使他们在与亲友的交往中产生影响——所有受过良好教育的人都会多多少少地对周围的

---

① [英]查尔斯·狄更斯:《在利物浦技工讲习所的晚会上的演讲(一八四四年二月二十六日)》,参见《狄更斯全集》(第23卷),第44页。
② [英]查尔斯·狄更斯:《在运动场和普通娱乐社团成立一周年纪念会上的演讲(一八五八年六月一日)》,参见《狄更斯全集》(第23卷),第219页。
③ [英]查尔斯·狄更斯:《在里兹技工讲习所晚会上的演讲(一八四七年十二月一日)》,参见《狄更斯全集》(第23卷),第70页。

人产生影响。①

虽然狄更斯认为当时英国社会道德问题十分严重,但他并未对未来丧失信心,他是带着乐观主义的精神来看待这些问题的。他说:"我有一个信念,并且希望传播这一信念,即世界上存在着美好的事物——是的,即使在腐败、堕落、不幸的社会环境中也存在着美好的事物。"②对于善与恶:

> 这场斗争的结果,狄更斯毫不怀疑,道德的胜利是无疑的,不仅个人生活如此,而且更为广泛地说,全人类的生活都是如此。因为,狄更斯相信进步这一自然规律,他认为只要劝说人们积善从德,消灭贫困,人类就会达到一种永久的圣诞节境界,那时所有善良的英国人就能在几百年的时间里吃葡萄干布丁,喝潘趣酒,开一些善意的玩笑。③

狄更斯的作品揭示了维多利亚时代的英国社会及其道德问题,其意义不仅仅局限于文学方面,由于他的"作品充斥了如此丰富的现实世界的经验,以至于可以当作文献来运用——也许是最重要的文献——可以理解英国19世纪的社会历史"④。正是由于狄更斯等作家的深刻揭露与批判,以往人们"对维多利亚时代的过分褒奖也有必要节制"⑤。同时,也正是由于狄更斯等道德良知的辛勤努力,维多利亚时代的道德建设获得了很大进步。正如有学者所说,在19世纪社会矛盾日益突出的情况下,"道德秩序曾使英国避免了一场革命,而我们可以认为,狄更斯是这种道德秩序的因素之一"⑥。

---

① [英]查尔斯·狄更斯:《在格拉斯哥文学协会首届年度晚会上的演讲(一八四七年十二月二十八日)》,参见《狄更斯全集》(第23卷),第75页。
② [英]查尔斯·狄更斯:《在哈特福德欢迎宴会上的演讲(一八四二年二月七日)》,参见《狄更斯全集》(第23卷),第19页。
③ [法]安·莫洛亚:《狄更斯评传》,第113页。
④ 赵炎秋、刘白、蔡熙:《狄更斯学术史研究》,第103页。
⑤ 赵炎秋、刘白、蔡熙:《狄更斯学术史研究》,第119页。
⑥ [法]安·莫洛亚:《狄更斯评传》,第2页。

第六章
有关道德问题的立法

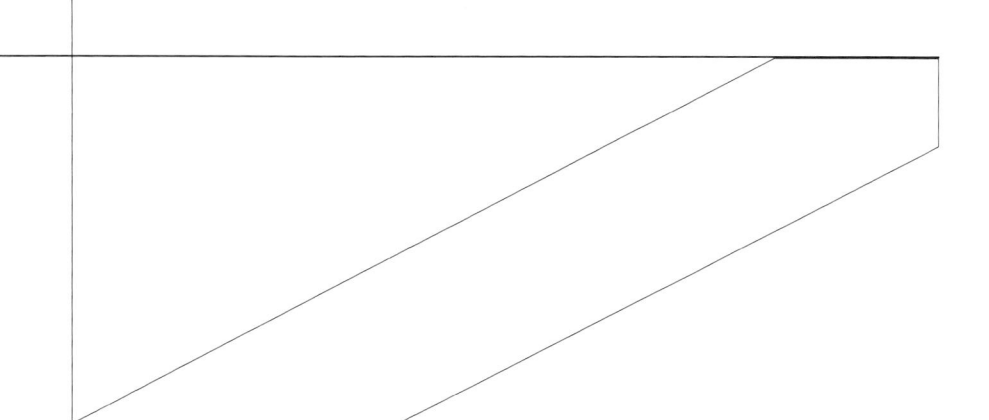

法律是最低限度的道德,道德则是人内心的法律。因此,解决道德问题,仅仅依靠道德说教是不行的,还必须充分发挥法律的应有作用,用法律来守住道德底线。这是因为,"道德毕竟是一种约束力和强制力不强的社会规范,没有法律作底线,再完善的道德最终也不过是说教而已"[①]。而且,"在一个社会道德已经败坏,道德的力量已经比较微弱的情况下,如果不通过法律的手段迅速制裁非道德行为的话,那么就会给遵守道德的人带来不公平,从而使人们群起效仿非道德行为,迅速蔓延"[②]。也就是说,尽管道德建设主要是一种社会行为,但绝不应该弱化甚至放弃政府的责任。相反,在社会对道德自我控制和自我整合能力尚未完全形成之时,需要政府对道德做出规范,其规范的取向是使这种规范成为社会本身的规范。维多利亚时代正处在现代化早期,社会自律的形成还很艰难,在这种情况下,如果缺少了政府的介入,社会行为就存在失范的危险。而且,对于这一时期的道德建设来说,既要重视价值观念、意识形态包括宗教在内的软性机制,也要重视政府和法律所代表的硬性机制,后者的作用就是对超过一定限度的非道德行为施加惩罚。只有这两个因素有机结合起来,才能更好地完成道德建设。

在当时英国社会道德问题严重的形势下,无论是保守党领袖本杰明·迪斯累利(Benjamin Disraeli)还是倡导新自由主义的托马斯·希尔·格林(Thomas Hill Green),都主张政府应该在道德问题上发挥作用。迪斯累利认为,"对于政治家来说,人民的健康是最重要的问题……这是一个巨大的课题,它涉及许多方面。它包括人民的居住条件,和我们很少考虑的道德与身体状况"[③]。而在托马斯·希尔·格林看来,"理性的政治制度要体现

[①] 雷结斌:《中国社会转型期道德失范问题研究》,第118页。
[②] 郭忠:《法律秩序和道德秩序的相互转化》,第119页。
[③] Frank O'German, "Crystal Palace Speech (1872)", in *British Conservatism: Conservative Thought from Burke to Thatcher*, London: Longman, 1986, pp.150-151. 转引自阎照祥:《英国政治思想史》,第356—357页。

社会的道德观念","国家倘若建立在良好的立法之上,就能够遏制滥用职权的行为,改善人的道德品行,巩固社会的纽带与和谐"。① 早在 1847 年,就有政界人士表示:

> 政府权威,尤其是代议制下的政府权威,体现了国家意志。有些问题过于庞大或过于复杂或过于重大,不能将其交付给志愿协会……济贫不能完全委托给私人慈善;我们城镇的卫生改善也不能交给慈善协会;财产与公共秩序的保护也不能交给自愿组织;如果有哪位高官把这些事情完全甩给志愿慈善,民众道德与知识水平的提高这么重要的事情也能依靠它们吗?②

受到这些思想的影响,在维多利亚时代的道德整肃运动中,英国政府逐渐改变原有立场,在整治政治腐败、打击卖淫行为和食品掺假问题上,加强立法工作。通过相关法律的制定与实施,为改善与建设良好的政治品德、性道德、商业道德提供法律支持,起到了很好的促进作用。事实证明,"法律支持对道德改善的效果来说是特别重要的"③。

---

① 阎照祥:《英国政治思想史》,第 364—365 页。
② M. J. D. Roberts, *Making English Morals: Voluntary Association and Moral Reform in England, 1787–1886*, p.144.
③ Richard Price, *British Society, 1680–1880: Dynamism, Containment and Change*, p.198.

一、有关政治腐败问题的立法

1832年,英国议会通过了《改革法》(*The Reform Act*),开启了维多利亚时代英国改革尤其是政治改革的进程。在维多利亚时代的英国政治改革中,政治腐败问题一直是个重要内容,而这一问题突出表现为两个方面,即官僚制度的腐败与议会选举中的腐败。英国政府与议会通过一系列法令,以立法的形式对政治腐败问题进行治理。

英国文官制度起源于18世纪中叶,当时政府官员的任命实行"恩赐制",带有浓厚的封建关系色彩,随着政党制度的发展,各级官职又成为"政党分赃制"下的战利品。这种制度下的官僚制度存在许多腐败问题。这些问题集中表现在以下几个方面。第一,官职任命凭借裙带关系和利益关系。掌握官职任命权的权贵与部门主官,往往会在任命官职时考虑私人关系或利益关系,而不会对任职者本身的能力与德行加以考虑。[①] 在这种情况下,政府官职变成了少数人的囊中之物,被他们用来安排子弟、亲属,用来进行利益交换。"无论哪派贵族掌权,都要将大小官职分发给在争权斗争中立下功劳的人,然后再分给朋友,分给没出息的子侄,分给朋友的朋友或儿子的朋友等等。为了谋得官职,人们就必须攀枝依附、请人说项、拉各

---

① H. Northcote and C. E. Trevelyan, *Report on the Organisation of the Permanent Civil Service*, London, 1854, p.6.

种关系、走各种门路,无所不用其极。"①第二,买卖与转让官职。由于官职的任命掌握在私人手中,官职就成了待价而沽的商品,不同的官职便有了不同的价值,掌握官职资源者与谋求官职者为官职买卖或转让讨价还价,实现双方的利益交换。第三,虚领职衔,领取干薪。虽然经过18世纪至19世纪初的多次治理,但这一现象并未杜绝,闲职数量在"1834年100个,所费薪酬97 803镑"②。第四,官员消极懒散、尸位素餐、玩忽职守,导致政府效率低下,这种状况在克里米亚战争中暴露无遗。1820年,一本名叫《黑皮书》(Black Book)的书出版,并引起很大轰动。这本书通过事实与数字证明,在政府与教会中充斥着权力滥用行为,而且国家税收的款项全都浪费在官员退休金和各种闲职薪金中,或直白地说被挥霍浪费了。这是一个严重的腐败问题。"虽然并无太多必要去相信一本政党小册子中的宣传,但我们必须相信,总体说来《黑皮书》如实地描绘了19世纪前25年的政府体系,即便有些粗糙、不客观。"③30年后,《黑皮书》所揭露的问题仍然没有好转。因此,英国社会各界要求建立廉洁高效政府的呼声日益高涨。

1854年,诺斯科特和屈威廉在财政部授权下,根据议会专门委员会对文官制度现状的调查结果,发表了《关于建立常任英国文官制度的报告》(Report on the Organisation of the Permanent Civil Service)。这份报告列举了当时英国文官制度的诸多问题,提出了包括划分文官类别、统一录用年龄和薪酬标准、实行公开竞争考试录用制度、严格工作考核、实行政绩晋升制度在内的一整套改革计划。值得注意的是,该报告建议在文官考试之前应对报考者的个人性格与品德进行认真考察,以保证其适合担任官职。④

---

① 钱乘旦:《第一个工业化社会》,成都:四川人民出版社,1988年,第186页。
② 阎照祥:《英国政治制度史》,北京:人民出版社,1999年,第233页。
③ [英]戴雪:《公共舆论的力量:19世纪英国的法律与公共舆论》,戴鹏飞译,上海:上海人民出版社,2014年,第98页。
④ H. Northcote and C. E. Trevelyan, Report on the Organisation of the Permanent Civil Service, pp. 11,13.

该报告提交议会后，在议会、政府和社会上引起强烈反响。在随后进行的文官制度改革中，该报告成为其纲领性文件。

1855年5月21日，帕默斯顿内阁颁布《关于录用王国政府文官的枢密院令》，正式开启文官制度改革。根据该法令，成立由3人组成的文官委员会，负责审查文官候选人的年龄、健康、品德状况，组织进行文官考试和录用事宜。然而，这份法令并未规定公开竞争考试及考试标准，候选人提名权仍然掌握在部门首脑手中，为腐败留下了滋生的空间。1860年，议会成立文官录用调查委员会，对文官委员会的工作进行调查与总结，再次提出实行公开竞争考试录用制度的建议。1870年，内阁颁布第二个关于文官制度改革的枢密院令。该法令的核心内容是：除外交部和内政部以外，政府各部门要通过公开竞争考试择优录用官员。应该说，以这两份枢密院令为核心的文官制度改革，"从制度上取消了任命官吏的个人特权，因而也就从根本上杜绝了由特权派生出的腐败，文官队伍的廉洁得到制度上的保证"[1]。但是，由于"恩赐官职制仍在一定范围内存在。直至19世纪末，执政党党魁、内阁大臣和其他权势人物还能把部分肥缺赏赐给下属亲信"，政府机构中的腐败现象仍然存在。[2] 同时，这些改革只是从文官考试录用、业绩考核、晋升等环节入手，改变以往可能滋生腐败问题的做法，并未涉及官员任职期间腐败问题的处理。

为了解决这一问题，从1866年起，由审计员和审计长组成的公共账目稽查遴选委员会来监督政府的开支情况并保障制度的道德廉洁。[3] 1889年，英国议会通过了《公共机构腐败行为法》(The Public Bodies Corrupt Practices Act)，这也是英国历史上第一部正式的反腐败法令。该法

---

[1] 张延华：《廉洁与效率：英国两次文官制度改革的共同价值取向》，《山东师范大学学报》2002年第1期，第31页。
[2] 阎照祥：《英国政治制度史》，第360页。
[3] ［英］阿萨·布里格斯：《英国社会史》，第294页。

令对公共机构的反腐败问题做出了详细规定。该法令规定:凡是行使公共职能或法定职能的机构均为公共机构。根据该法令,凡在公共机构任职者,均不得向与公共机构有联系或来往的人或组织索要、收受任何形式的馈赠、礼品、贷款、资金、酬劳、利益等,同时也不得在与公共机构有联系的事务中做出任何形式的承诺或提供贷款、资金、礼物、酬劳或利益。该法令还对"利益"做了界定:利益包括任何职位或爵位、任何金钱或与金钱等值物品的债务延期、贵重物品以及任何帮助、选票、赞同或影响,或号称的援助、投票、赞同或影响,也包括对任何礼物、借款、费用、报酬或利益的任何承诺、采购、同意或试图采购,及对礼物、借款、费用、报酬或利益持有的期待。① 根据法令规定,上述行为皆属于腐败行为(Corrupt Practice),如有此类行为,则一律按照索贿、受贿加以惩处。根据该法令,违反该法者将被处以开除公职、监禁、罚款、剥夺政治权利的惩罚,初犯者5年内不得担任公职,再犯者终生不得担任公职,剥夺政治权利以5年为限,5年之内不得拥有选举权和被选举权,同时违反者还有丧失领取养老金权利的可能。该法令适用于所有公共机构职员、官员或雇员。直至2011年7月1日《2010年反贿赂法》正式生效,这部法律才宣告废止。

解决议会选举中的腐败问题曾是1832年议会改革的目标之一,然而,在1832年议会改革后,议会选举中的舞弊现象仍然十分普遍。"在需要竞争的选区,贿选就是成功的关键,竞选双方都要付出巨额的选举费用"②,而且,"按照惯例,候选人要承担选民的旅行和住宿费,还要'款待'选民吃喝;一张选票值多少钱明码标价,投票时一手交钱,一手交票。特别是在选邑,投票时的场面一片狼藉,竞争的双方都以酒肉争夺选民,弄得醉汉满街都是"③。"一位当代的评论家也感叹那个时期腐败之风

---

① 邓若迅:《英国贿赂罪改革研究》,《中国刑事法杂志》2012年第3期,第114页。
② 钱乘旦主编:《英国通史》(第五卷),南京:江苏人民出版社,2016年,第104页。
③ 钱乘旦主编:《英国通史》(第五卷),第105页。

的盛行,感叹中产阶级选民竟然把自己的选票视为可以出售的资产,谁出价最高就卖给谁,完全不考虑那人的立场或者信条。处于'下层阶级'的普通小店主和'10英镑课税'房产的拥有者是最容易贿赂的对象。"①在1832年至1868年的10次议会大选中,有346份请愿书提交议会,这些请愿书都揭露了议会选举中的贿选问题。在1865年的议会大选中,选举腐败问题十分突出,《泰晤士报》惊呼此次议会大选在花费上的腐败超过以往议会大选。1867年议会改革之后,选民人数增加,为了获得选民的支持、争取选举的获胜,自由党与保守党都"用金钱换选票",这种做法也成为两党惯用的政治手段。在1874年议会大选中,自由党在格洛斯特选区的选举开支为4 048镑,其中非法开支达到1 604镑,占到选举开支的40%左右。根据1867年改革法,兰开斯特、托特内斯、瑞盖特、雅茅斯等市因为在议会选举中存在腐败问题而被取消选举权。1868年大选出现严重的舞弊现象,议会专门为此成立调查委员会,委员会在1870年公布的调查报告证实,在这次大选中有很多选举是在醉酒和混乱中进行的,存在诸多不适当行为。② 在1880年的议会大选中,麦克尔斯菲尔德与桑威奇两个市的约半数选民有接受贿赂等违法舞弊行为。上述种种情况充分说明,在维多利亚时代,议会选举中的腐败现象十分严重。

　　针对议会选举中的腐败问题,长期以来英国一直采取一事一议的做法,即哪里发生影响较大的选举腐败问题就对哪里进行惩处,包括取消选举权、剥夺选送议员的权利,对于涉及选举腐败问题的议员或选民则采取剥夺议员资格或剥夺选举权等做法。然而,这些处理办法只能治标不治本,除当选者被取消议员资格外,选举舞弊行为基本不受惩罚。1854年的《舞弊行为法》(*The Corrupt Practices Act*)将投票时间缩短为1天,选举开

---

① ［英］劳伦斯·詹姆斯:《中产阶级史》,第234页。
② 钱乘旦主编:《英国通史》(第五卷),第125页。

支要通过官方统计,贿赂、宴请或恐吓行为会被处以罚款。但是,所有这些相关法律都没有很好地解决选举腐败问题。

1867年议会改革后,英国政府在一些法律中对议会选举中的腐败问题做出规定,试图以此制止议会选举中的不法行为。这些规定包括:消除那些破坏选举纯洁性、无度浪费选举费用的行为;限制选举经费总数及其用途;选举费用支付须经由合法代理人执行,并须向政府报告全部选举开支账目;违反上述规定者,由受理选举纠纷案件的法庭运用简单刑事程序予以处罚。1868年,议会决定在王国高等法院中设立选举法庭,该法庭负责受理选举相关案件,自此以后,这类案件不再由议会下院特别委员会受理。[①]

在议会选举中操纵选举、贿赂选民、胁迫选民等腐败行为之所以长期存在,一个重要原因就是在选举中实行公开投票的选举方式。正是公开投票方式的存在,让意图影响乃至控制选举者有机可乘,让很多选民无法真正表达自己的意愿。由于在选举中实行公开投票,选民必须向选举工作人员说出自己对候选人的选择,然后由工作人员登记在选票之上,工厂主或地主就会知晓选民的选择,并对那些敢于违背其意愿的选民进行报复。威廉·格拉斯顿(William Gladstone)担任首相后,决心推进秘密投票。1871年,由威廉·福斯特(William Forster)提出的《秘密投票法案》(*The Ballot Bill*)提交议会,8月8日议会下院通过该法案,但议会上院否决了该法案。保守党领袖本杰明·迪斯累利反对实行秘密投票,称这一做法会加剧社会动荡。议会上院的做法和迪斯累利的态度说明,既得利益者不愿放弃公开投票给他们带来的好处。但是,格拉斯顿态度坚决,一心推进秘密投票。1872年,该法案再次提交议会,并在议会下院顺利通过。该法案在提交议会上院时,上院的贵族们受到警告,如果他们再次对

[①] 张怀印:《19世纪英国治理选举舞弊现象的法律规制及其借鉴》,《湖南科技大学学报》2008年第2期,第68页。

该法案投反对票,政府将提前举行大选。在这种情况下,议会上院在7月28日通过了《秘密投票法》(Ballot Act),根据该法规定,自此以后在英国议会和地方政府选举中实行无记名投票的投票方式。在8月15日举行的议会补选中首次实行了秘密投票的选举方式。《秘密投票法》实施后,"以前对所有选举造成破坏的流氓行为、酗酒和明目张胆的贿赂很快消失了。雇主和地主们对选举的影响依旧存在,但都客气地、合法地在私下里进行"①。"在秘密投票和选民数量增加的情况下,胁迫对选举结果的影响已很有限。"②

虽说1872年《秘密投票法》的实施减少了议会选举中的腐败现象,但政客们仍然可以通过大把花钱来收买选民投票支持他们。"小市镇的工厂主们,和乡村地产的地主一样,不断地怂恿他们的员工参与投票,并用派对、野餐、休假和节日宴会款待他们。"③有学者认为,"秘密投票虽然有助于制止恫吓与威胁,但对贿选的作用很小"④。"大选中仍然存在着普遍的宴请和贿赂事件,很多选民如果得不到物质上的好处就不投票,有人甚至公开要价,谁出价高就把选票卖给谁……在1880年之前,至少在部分选区,越来越多的人愿意用选票卖钱。"⑤1880年英国议会进行大选,在这次大选中暴露出非常严重的腐败问题。据《每日电讯报》(Daily Telegraph)报道,只有10余个选区的选举是干净的。皇家委员会(Royal Commission)的调查证实,有9 000人犯有舞弊行为罪。大选结束后有39份选举请愿书提交议会,其中25份得到审理,有15份确认存在舞弊行为,

---

① Paul Foot, *The Vote: How It Was Won and How It Was Undermined*, New York: Viking, 2005, p.161.
② 刘成:《英国现代转型与工党重铸》,北京:生活·读书·新知三联书店,2013年,第46页。
③ [美]詹姆斯·弗农:《远方的陌生人:英国是如何成为现代国家的》,第135页。
④ Kathryn Rix, "'The Elimination of Corrupt Practices in British Elections?', Reassessing the Impact of the 1883 Corrupt Practices Act", *English Historical Review*, Vol.123, No.500 (February, 2008), p.69.
⑤ 钱乘旦主编:《英国通史》(第五卷),第126页。

18人被取消议员资格。① 同时,在这次大选中还出现了"虚假雇用"的问题,有不少选民被雇用,担任拉票人、信使和工作人员。这一做法在理论上虽不违法,毕竟从事这些工作领取报酬是合理的,但人们发现,有大群的工作人员一字不写,信使从不送信,只在酒馆之间穿梭,显然这是一种变相的贿赂行为。例如,在有6 495名选民的牛津,仅自由党就雇用了78名工作人员、15名拉票人、190名信使、106名侦探。② 另外,在这次大选当中,大约有3.5万名选民因为不会读写,不得不由监票人代为填写选票,这也在一定程度上影响了选举的公正性。③ 由于存在大量舞弊行为,在这次大选中候选人的总开支达到1 737 300镑,比1874年大选多了将近750 000镑,如果考虑到隐瞒不报和账目造假的因素,有人估计实际开支在200万镑到300万镑之间。④ 严重的议会选举腐败问题让有识之士认识到,必须对议会选举中普遍存在的舞弊行为和奢靡开支等腐败问题进行处理。

1880年11月,亨利·詹姆斯(Henry James)受命负责起草议会改革法案,在他起草的法案中有关于取缔选举腐败行为的内容,鉴于1880年大选暴露出来的严重问题,需要采取更加有力的措施来打击选举腐败问题,遂将这部分内容单独作为一个法案提交议会。1881年1月,亨利·詹姆斯向议会提交了《舞弊行为法案》(*The Corrupt Practices Bill*)。

1883年,《取缔选举舞弊及非法行为法》(*The Corrupt and Illegal*

---

① Kathryn Rix, "'The Elimination of Corrupt Practices in British Elections?', Reassessing the Impact of the 1883 Corrupt Practices Act", *English Historical Review*, Vol. 123, No. 500 (February, 2008), p.67.
② Kathryn Rix, "'The Elimination of Corrupt Practices in British Elections?', Reassessing the Impact of the 1883 Corrupt Practices Act", *English Historical Review*, Vol. 123, No. 500 (February, 2008), p.69.
③ [美]詹姆斯·弗农:《远方的陌生人:英国是如何成为现代国家的》,第134页。
④ Kathryn Rix, "'The Elimination of Corrupt Practices in British Elections?', Reassessing the Impact of the 1883 Corrupt Practices Act", *English Historical Review*, Vol. 123, No. 500 (February, 2008), p.69.

Practices Prevention Act)在议会获得通过。这项法律主要有三个方面的内容。第一个方面,对选举中的"舞弊行为"和"非法行为"做出规定和说明。根据该法,在选举中发生的以下行为均属"舞弊行为":一是贿赂选民,以使选民按其意愿投票;二是款待选民,以影响选民投票选择,此种行为包括向选民提供食物、肉类、饮品,宴请选民,或为选民偿付购买食物、肉类、饮品或宴饮费用;三是使用不正当手段影响选民投票,此种行为包括对选民实施或威胁实施强力、暴行、压制、欺诈手段,或对选民实施或威胁实施宗教上的惩罚;四是假冒选民身份进行投票。该法规定,在选举中发生的以下行为均属"非法行为":非法雇用,非法支付酬金。第二个方面,对选举过程中的相关事宜做出规定。该法严格限制领取薪酬的代理人、工作人员、信使的人数,严格限制选举期间租用会议室的数量,禁止候选人出资雇用车辆运送选民前往投票地点,规定了选举开支上限,根据选区类型与规模,对候选人在选举过程中的经费开支规定了最高额度,对选举经费用途做了限定。例如,在经费开支最高额度方面的规定是:2 000 名选民以下的城市选区,每个候选人的选举开支不得超过 350 镑,每增加 1 000 名选民,选举开支增加 30 镑;2 000 名选民以下的郡选区,每个候选人的选举开支不得超过 650 镑,每增加 1 000 名选民,选举开支增加 60 镑。① 第三个方面,对违反该法规定的"舞弊行为"和"非法行为"规定了制裁措施。根据该法规定,在选举中存在舞弊行为者构成刑事犯罪,要处以监禁和罚金,并剥夺其政治权利 7 年;如候选人或其代理人存在选举舞弊行为,候选人如当选议员,须剥夺其议员资格;在选举中存在非法行为者,须判处罚金,剥夺其政治权利和公职 5 年。

《取缔选举舞弊及非法行为法》的通过与实施,"是 19 世纪解决选举

---

① Kathryn Rix,"'The Elimination of Corrupt Practices in British Elections?', Reassessing the Impact of the 1883 Corrupt Practices Act", *English Historical Review*, Vol. 123, No. 500 (February, 2008), p.72.

腐败问题的最全面的努力"①,也是"净化选举斗争的一个里程碑"②,对消除选举中的腐败问题发挥了积极作用。该法案起草人亨利·詹姆斯对该法的实施效果大为满意,他在1893年说:"舞弊行为在多数地区消失了,所有地区的舞弊行为大为减少。"③自由党选举代理人威尔金森(E. T. Wilkinson)也表示,虽然还有一些贿赂和款待现象存在,但是,公开的、普遍的、大张旗鼓的舞弊行为没有了,在酒馆中也看不到以前选民痛饮狂欢、打架斗殴的情形了。④ 该法实施后,议会选举中的舞弊行为和非法行为都大大减少。1880年,得到确认的选举舞弊行为和非法行为有15例,有18人被取消议员资格;1885年这两个数字分别是3例和4人;1886年是1例和1人;1892年是5例和5人;1895年是2例和2人;1900年也是2例和2人。⑤ 选举过程中的奢靡开支问题也得到有效遏制,1885年议会选举的总开支比1880年少了至少700 000镑,平均每张选票的开支减少了四分之三。⑥ 当然,也有人对该法的实施效果表示怀疑,认为该法并未实现制定该法时期望实现的目标。有学者认为:

  在新的反腐法规下,一种比较隐蔽的"影响的政治"也还在打擦

---

① Kathryn Rix,"'The Elimination of Corrupt Practices in British Elections?',Reassessing the Impact of the 1883 Corrupt Practices Act",*English Historical Review*,Vol. 123,No. 500 (February,2008),p.65.
② Cornelius O'Leary,*The Elimination of Corrupt Practice in British Elections*,1868–1911,p.175.
③ Kathryn Rix,"'The Elimination of Corrupt Practices in British Elections?',Reassessing the Impact of the 1883 Corrupt Practices Act",*English Historical Review*,Vol. 123,No. 500 (February,2008),p.76.
④ Kathryn Rix,"'The Elimination of Corrupt Practices in British Elections?',Reassessing the Impact of the 1883 Corrupt Practices Act",*English Historical Review*,Vol. 123,No. 500 (February,2008),p.78.
⑤ Kathryn Rix,"'The Elimination of Corrupt Practices in British Elections?',Reassessing the Impact of the 1883 Corrupt Practices Act",*English Historical Review*,Vol. 123,No. 500 (February,2008),p.83.
⑥ Kathryn Rix,"'The Elimination of Corrupt Practices in British Elections?',Reassessing the Impact of the 1883 Corrupt Practices Act",*English Historical Review*,Vol. 123,No. 500 (February,2008),p.77.

边球。1883年以后,政党代理人的权威性在很大程度上取决于他们对选举法的了解程度,以及他们篡改、歪曲法律的能力。法律禁止"雇用"党派员工之后,拉拢选区中的选民成了当务之急,候选者通常会向地方慈善机构捐款、资助地方活动,而任期内的议员在选举活动之外的时间里也可随时这么做。①

应该承认,这部法律也留下了一些问题,如该法虽然对选举中的舞弊行为与非法行为做了规定,也提出了具体的惩罚措施,但其并未解决这样一个问题:通过什么途径来揭露这些选举腐败问题? 再者,这部法律并不是改善选举道德的唯一应对措施。秘密投票、政党组织的发展成熟、选民教育水平的提高、议会本身的改革等因素都发挥了作用。例如,随着议会改革的进行,选民人数不断增多,贿赂选民的成本无疑加大了,这使得贿赂选民不再可行,而袖珍选区的取消也有助于消除长期存在的操纵选举的现象。

然而,不可否认的是,从1854年的《舞弊行为法》到1872年的《秘密投票法》,再到1883年的《取缔选举舞弊及非法行为法》,维多利亚时代的英国政府在进行议会改革的同时,也通过这一系列法律法令的颁布与实施,推进了议会选举中存在的腐败问题的解决。

---

① [美]詹姆斯·弗农:《远方的陌生人:英国是如何成为现代国家的》,第135页。

二、有关卖淫问题的立法

卖淫问题是维多利亚时代一个严重的社会问题,被称为"最大的社会公害"。但在维多利亚时代的道德高压之下,所有与性有关的话题都是禁忌,因此,人们对卖淫问题讳莫如深。受到自由放任主义政策等因素的影响,英国政府对卖淫问题也是睁一只眼闭一只眼,采取放任态度。这实际上也反映了一个问题,即对政府出面控制道德的怀疑。这种怀疑到19世纪初依旧存在。约翰·斯图亚特·密尔就坚决反对授予警察更大权力去逮捕妓女。①

自教会法庭在18世纪失去对道德犯罪的半刑事司法权力之后,在一个多世纪的时间里,英国一直没有出现能够替代教会法庭角色的机构或法律。在这期间虽说也有过打击卖淫问题的努力,例如根据1839年的《都市警察法》(Metropolitan Police Act),在伦敦卖淫要处以40先令的罚款;根据1847年的《城镇警察法》(Town Police Act),公开卖淫、在街上闲荡、纠缠行人要处以40先令罚金,②但所有这些努力都收效甚微。在制定与实施打击卖淫和妓院的法律方面,政府更是没有什么建树。1842年,"伦敦保护年

---

① Richard Price, *British Society, 1680–1880: Dynamism, Containment and Change*, p.199.
② Chris Cook, *The Routledge Companion to Britain in the Nineteenth Century, 1815–1914*, London: Routledge, 2005, pp.125–126.

轻女性协会委员会"(The Committee of the London Society for the Protection of Young Females)曾提出一个法案,该法案建议授予警察更大的管制妓院的权力。1844年又一个类似的法案被提出来。然而,这两个法案因为种种原因都未能最终成为法律。"因此,在1861年之前,几乎没有法律来有效控制性行为。"①

到19世纪中叶,政府在卖淫问题上的态度发生了很大变化。在19世纪最后40年里,与卖淫有关的法律在英国大量涌现。1861年,英国议会通过了《人身侵害法》(Offences Against the Person Act),该法于1862年正式生效。根据该法规定,12岁是法定的性许可年龄,与10岁以下的女孩发生非法性行为属于重罪,与10岁到12岁之间的女孩发生非法性行为属于轻罪,对未达到性许可年龄的女孩实施强暴猥亵或试图强奸要处以两年监禁,诱拐16岁以下女孩也属于犯罪。这些法律规定的出台与实施说明,面对妓女增多、卖淫盛行的社会乱象,英国政府不得不改变态度,试图采取措施加以规范与打击。

采取什么样的措施才能消除卖淫问题,是令英国政府颇费脑筋的难题。国王威廉四世在位末期,英国政府就曾考虑采取一些欧陆国家的做法,如将妓女集中起来,设立合法经营的妓院。但是,维多利亚女王继位后,她在阿尔伯特亲王的支持下,否决了这个计划。1864年,为了解决军队中的士兵性病蔓延的问题,英国议会借鉴了法国的做法,通过了《传染病法》。该法授权警察对疑似妓女加以逮捕,对其强制进行性病检查,并将患病者送入性病医院进行治疗,直至其治愈或3个月的治疗期结束。该法适用于普利茅斯、朴茨茅斯等11个港口城镇和驻军城镇。1866年,第二个《传染病法》在议会获得通过。该法将温莎列入实施该法的城镇名单,扩大了实施性病检查的妓女范围,缩短了检查间隔时间,患病者的住院治疗时

---

① Graham Parker,"The Legal Regulation of Sexual Activity and the Protection of Females", *Osgoode Hall Law Journal*, Vol.21, No.2 (September, 1983), p.195.

间延长到6个月。1869年,第三个《传染病法》出台,坎特伯雷、多佛等6个城镇被列入实施该法的城镇名单,实施该法的范围达到18个城镇,同时患病者的住院治疗时间延长到9个月甚至1年。①

该项法律颁布后,引起了截然相反的两种反应。一派对这项法律持支持态度,他们认为,该项法律是规范管理妓女的最好办法,有利于减少妓女、打击卖淫行为、遏制性病传播,进而有利于整饬社会道德。支持者们还于1867年建立了"促进扩展《传染病法》协会",积极推动在全国范围内实施该法。另一派对这项法律持反对态度。他们认为,这项法律在道德上有两大错误:一是该法实际上是双重性道德的产物,其结果也将维护双重性道德;二是该法在本质上默认了只要安全就可以进行性交易,这就等于承认卖淫合法化,进而降低了道德标准;况且该法"使男人免于犯罪惩罚是错误的"②。反对派于1869年建立了"废除《传染病法》全国协会"和"废除《传染病法》全国女性协会",积极推动废除《传染病法》。

1871年,一个皇家委员会就《传染病法》进行听证,巴特勒夫人在作证时提出建议,将性许可年龄提高到14岁,以制止日益猖獗的诱拐少女现象。在充分听取了各方意见后,这个皇家委员会同意提高性许可年龄,并停止对妓女进行强制性性病检查,不过,该委员会仍然坚持如果妓女被确诊患有性病,法官可以强制其接受为期3个月的治疗。在4年之后也就是1875年的一份法案中,性许可年龄被提高到14岁,但在议会专门委员会的讨论中,性许可年龄被定为13岁。对于提高性许可年龄的做法,也有人提出不同意见,理由是在普通法中女性的结婚年龄是12岁,他们主张将性许可年龄定为12岁。最终在1875年议会通过的《对有关人身侵害法律的修正案》(*An Act to Amend the Law Relating to Offences Against the Person*)

---

① 毛利霞:《19世纪英国围绕性病防治的争端》,《世界历史》2016年第5期,第22—23页。
② Paul McHugh, *Prostitution and Victorian Social Reform*, p.259.

中,性许可年龄被定为 13 岁。1880 年的《工读学校法修正案》(Industrial Schools Amendment Act)授权警察进入被认为是妓院的场所,将居住其中的 16 岁以下女孩带走,警察还可以将处于"道德危险"中的 14 岁以下儿童从无法履行好监护责任的母亲身边带走。①

在卖淫嫖娼泛滥、性侵害少女与童妓问题加重的情况下,社会舆论支持制定更严格的法律,采取更严厉的措施打击性侵害行为,改善女性与儿童的处境。在这些活动中引起广泛关注的有:巴特勒夫人的多次抗议斗争,戴尔医生(Mr. Dyer)领导的"揭露与打击贩卖英国少女到欧陆卖淫委员会"(Committee for the Exposure and Suppression of the Traffic in English Girls for the Purposes of Continental Prostitution)开展的工作,提交给议会的由上千名女性签名的请愿书。在社会舆论的支持下,反犯罪斗士、伦敦城财务官本杰明·斯科特向格兰维尔勋爵(Lord Granville)建议,通过立法保护少女,使她们摆脱被贩卖到欧陆卖淫的悲惨命运。议会上院成立专门委员会在 1881—1882 年就这些问题展开调查。内政部还委托律师斯纳格(Snagge)对比利时妓院中存在的英国少女卖淫问题进行调查。斯纳格在调查后证实了这一问题的存在,并将调查报告提交给议会上院专门委员会。该委员会还对《关于保护少女免遭引诱陷入放荡生活法》(The Law Relating to the Protection of Young Girls from Artifices to Induce Them to Lead a Corrupt Life)的执行情况进行了调查。委员会听取了警察、狱警、慈善工作者、律师和官员的证词,证明在伦敦存在童妓卖淫问题,但他们认为真实情况并不像有些人说的那么严重。在委员会调查与讨论过程中,多数人同意将性许可年龄提高到 16 岁,还有极少数人主张将这一年龄提高到 18 岁甚至 21 岁。当然,也有人怀疑依靠刑法能否消除卖淫问题,还有人质疑运用刑法来解决道德问题是否合适。但该委员会还是形成了一些共

---

① Richard Price, *British Society*, *1680 - 1880*: *Dynamism*, *Containment and Change*, p.225.

识,如打击买卖少女行为,将性许可年龄提高到 16 岁,授权警察对容留少女卖淫的场所进行调查等。与此同时,议会下院也成立一个委员会,对《传染病法》的实施情况进行调查,该委员会在调查后也主张任何容许 16 岁以下少女进入卖淫场所卖淫者均应视为犯罪。

议会上院专门委员会在最后形成的调查报告中提出了 9 条建议,其中包括将性许可年龄提高到 16 岁、加重对性侵害行为的惩罚力度等。1883 年,以该报告建议为基础的《刑法修正案》(The Criminal Law Amendment Act)被提交议会,在议会上院顺利通过,但在议会下院遭到搁置。1884 年该修正案再次被提交议会,但因为议会改革的斗争而再次被搁置。同一年,在反对派的压力下,1884 年议会下令暂缓实施《传染病法》。① 1885 年 5 月,该修正案在略做改动后获得议会上院批准,可在议会下院仍然遭到抵制,很可能无法摆脱第三次被搁置的命运。②

在这种情况下,法案的支持者认为,如果"不能激起公众舆论并迫使新政府将该法案变成法律,我们的所有努力都将付之东流"③。于是,他们发动了促使议会通过《刑法修正案》的斗争,试图通过唤起公众关注,进而对下院议员们施加压力,迫使其对该修正案投赞成票。为此,担任"伦敦禁止贩运英国女孩委员会"主席的伦敦城财务官本杰明·斯科特和"废除《传染病法》全国女子协会"领导人约瑟芬·巴特勒找到废除《传染病法》运动与社会净化运动的积极支持者、《帕尔摩报》主编斯特德,请他出面主持对性侵害少女与童妓问题的调查,并将调查报告公之于众。④ 斯特德在坎特伯雷大主教、威斯敏斯特红衣大主教等教会权威人士的支持下,组成了由约瑟芬·巴特勒、"救世军"领导人威廉·布斯及一些其编辑部同仁组成的秘

---

① 邹翔:《维多利亚时代的〈接触传染病法〉与中下层妇女的废法运动》,《世界近现代史研究》(第八辑),第 152 页。
② Estelle W. Stead, *My Father: Personal and Spiritual Reminiscences*, pp.123-124.
③ Estelle W. Stead, *My Father: Personal and Spiritual Reminiscences*, p.124.
④ Estelle W. Stead, *My Father: Personal and Spiritual Reminiscences*, pp.123-124.

密委员会,进行了为期1个月的调查,并将调查报告以"现代巴比伦的少女献祭"为标题在《帕尔摩报》上公开发表。

虽然不久之后,斯特德在轰动一时的"伊丽莎·阿姆斯特朗案"(The Eliza Armstrong Case)中受到指控,被判犯有诱拐罪,处以3个月监禁。但斯特德的报道及其受审的案件,"引起了对法律控制性行为和保护女性的全新思考"①。《不列颠医学杂志》指出,《帕尔摩报》揭露的罪行"长久以来在我们中间蔓延,也在很长时间里逃脱了公众的愤怒打击。沉疴须下猛药。这种恶性肿瘤正在侵蚀社会所有阶层至关重要的道德,在蔓延传播,对毫无保护的阶层造成伤害,需要动刀割除。应对其施以公开、激烈、毫不留情的手段"②。社会净化运动与道德整肃的支持者也通过各种方式表达了他们希望政府采取切实有效的措施打击卖淫的意愿。

斯特德的系列报道发表后,英国各地举行了各种规模的集会,一些团体与个人到处征集签名,并给所在地的议会下院议员递交请愿信,要求他们重新审查《刑法修正案》。内政大臣也下令就《刑法修正案》征求意见。在社会舆论和诸多社会力量的共同推动下,1885年8月14日,《刑法修正案》最终获得通过。该修正案规定:将性许可年龄由13岁提高到16岁;利用药物、威胁、欺骗等方式诱骗幼女卖淫构成犯罪;给16岁以下幼女提供房间发生性行为构成犯罪;诱骗18岁以下少女进行性行为构成犯罪;法官有权对失踪女性开展调查;监护人允许女孩卖淫,法官有权剥夺其监护权;对起诉妓院的案件可实行简易诉讼程序;将重罪袭击年龄提高到13岁,将轻罪袭击年龄提高到13岁至16岁之间,这一规定适用于失智女性和少女;将鸡奸的法律规定扩大到适用于男性之间的所有性行为。③ 该修正案

---

① Graham Parker, "The Legal Regulation of Sexual Activity and the Protection of Females", *Osgoode Hall Law Journal*, Vol.21, No.2 (September, 1983), p.195.
② W. T. Stead, "Of Good Cheer Indeed", *The Pall Mall Gazette*, July 10, 1885.
③ Robert William Burnie, *The Criminal Law Amendment Act 1885: With Introduction, Commentary and Forms of Indictments*, London: Waterlow and Sons Ltd., 1885, pp.6-7, 33-36, 37.

对于打击卖淫行为以及针对女性尤其是幼女实施的性侵害行为,整饬当时英国社会的性道德具有重要意义。1886年《传染病法》最终被废除。这表明,英国政府放弃了通过规范卖淫来解决卖淫问题的做法,实质上宣布了卖淫在英国是非法的。以此为开端,英国议会与政府以更加积极的态度来解决卖淫与童妓问题,以此推动社会道德风气的进一步好转。1898年,议会通过《流浪法修正案》等法律,对打击和惩处妓女、拉皮条者、老鸨、妓院老板、跨国淫媒等相关从业者及其违法行为做出法律规定。政府还授权警察与法官关闭妓院,起诉老鸨并对其施以惩罚,惩罚出租房屋给老鸨和妓院的房主,打击街头拉客卖淫的行为等。这说明,政府日益重视运用"新的法律手段介入卖淫和同性恋问题"①。

到维多利亚时代末期,卖淫不仅在道德上受到谴责,而且在法律上受到打击,在社会上失去了公开立足的空间,英国的卖淫问题因此有了较大改善。通过一系列道德整肃措施与运动,维多利亚价值观得以在英国确立,并在很长时间里成为英国社会的道德规范。

---

① Jeffrey Weeks, *Sex, Politics and Society: The Regulation of Sexuality Since 1800*, p.108.

三、有关食品掺假问题的立法

在维多利亚时代,随着工业革命的推进以及城市化的加快,在经济生活中出现了许多道德问题,如交易欺诈、制造与出售假冒伪劣商品、虚假广告等。在这些问题当中,食品掺假问题较为突出。"1855年一位匿名评论者在谈到掺假问题时抱怨说,'世界上没有哪个国家的商业像英国一样有如此普遍的不道德行为,并且还操作得如此成功'。"①"尽管当时人们大谈特谈工人阶级的食物消费量的增长,特别是在维多利亚时代的中期和后期,然而,食物掺假的现象(甚至包括面包和牛奶这样的比较便宜的食品)却成为一个严重的、公众关注的问题。"②这是因为食品问题涉及千家万户,直接关系人们的生活,同时食品掺假问题的发生较为普遍,几乎涉及各类食品、各个地区,再者,食品掺假危害性大,甚至造成食物中毒、致人死命。因此,这一问题逐渐引起社会各界关注,并促使英国政府采取措施,对食品掺假问题进行打击,用法律手段推进商业道德的确立与规范。

食品掺假种类繁多,有的掺杂色素,如靛蓝;有的掺杂矿物,如赭石、石膏;有的掺杂其他食物,如面粉、菊苣、糖、糖浆;有的掺杂水或动物油脂;有

---

① [英]比·威尔逊:《美味与欺诈:食品造假与打假的历史》,周继岚译,北京:生活·读书·新知三联书店,2010年,第86页。
② [英]阿萨·布里格斯:《英国社会史》,第313页。

的掺杂防腐剂,如福尔马林。大体说来,食品掺假可以分为两大类:食品掺杂有毒物,食品掺杂虚假成分。在面粉中掺杂明矾或石膏,可以使做出来的面包更白,但会对人的身体健康造成危害,这就属于食品掺杂有毒物。而往啤酒或牛奶中加入水,这虽然不会对人身体健康造成危害,但却使得啤酒或牛奶变得不纯了。恩格斯在《英国工人阶级状况》中描述了他在《利物浦水星报》(Liverpool Mercury)上看到的对当时英国食品掺假现象泛滥的报道:

> 把咸黄油冒充新鲜的出售,不是在一块块的咸黄油上涂上一层新鲜的黄油,就是把1磅新鲜的黄油放在上面让人先尝一尝,在尝过以后却把咸的卖出去,或者洗掉盐再把黄油当做新鲜的出售。糖里面掺上米粉或其他价钱便宜的东西,照净糖的价钱出卖。制肥皂时剩下的废弃物也掺上别的东西冒充糖卖。咖啡粉里面掺上菊苣及其他价钱便宜的东西;甚至没有磨过的咖啡里也掺假,而且假货还真像咖啡豆。可可里面常掺有捣得很细的褐色黏土,这种黏土是用羊脂油搓过的,掺在真的可可里简直看不出是假的。茶叶里面往往掺上黄荆叶子及其他类似的杂物,或者把泡过的茶叶晒干,放在烧热的铜片上烘烤,使它恢复原来的颜色,然后当做好茶叶出卖。胡椒里掺上豆荚磨成的粉末及其他东西。葡萄牙红葡萄酒干脆就是假造的(用颜料、酒精等制成),因为大家都知道,单是在英国喝掉的葡萄牙红葡萄酒就比整个葡萄牙所生产的还要多。在市面上行销的各种各样的烟草里都掺上了各种令人作呕的东西。①

食品掺假行为不仅有可能对消费者身体健康造成危害,甚至还可能威胁消费者的生命。在当时的英国,不时有消费者因为食用了掺假食品而丧命的报道出现。与此同时,食品掺假不仅危害健康,还违背了商业道德,构成了

---

① [德]恩格斯:《英国工人阶级状况》,第110—111页。

对消费者的欺骗,是严重的道德问题。① 这种现象的存在也会导致消费者对生产商或销售商的不信任,这种不信任甚至有可能上升为对市场的不信任,进而威胁市场经济的正常发展。"伴随着这种事态的发展,人们对商业道德的态度发生了更大的转变。"②再者,食品掺假问题如果不处理好,也会影响到英国在海外市场的形象,进而对英国国际贸易造成威胁。1870年,英国外交大臣曾在外国使馆当中展开有关英国假货问题的调查,调查结果令英国政府大为震惊。③ 另外,食品掺假造成的社会危害还引起民众不满,进而可能引发社会动荡。

19世纪英国食品掺假现象的泛滥,主要原因有三个。第一,当时缺乏科学的食品生产标准与检测手段,19世纪70年代之后才出现了法定的食品标准,如1879年法定的烈酒标准颁布,1887年法定的人造黄油标准确立,1901年法定的牛奶标准确立,1902年法定的黄油标准颁布。第二,唯利是图的恶习甚嚣尘上。"掺假背后的动机正是对财富的渴望和贪婪,贪欲压倒了一切,赚钱比同胞的生命还重要。"④因为生产与销售掺假食品能够带来额外利润甚至巨额利润,那些不良商贩为了追逐利润,不惜抛弃良心,置道德和法律于不顾,大肆造假、售假。"当着财富就是一切的时候,可以预期人们是会追求财富的,甚至不惜以良心和人格为代价。"⑤这也是食品掺假问题凸显的主要原因。第三,政府监管缺失,打击力度不够。"行会体系的崩溃留下了一段监管真空期,维多利亚时期的英国政府自然难当重任,除了干预并查封严重污染的肉类,管制茶叶、咖啡等重税商品外,历任

---

① John Burnet, *Plenty and Want: A Social History of Diet in England from 1815 to the Present Day*, p.248.
② [英]詹姆士·泰勒:《19世纪英国公司诈骗案的刑事定罪》,参见钱乘旦、高岱主编:《英国史新探:工业革命的新视角》,北京:北京大学出版社,2018年,第134页。
③ [英]比·威尔逊:《美味与欺诈:食品造假与打假的历史》,第112页。
④ [英]比·威尔逊:《美味与欺诈:食品造假与打假的历史》,第4页。
⑤ [英]威廉·葛德文:《政治正义论》(第二卷),何慕李译,北京:商务印书馆1980年,第672页。

政府一直采取不干涉政策。"①在当时的英国,自由放任主义成为政府经济政策的指导思想,因此,对于被视为经济问题与道德问题的食品掺假现象,政府不愿实施有效监管,更没有相关的法律法规可供执行,对于酿成严重社会后果的食品掺假事件,在惩罚力度上偏于软弱,从而使得造假、售假者有恃无恐。"一名匿名英国作家指出,'在自由放任政策下,保护公众的唯一办法就是通过各类出版物明确地介绍检测掺假的方法'。"②阿瑟·希尔·哈塞尔(Arthur Hill Hassall)也指出:

> 伦敦市场几乎找不到纯净食物,这种对于城市活力的威胁是经济自由主义的直接后果,这完全反常,掺假现象正是在国家对此忽略与松懈的背景下盛行起来的,国家有责任加以干预,通过机构的完善以防止掺假的发生。③

在爱默生看来,恶意竞争也是造成食品掺假问题的一个原因:

> 真实的英国,虚假的器物。这就是机器的反作用力,确切地说,是贸易这个巨大机器的反作用力。我想它与其说是诚实、正直的缺乏,还不如说是贸易的专横,它迫使以降低价格来参与竞争,如此产品质量不断下降也就不足为奇了。④

进入 19 世纪后,随着食品掺假现象的泛滥,一些社会有识之士开始致力于揭露这一问题。1820 年,化学家弗雷德里克·阿库姆(Frederick Accum)出版了《论食品掺假和厨房毒物》(*A Treatise on Adulterations of Food*

---

① [英]比·威尔逊:《美味与欺诈:食品造假与打假的历史》,第 78 页。
② [英]比·威尔逊:《美味与欺诈:食品造假与打假的历史》,第 90 页。
③ Arthur Hill Hassall, *Food: Its Adulterations and the Methods for Their Detection*, London: Longman, 1876, p.870.
④ [美]爱默生:《英国人的特性》,张其贵、李昌其、胡莉莉译,北京:中国社会科学出版社,2008 年,第 158 页。

and Culinary Poisons)一书①,对当时英国社会存在的食品掺假现象做了较为全面的揭露。在阿库姆揭露的食品掺假问题中,涉及面包、啤酒、葡萄酒、烈酒、茶叶、咖啡、奶油、糖果、醋、芥末、胡椒、奶酪、橄榄油、泡菜等食品,种类不可谓不多。1848年,化学家约翰·米歇尔(John Mitchell)出版了《论食品造假及其化学检测方法》(Treatise on the Falsifications of Food, and the Chemical Means Employed to Detect Them)一书②,再次对泛滥的食品掺假问题予以揭露。但可惜的是,这两次对食品掺假问题的揭露在英国社会上没有产生太大的影响,也未能引起政府的足够重视。

1851年,《柳叶刀》创办人托马斯·威克利(Thomas Wakley)决定成立"《柳叶刀》卫生分析委员会"(The Lancet's Analytical Sanitary Committee),对英国食品质量展开调查。该委员会在阿瑟·希尔·哈塞尔和亨利·莱瑟比(Henry Letheby)主持下,从1851年1月到1854年末对食品掺假问题展开了详细调查。委员会每周公开发表调查报告,揭露其发现并证实了的食品掺假现象,还将所有生产和销售掺假食品的生产商与销售商的姓名、地址公之于众,所有调查报告最后结集成册,这就是《食品及其造假:〈柳叶刀〉卫生分析委员会1851年至1854年报告集》(Food and Its Adulterations: Comprising the Reports of the Analytical Sanitary Committee of "The Lancet" for the Years 1851 to 1854)。③"《柳叶刀》卫生分析委员会"的报告发表后,在英国社会引起了极大反响。以该委员会报告的发表为开端,一场揭露与打击食品掺假运动在英国展开。

---

① Frederick Accum, A Treatise on Adulterations of Food and Culinary Poisons, Exhibiting the Fraudulent Sophistications of Bread, Beer, Wine, Spirituous Liquors, Tea, Cofee, Cream, Confectionery, Vinegar, Mustard, Pepper, Cheese, Olive Oil, Pickles, and Other Articles Employed in Domestic Economy, and Methods of Detecting Them, London, 1820.
② John Mitchell, Treatise on the Falsifications of Food, and the Chemical Means Employed to Detect Them, London, 1848.
③ Arthur Hill Hassall, Food and Its Adulterations: Comprising the Reports of the Analytical Sanitary Committee of "The Lancet" for the Years 1851 to 1854, London: Longman, 1855.

这场揭露与打击食品掺假运动主要有以下几点内容。第一,发表著作与小册子揭露食品掺假问题。1857年,阿瑟·希尔·哈塞尔将他的研究加以扩展,出版了《检测掺假或发现食品和药品掺假的简要说明》(Adulterations Detected; or, Plain Instructions for the Discovery of Frauds in Food and Medicine)一书。詹姆斯·道森·伯恩(James Dawson Burn)的《墙上的语言:以及商店橱窗发出的声音》①、匿名作者的《食品与药品掺假的行业手段:及其检测与应对指南》②、威廉·马塞特(William Marcet)的《食品成分与掺假手段及其分析的实用指南》③、约翰·波斯特盖特(John Postgate)的《简说掺假》④等,都用通俗易懂的语言,将《柳叶刀》等专业杂志及"《柳叶刀》卫生分析委员会"的报告等揭露与分析的食品掺假问题及其危害性传播给普通民众。此外,还有一些作家通过其他形式的作品来批评食品掺假现象。女诗人克里斯蒂娜·乔治娜·罗塞蒂(Christina Georgina Rossetti)在1859年创作了长诗《妖市》(Goblin Market),揭露了食品掺假问题。第二,各种报刊纷纷刊发文章,或者介绍"《柳叶刀》卫生分析委员会"等人士与组织揭露食品掺假的工作情况,或者对相关揭露报告加以转载,或者刊登揭露食品掺假及其危害性的文章。在这方面,《泰晤士报》、《曼彻斯特卫报》、《笨拙》(Punch)周刊、《弗雷泽杂志》(Frazer's Magazine)、《季刊评论》(Quarterly Review)、《伦敦图文报道》(Illustrated London News)、《伦敦评论》(London Review)、《每周》(Once a Week)等都做了大量工作⑤,推进了揭露与打击食品掺假运动的开展。第三,推广洁净食品。在揭露

---

① James Dawson Burn, *The Language of the Walls: And a Voice from the Shop Windows*, London, 1855.
② Anonymous, *Tricks of Trade in the Adulteration of Food and Physic: With Directions for Their Detection and Counteraction*, London, 1856.
③ William Marcet, *On the Composition of Food and How It Is Adulterated*, *Practical Directions for Its Analysis*, London: John Churchill, 1856.
④ John Postgate, *A Few Words on Adulteration*, London, 1857.
⑤ 魏秀春:《英国食品安全立法与监管史研究(1860—2000)》,第40—42页。

与打击食品掺假运动的冲击下,部分食品生产厂家与销售商主动站出来,宣布生产或销售洁净食品,在他们进行的产品宣传中突出"洁净""纯正""不掺假"等,以此换取社会认可与接受。以"罗奇代尔模式"为代表的工人合作运动致力于向工人阶级提供洁净食品,号召工人们抵制掺假食品。第四,开展游说活动,推动议会与政府通过立法打击食品掺假行为。医生约翰·波斯特盖特、议会下院议员威廉·斯科菲尔德(William Schofield)等人在议会下院议员中展开游说,让他们了解食品掺假现象的泛滥状况,使其认识到食品掺假问题的严重性,争取他们对促进议会打击食品掺假行为的立法工作的认可与支持。各地还成立一些反对食品掺假组织,组织大规模集会,声援对食品掺假行为的揭露与批评,向议会和政府提交请愿书,敦促议会与政府采取切实措施打击食品掺假行为。在1856年2月向议会提交的《伯明翰市民的谦卑请愿书》(*The Humble Petition of the Inhabitants of Birmingham*)中,伯明翰市民表达了他们希望议会与政府尽快采取措施打击食品掺假问题的迫切要求:

> 全体请愿者相信,在大不列颠与爱尔兰王国全境,食品与药品掺假已达到危险的地步。这样的行为已经严重影响了国王陛下臣民的卫生条件和体质,而现有的体制却不足以消灭这一毒瘤。我们这个国家商人阶级最重要的道德风尚即诚实这一首要原则因此遭到严重的破坏,并且影响到民众的性格,如果可能的话,我们应当终结这种倒退。所以,全体请愿者恳求议会严肃对待这一问题,并制定补救措施,以挽回这一毒瘤所改变的一切。全体请愿者将会为此祈祷![①]

从这份请愿书的内容来看,食品掺假行为严重违背了诚实守信的传统商业

---

① 魏秀春:《英国食品安全立法与监管史研究(1860—2000)》,第59—60页。

道德,请愿者希望通过议会与政府采取的措施来打击这一不良行为,重塑英国商业的道德规范,并以此推进整个社会的道德建设。

在声势浩大的揭露与打击食品掺假运动推动下,1855 年 7 月 13 日,英国议会下院"调查食品、饮料与药品掺假专门委员会"成立,该委员会由 15 名议员组成,威廉·斯科菲尔德担任委员会主席,所以该委员会又被称为"斯科菲尔德委员会"。在斯科菲尔德的主持下,该委员会举行了多次听证会,听取了从事化学、药剂学、法医学研究的学者、律师、医生、卫生等政府部门官员、报刊业编辑、食品行业的生产经营者等诸多证人的证言证词,征求了他们对处理食品掺假问题的意见与建议。这些证人包括了当时一些著名的反食品掺假的人士,如《柳叶刀》卫生分析委员会"首席分析师阿瑟·希尔·哈塞尔、《柳叶刀》创办人托马斯·威克利、医生约翰·波斯特盖特、哈塞尔在"《柳叶刀》卫生分析委员会"的助手亨利·莱瑟比等人。证人们在作证时就食品掺假问题的表现、食品掺假问题的危害性、如何发现与鉴别食品掺假、议会与政府在打击食品掺假行为中应该采取的措施等问题提出了一些很好的意见与建议。1856 年 7 月 22 日,"调查食品、饮料与药品掺假专门委员会"向议会下院提交了最终调查报告。该委员会在调查报告中宣布:

> 我们不可避免地得出这样的结论:(当前英国)掺假之风盛行。无论是在国内人民还是国外人民看来,不仅大众健康因此处在危险中,全社会的钱财被诈取而去,而且社会公德因此而败坏,国家的商业特征由此而倒退![1]

从这个结论中可以看出,无论是该委员会成员,还是前来作证的社会各界

---

[1] "The Third Report from the Select Committee on Adulteration of Food", *Parliament Papers*, 1856,C. 379,p. Ⅲ. 转引自魏秀春:《英国食品安全立法与监管史研究(1860—2000)》,第 58—59 页。

人士,都充分认识到食品掺假问题不仅是一个经济问题,而且是一个公众健康问题,更是一个商业道德问题。也就是说,食品掺假行为已经严重违背了食品行业生产商与销售商应该持有的基本道德立场。

针对日益猖獗的食品掺假问题,英国社会应该多管齐下、共同努力,消费者应该对掺假食品进行抵制,专业人士应该发挥专业技能揭露食品掺假现象,食品行业从业者应该加强行业自律,而作为社会管理者的政府则应该采取具有针对性的有效措施,制定相应的法律法令,用法律手段来推进不掺假、不售假的诚实守信的商业道德建设。在其他因素尚不够成熟或完善的维多利亚时代,更需要政府发挥其应有的作用。这是因为:

> 在社会转型时期,政府加强对经济社会领域的干预,以立法形式建立和完善食品安全体系,严厉打击食品安全违法行为,乃是遏制各种食品掺假行为的关键所在,政府干预也由此成为经济社会和谐发展的重要保障。①

1860年,在经历了撤回、搁置等波折之后,由议会下院议员威廉·斯科菲尔德提交的法案在议会终于获得通过,并经女王签署生效,即成为1860年《关于地方当局打击食品与饮料掺假行为的议会法令》(Act of Parliament for the Prevention of the Adulteration of Food or Drink by Local Authorities)。该法令规定:凡是出售自行掺入有害健康成分的食品或饮料的行为属于非法行为,将掺假或不洁食品当作纯正或洁净食品出售的行为亦属于非法行为;授权地方当局设立公共分析师,对民众送交的食品或饮料进行有偿检测;凡被认定有掺假行为者要被处以罚金,如不交罚金,则处以监禁。从这个法令的规定来看,该法令只针对销售商,因为它只规定出售掺假食品或饮料的行为为非法行为,并未将制造掺假食品或饮料的行为规定为非法行

---

① 刘金源、骆庆:《19世纪伦敦市场上的牛奶掺假问题》,《世界历史》2014年第1期,第75页。

为,因此,在打击掺假食品或饮料方面受到很大局限。同时,该法令并不是一部约束性较强的法令,因为它授权而非要求地方当局设立公共分析师,也就是说,地方当局在是否设立公共分析师问题上有完全的自主权。再者,该法令规定的对食品或饮料是否掺假进行的检测是被动而非主动的,法令并未要求地方当局主动开展食品检测,而是规定公共分析师对民众送检的食品或饮料进行有偿检测。另外,该法令对出售掺假食品或饮料者的惩罚过于宽松,法令规定的罚金额度远远赶不上他们出售掺假食品或饮料的收益,只有在不缴纳罚金的情况下才对其处以监禁,且其如能证明自己未发现出售的食品或饮料掺假,或出售掺假食品或饮料是因受欺骗,则可以免受处罚,这就使得售假者的犯罪成本过低,不利于打击食品掺假行为。这样的规定再加上地方当局的不作为,使得该法令在实施过程中收效甚微。尽管这部法令存在诸多问题,且实施效果不佳,但它毕竟是一个良好的开端。这部法令的通过及实施,说明英国政府开始运用法律手段介入商业道德建设与规范。

由于1860年《关于地方当局打击食品与饮料掺假行为的议会法令》的实施效果极不令人满意,约翰·波斯特盖特与"全国社会科学促进协会"(The National Association for the Promotion of Social Science)等个人与组织继续致力于完善这部法令。1870年英国外交大臣向所有驻英领事馆就假货问题进行的调查结果显示,食品掺假问题对英国的贸易出口很不利。"比起担心失去店主的选票,此时政府更担心掺假食品会损害英国在欧洲的商业信誉。"①在这种情况下,政府改变了立场。1872年,在经历了多次被撤回、延迟表决、否决等困难波折后,1860年法令修正案终于在议会获得通过,并经女王签署成为法律。根据1872年《禁止食品、饮料与药品掺假法》(*An Act to Amend the Law for the Prevention of the Adulteration of Food*

---

① [英]比·威尔逊:《美味与欺诈:食品造假与打假的历史》,第112页。

and Drink and of Drugs)的规定,掺假行为属于犯罪行为,无论是掺假行为的共谋人还是掺假货物的订货人,都将因此受到处罚;即便添加物不会危害健康,只会增加产品重量或体积,也要受到处罚;扩大公共分析师职位设立范围,且地方政府事务部可以根据情况强制要求地方设立公共分析师职位,地方当局不得拒绝;强化地方当局打击掺假行为的责任,除个人提供送检样品外,地方官员也须提供检测样品,公共分析师每年必须提供年度报告,总结每年打击掺假行为的工作情况。但是,1872年法令仍然有一些模棱两可之处。例如,关于"掺假"的界定,法令规定为增加重量或体积而添加其他成分属于掺假行为,但加入染色剂或香味剂以改变产品颜色或味道的做法则不属于掺假行为,而这种行为往往会带有危害性。再比如,根据法令规定,只有"蓄意掺假或出售掺假货物"才是有罪的,对于进口货物的掺假行为往往很难确定,也就给了一些人得以逃脱罪名的漏洞。而且,与1860年法令一样,1872年法令同样是一部非强制性的法律,信奉自由放任主义的地方当局往往不愿采取有效行动,使得该法令真正实施起来难以取得理想效果,食品掺假现象仍然屡见不鲜。

1874年,英国议会下院成立专门委员会,对1872年法令的实施情况展开调查。该委员会举行了一系列听证会,听取以食品行业从业者为主的一些证人的证言证词。证人们在听证会上发表的证言证词,主要围绕以下问题展开:掺假食品与合成食品的区分,为谋利而掺假与为改善食品口味、性状而掺入其他成分的区分,打击食品掺假的法律应为非约束性的还是强制性的。综合证人们的各方面意见与建议以及专门委员会的调查,1875年2月,政府向议会提交了一部新的食品法案,并在8月11日获得议会通过。1875年《食品与药品销售法》(Sales of Food and Drugs Act)自1875年10月1日起正式生效。这部法律在打击食品掺假行为方面的主要内容有:第一,将掺假食品与合成食品区分开来,将为谋利而掺假与为改善食品口味、性状而掺入其他成分区分开来。根据该法规定,在清楚标明所含成分且其中不含有增加产品重量或有害物质的情况下,合成食品不在所打击掺假食品之列。第二,规范了食品掺假犯罪行为类别及惩罚力度。根据该法规定,凡是对购买者构成伤害的掺假食品皆在打击之列,犯有此项罪行者,初次犯罪处以不超过50镑的罚金,如系惯犯则处以6个月监禁和劳役。第三,对公共分析师职位的设立做出强制性规定。根据该法规定,所有地方当局均须设立公共分析师职位,且分析师须回避相关行业经营。第四,对分析检测样品的采集、公共分析师的分析工作报告做出具体规定,使其工作更加具有可操作性。第五,强化中央政府干预。根据该法规定,公共分析师的任命与离职均须经中央政府同意,地方当局每年须将公共分析师的分析报告上报中央政府备案。从该法实施的效果来看,"1875年法令成为近代英国第一部初步得到有效实施的食品安全法"[①]。然而,在1875年法令的非约束性条款之下,中央政府对于地方当局的不作为除了通报之外,可以说是无计可施。这一状况在1899年《食品与药品销售法》实施后,发生了根本性改变。

到维多利亚时代末期,随着政府立法工作的推进,相关法律制度的完善,以及执法工作的成效,英国的食品掺假问题得到了很好的遏制。据统计:

> 1872年的时候,41份送检茶叶样本中有36件是假货;到了19世纪80年代末期,茶叶掺假已经不是惯例,而是个别现象了。同样地,公众分析师经过统计发现市场上掺假面包所占的百分比已经从1877年的7.4%(这一数字已经比19世纪50年代低得多了)下降至1888年的0.6%。[②]

需要指出的是,除了政府立法,其他因素所发挥的作用也不可忽视。第一,

---

① 魏秀春:《英国食品安全立法与监管史研究(1860—2000)》,第76页。
② [英]比·威尔逊:《美味与欺诈:食品造假与打假的历史》,第113页。

随着收入水平的提高,人们对食品质量的要求也提高了,对质量低劣甚至有害健康的掺假食品越来越抵制,掺假食品没有了市场,掺假行为也就逐渐减少了。第二,随着种植技术和生产技术的提高,食品工业所需的原材料如小麦品质得到提升,食品加工技术也日益提高,使得原来用来改变食品性状、口感、味道的掺假不再必要,且掺假行为的技术成本大大提高,因而掺假行为逐渐减少。第三,随着揭露与打击食品掺假运动的深入发展,以及一系列食品标准的确立与颁布,消费者对食品标准的了解日益增多,这进一步压缩了掺假食品的生存空间。第四,随着资本主义经济的发展和市场经济体制的日益完善,市场竞争逐渐趋于合理合法,作为一种商业恶性竞争与市场争夺手段的食品掺假逐渐被废弃。正如恩格斯在《英国工人阶级状况》德文版第二版序言中所说:"资本主义生产愈发展,它就愈不可能采用它在低级发展阶段所惯用的那些小小的诓骗和欺诈手段。"①第五,基督教尤其是不奉国教派基督教在遏制商业道德堕落方面也发挥了重要作用。以贵格会为例,当时英国不少食品行业从业者是贵格会信徒:

> 贵格会成员对自己的高标准是他们在甜品和饼干制造领域取得巨大成功的决定性因素。不像那些随便的竞争对手,他们的良知只允许他们使用最纯正、最高品质的配料。在当时,短斤少两和在食物里掺假的行为屡见不鲜,而消费者逐渐开始对自己所吃的东西有所了解,于是,品质保证就显得很有价值了,所有贵格会成员都能保证他们的产品完全纯正。事实上,这种质量上的保证正是约瑟夫和吉百利的巧克力统治英国市场的重要因素,也是亨特利和帕莫尔的成功关键。②

第六,在国家立法的约束与打击下,生产销售掺假食品的企业与坚持诚实经营的食品企业的不同命运起到了警醒与示范作用。由于政府对掺假食

---

① [德]恩格斯:《英国工人阶级状况》,第17页。
② [英]伊恩·布兰德尼:《有信仰的资本——维多利亚时代的商业精神》,第60页。

品的打击,"乔治·吉百利和约瑟夫·郎特瑞凭着推广一种不加任何淀粉和添加剂的巧克力,确立了他们在甜食业中的统治地位"[①]。而由于1875年《食物和药品销售法》严禁公司把掺假的巧克力标明成纯巧克力,许多公司因此而倒闭。在这种情况下,其他食品行业从业者自然趋利避害,诚实、守法经营。最后,受维多利亚时代整体道德整肃的影响,英国商业道德也和其他道德一样得到很大改善,诚实守信、遵纪守法、承担社会责任成为企业家与商人的明智选择,而这样做也给他们带来了更为广阔的发展空间。

[①] [英]伊恩·布兰德尼:《有信仰的资本——维多利亚时代的商业精神》,第4页。

结　语

道德建设是维多利亚时代英国社会改革事业的重要组成部分,其在维多利亚社会发展中具有重要地位和作用。在这一时期通过的限制工作时间的法律、关于住宅的法律,进行的环境卫生改革、医疗改革、公共教育改革、刑法改革,以及图书馆、公园、浴池、街道清洁、街道照明等公共设施的建立,都或多或少带有道德方面的考虑。环境卫生改革运动的出现就是为了解决"道德与健康"衰落问题。①"道德改良的观念也扩展到以下这些人道主义事业中,如在陆军和海军中废除鞭刑,废除枷刑和公开的笞刑,禁止斗鸡,斗牛与斗熊,还有更重要的,废除奴隶贸易。"②这些改革与建设反过来也在不同程度上有效促进了维多利亚时代道德风尚的形成。

维多利亚时代形成的道德观念包括贞洁与忠诚的家庭观念以及辛勤工作、节俭、洁净、自立、自尊、节制、自律、诚实、守信等。许多学者认为,这些道德观念并不是一般维多利亚人的价值观,而是中产阶级特有的价值观,中产阶级之所以大力倡导并推行这些价值观,目的在于他们要在这些价值观当中植入其"社会控制"的目标。中产阶级不仅要在经济上主宰这个社会,还要在道德观念上主导这个社会的所有人,特别是人数众多的工人阶级。"虔诚的中产阶级——零售商、批发商、银行家、店主以及农场主——认为这个社会沉浸在骚乱、醉酒和俗世娱乐的魔障之中,他们把勤奋、自助、节制、信誉等旧式的清教道德看作实现社会进步的目标。"③这是个不争的事实。因为,"若是哪个国度里有着一个占优势的阶级,那么一国的道德必是大部分发自那个阶级的阶级利益和阶级优越感"④。然而,在道德建设方面,工人阶级扮演的并不是完全被动的角色。在整个社会向上

---

① M. J. D. Roberts, *Making English Morals: Voluntary Association and Moral Reform in England, 1787-1886*, p.158.
② Gertrude Himmelfarb, *The De-Moralization of Society: From Victorian Virtues to Modern Values*, p.7.
③ [英]吉拉恩特·H. 詹金斯:《威尔士史》,孙超译,上海:东方出版中心,2017年,第227页。
④ [英]约翰·密尔:《论自由》,许宝骙译,北京:商务印书馆,2011年,第7页。

看的风气下,效仿上层的行为举止既是被动的,也是主动的。为了改变社会地位与形象,为了在"政治平等取决于道德平等"前提下更好地争取与行使政治权利,为了捍卫自己的切身利益,工人阶级也进行了道德自救。禁酒运动中工人阶级的表现就是这方面的最好说明。从 1846 年"全国禁酒年鉴和记录"的记载来看,伦敦的"禁酒协会大多在社会中层的领导下建立,中下层民众是禁酒协会的主体,有些则是劳工阶层自己创立的"①。值得注意的是,这一时期,"对转变和自我新生的叙事……也很快在工人自传中广泛出现,成为他们描绘自身在政治、教育和道德上转变的途径"②。况且,很多道德原则如"勤俭原本就是下层民众安身立命的基本美德,无须中产阶级从旁置喙"③。在禁酒运动中倡导与培育的节制"这一道德并不是中产阶级强加给工人阶级的,它就成长于工人阶级自身之中"④。"到 19 世纪末,在工人阶级中确立了性抑制的文化,这不是中产阶级道德教化的结果,而是劳动人民内部自我发展的结果。"⑤

在维多利亚时代的道德建设过程中,社会各界、各种社会力量都介入其中。维多利亚女王及其宫廷在道德方面给英国社会树立了良好的榜样,起到了引领社会道德风气的作用。政府和议会通过立法的方式介入道德建设,尽管他们在这样做的时候还有些畏首畏尾、缩手缩脚。政府还与道德改善组织开展合作,"在打击色情出版物和禁止为妓女提供合法场所的斗争中,警察与抑制恶习协会之间的有效合作一直持续到 19 世纪 70 年代"⑥。19 世纪 70 年代以后,地方政府承担起建设与管理图书馆和公园的

---

① 吕晓燕:《施善与教化:伦敦的慈善组织研究(1700—1900)》,北京:中国社会科学出版社,2018年,第 173 页。
② [美]詹姆斯·弗农:《远方的陌生人:英国是如何成为现代国家的》,第 73 页。
③ 乔修峰:《巴别塔下:维多利亚时代文人的词语焦虑与道德重构》,第 134 页。
④ Gertrude Himmelfarb, The De-Moralization of Society: From Victorian Virtues to Modern Values, p.38.
⑤ Jeffrey Weeks, Sex, Politics and Society: The Regulation of Sexuality Since 1800, p.89.
⑥ Richard Price, British Society, 1680-1880: Dynamism, Containment and Change, p.199.

责任,意图以此促进公民道德的提升。以中产阶级为主的各种道德改善组织在维多利亚时代的道德建设中发挥了重要作用,但工人阶级建立的类似组织发挥的作用同样不可忽视。这不仅是因为"志愿协会与道德改善不可避免地纠缠在一起",也是因为"通过志愿协会进行的道德改善,只有得到社会精英的支持才能有效开展"。[①] 维多利亚时代的道德改革者清醒地认识到人性的弱点,他们主张采用社会的、宗教的、法律的甚至肉体的激励或惩罚手段,来鼓励美德、打击恶习。但他们也懂得,解决道德问题最好的办法还是尽可能让每个人自愿践行道德。因为道德越是内化于心,就会越自然地外化于行,也就越不需要外在的强制。禁酒运动中道德劝诫派的起起伏伏,说明了人们在这方面认识的变化。在诸多影响维多利亚时代道德建设的力量当中,教会的地位与作用尤其值得注意。尽管1851年的宗教调查表明,当时只有50%的教徒在星期日前往教堂做礼拜;尽管基督教在道德领域独掌大权的时代已经宣告结束,但教会并未退出这个领域。"对当时的绝大多数人来说,宗教的重要性不言而喻。它不仅涉及信仰,还影响着社会生活和伦理体系。"[②]可以说,"上帝的力量是一个有用的概念,而且对于一定的历史时期而言,也是一个在道德上不可或缺的概念"[③]。教会尤其是福音派教会与卫理公会也是维多利亚时代道德改革运动的主要发起者。在一定程度上,可以说,福音教会是中产阶级道德的主要载体,而卫理公会则是工人阶级道德的主要载体。有学者指出,"所谓的维多利亚精神,即工作、节俭、受人尊敬和自助,与卫斯理教义的节俭、勤奋、虔信和正直,几乎是非常和谐地吻合在一起"[④]。

  维多利亚时代的道德观念在很多时候被概括为"体面"的观念。虽然

---

① Richard Price, *British Society, 1680-1880: Dynamism, Containment and Change*, pp.196, 198.
② 乔修峰:《巴别塔下:维多利亚时代文人的词语焦虑与道德重构》,第20页。
③ [美]阿拉斯代尔·麦金太尔:《伦理学简史》,龚群译,北京:商务印书馆,2014年,第161页。
④ 钱乘旦、陈晓律:《在传统与变革之间——英国文化模式溯源》,杭州:浙江人民出版社,1991年,第407页。

中产阶级与工人阶级对体面的理解存在差异，但对他们而言，体面有着同样的重要性。工人自尊运动中提倡的自尊，"要求以公认的价值准则来约束自己，做一个'诚实、清醒、有道德、有思想'的人，一句话，要做一个'体面'人"，而且他们开展的禁酒、反对赌博、反对浪费等运动，"其主要动机也是为了获得他人的尊重"。① 在当时的道德氛围之下，体面变成了一种品质，含有道德与社会属性，包含勤劳、诚实、守时、节制等特征。值得注意的是，这种体面的观念又与"绅士"融合到一起，并因为绅士的观念而得到强化。在维多利亚时代，绅士不是用出身来衡量的，而是用美德来衡量的，正直、诚实、慷慨、勇敢、和蔼、优雅、为他人着想，这些都是一个绅士应该具有的美德。而且，这些美德的拥有是每一个人通过努力都能做到的。既然这些美德能够为普通人所拥有，每个人也就负有义不容辞的道德责任。因此，每个人都是自由的道德人，是自己的主人，自助、自利、自制、自律、自尊都应得到提倡。这样，虽然"绅士作为身份地位标签的功能已日渐淡化，与其相关的一系列品德要求却延续了下来，成了绅士概念的核心内涵。原被认为属于某个社会阶层的举止和品德，逐渐扩散成为整个民族共有的特征"②。因此，有学者认为，"所谓的'维多利亚精神'，实质上就是新的按工业阶级的形象塑造出来的绅士精神"③。

在维多利亚时代的英国，道德原则与判断既是社交谈话也是私人谈话的组成部分，既是公共政策也是个人生活的组成部分。在维多利亚时代，贫困是一个严重的社会问题，济贫是一项重要的社会政策。无论是人们对贫困的认识，还是在济贫政策的实施过程中，都有着道德考虑的影响，都隐含着被许多人忽略的道德评判。在许多中产阶级人士看来，贫困是个人道德的失败，主要是由个人懒惰、挥霍浪费造成的，贫困也是酗酒、堕落、放纵

---

① 钱乘旦、陈晓律：《在传统与变革之间——英国文化模式溯源》，第407页。
② 乔修峰：《巴别塔下：维多利亚时代文人的词语焦虑与道德重构》，第163页。
③ 钱乘旦、陈晓律：《在传统与变革之间——英国文化模式溯源》，第419页。

的伴生物。1832年,皇家济贫法委员会在英格兰和威尔士进行有关济贫法制度实施状况的调查,最终形成的调查报告认为,现行的济贫法制度有损人口众多的阶级的品德及全体人民的幸福,其弊端较多,其中包括:使得勤劳而诚实的人不愿意工作,使得懒惰、放荡和轻佻的人得到鼓励。因此有必要对济贫制度加以改进。① 赫伯特·斯宾塞(Herbert Spencer)说过,"济贫法已经把浪费的习惯养成了几代人之久,已经使浪费者能以倍长增多"②。在这种认识的指导下,不少慈善组织在扶贫济困过程中,更加重视对自助精神的倡导与鼓励,鼓励穷人勤劳、节俭、谨慎。因此,济贫或慈善的所有措施把提升穷人的道德水平与防止穷人养成依赖心理作为一个重要原则。因为:

> 没有人会愿意看到自己的钱被浪费在了好吃懒做、屡教不改的人身上。因此,除了小孩、老人和残疾体弱人士,慈善机构会尽力按照《济贫法》的原则,只对那些有望变好或者仅仅是一时落难的人提供救助,并且不惜一切代价地防止那些人对救助依赖成性。③

"济贫院遵守'劣等处置'和'济贫院检验'两大原则,目的是使穷人更倾向于在院外自立生活。"④济贫院实行的"劣等处置"原则等做法,的确有不公平、不人道的一面,但却是有意识的道德决定。"济贫院救济的标准反映了它过分注重道德因素而忽视导致贫困的经济、社会因素的特征。"⑤因为在他们看来,"如果济贫院太舒适,贫民就会选择进院吃白食,导致道德堕落"⑥。这些做法的目的是让那些进入济贫院的人:

---

① 丁建定:《英国济贫法制度史》,北京:人民出版社,2014年,第156—157页。
② [英]克拉潘:《现代英国经济史》(中卷),姚曾廙译,北京:商务印书馆,1975年,第556页。
③ [英]劳伦斯·詹姆斯:《中产阶级史》,第269页。
④ 郭家宏:《富裕中的贫困——19世纪英国贫困与贫富差距问题研究》,北京:社会科学文献出版社,2016年,第74页。
⑤ 郭家宏:《富裕中的贫困——19世纪英国贫困与贫富差距问题研究》,第99页。
⑥ 乔修峰:《巴别塔下:维多利亚时代文人的词语焦虑与道德重构》,第24—25页。

> 无论是有家的寡妇，还是老弱病残者，都不必为在济贫院而感到耻辱，他们应当为不断地浪费和欺骗而觉得心中不安，应当为他们在有能力活动的年龄就不想去勤奋劳动，……不事节俭……不谨慎……不尽孝道……不像劳动者那样独立地工作而觉得心中不安……①

有人认为这种做法"有效地制止了在伊丽莎白济贫法之下的道德败坏的趋势"②。1846年爱尔兰因马铃薯绝收而导致大饥荒时，查尔斯·屈威廉甚至主张，"避免人民习惯于依赖政府的唯一途径就是停止（救济）行动"③。许多慈善机构如妓女感化院、青年女性职业培训机构、工人互助组织也都把道德表现作为接纳成员、领取慈善捐助的重要条件。"慈善家们……力图促进穷人在道德、精神、文化和智性方面的提升，将中产阶级珍视的价值观，如勤勉工作、节俭、理智和自助等观念灌输给穷人。"④按照他们的想法：

> 救生的绳索只会抛给那些积极自救的人。1891年关于收容伦敦"失足女性"的救世军青年旅社的报道，就强调了这些女性正努力通过重塑自尊来克服自己的堕落，而这样的自尊也是促使她们最终走上工作岗位顺利回归社会的不可缺少的因素。⑤

在这一时期的公共卫生改革运动与改善住宅运动中，道德改善被作为改革公共卫生和改善居住条件的重要理由之一，因为在这些改革者看来，拥挤、肮脏的居住条件和卫生条件，与道德堕落有着很大程度的必然联系。

---

① ［英］E.P.汤普森：《英国工人阶级的形成》（上），钱乘旦等译，南京：译林出版社，2001年，第301页。
② 郭家宏：《富裕中的贫困——19世纪英国贫困与贫富差距问题研究》，第99页。
③ ［英］罗伯特·基：《爱尔兰史》，潘兴明译，上海：东方出版中心，2010年，第93页。
④ 吕晓燕：《施善与教化：伦敦的慈善组织研究（1700—1900）》，第62页。
⑤ ［英］劳伦斯·詹姆斯：《中产阶级史》，第269页。

维多利亚时代的道德整肃形成了一种严肃的氛围,有人说"维多利亚时代是一个委婉得要命的时代",一个明显的例子就是,"性激情的描写在这个时期的英国小说里是付之阙如的"。① 然而,在这种可以说无处不在的道德高压之下,也存在一些问题。道德伪善就是其中一个突出的问题。有学者指出:

> 维多利亚时代,英国的中层阶级和上层阶级总是不能符合他们宣扬的道德标准。一些人违反了这种道德标准,一些人把这种标准转变成呆板的惯例。那些支持腐败的慈善事业的教士反对贪污受贿,破产的商人教训人们要节俭,光顾妓院的人不在他们的画室中讲"性"这个字。诚然,伪善之人仅占少数。但是,在贫穷和不公触目惊心的英国社会,在那些如此贪心地追求富贵和名望之人的清教信条和虔诚背后,存在着更多的虚言和伪善。②

用爱默生的话说,"私生活的真,公共场合的假,正是这些恋家之人的特点"③。当然,也有人说伪善并不属于维多利亚时代的道德范畴。但毕竟这种伪善问题在维多利亚时代有着相当数量的存在,而且这种情况在一些名人身上表现得更为突出,或者更准确地说更加惹人注目。例如威廉·格拉斯顿、乔治·艾略特、约翰·斯图亚特·密尔、托马斯·卡莱尔、约翰·拉斯金(John Ruskin)、查尔斯·狄更斯等都是维多利亚时代赫赫有名的人物,有的人如威廉·格拉斯顿更是以"个人道德方面的严谨与极强的道德感"④闻名,但他们也有着道德上的瑕疵:阅读色情文学作品、婚外情、痴迷于妓女等。大名鼎鼎的作家狄更斯更是在1858年"想方设法转移公众视

---

① [美]彼得·盖伊:《施尼兹勒的世纪:中产阶级文化的形成,1815—1914》,梁永安译,北京:北京大学出版社,2006年,第57页。
② [美]克莱顿·罗伯茨、戴维·罗伯茨、道格拉斯·R.比松:《英国史》(下册),第295页。
③ [美]爱默生:《英国人的特性》,第283页。
④ 李义中:《从托利主义到自由主义——格拉斯顿宗教、政治观的演进》,北京:中国社会科学出版社,2005年,前言第6页。

线,隐瞒他与埃伦·特南的关系,掩盖他对妻子的不忠"①。因此,有人认为这些都是维多利亚时代道德伪善的突出例证。然而,这些问题都是通过他们的日记、自传、书信等披露出来的。这恰恰说明问题的另一面:

> 他们没有轻视过错——无论是他们自己的过错还是其他人的过错。如果说他们对其他人苛刻,他们自己也有负罪感。他们的伪善不是要表现得比实际更有道德。相反,他们审慎地甚至是过分地承认他们的过错。即便他们并不全部用格拉斯顿的方式来惩罚自己,他们也是在私下里折磨自己,在公开场合尽可能有好的表现。②

换句话说,这类的伪善并不是恶意的,而真正应该谴责的是恶意的伪善。在无法完全做到社会道德规范要求的时候,这种善意的伪善是可以理解的,它是从外在的遵从道德规范走向由内而外的遵从道德规范的一个阶段。在当时的英国,不管私下里如何,人们十分注意自己在公共场合的行为举止,"对行为举止要求的放松会被认为是缺少教养"③。为了适应这一需求,关于礼貌、礼仪的作品就成了热门,"1870 年到 1914 年间,大约每年都会出版五到六本新的礼仪类图书"④。当然,并不是所有人只是为了表现出有教养的样子,但伪善还是很严重的问题。霍布斯鲍姆认为,维多利亚时代那种刻板、严厉的道德高压,"已到了只有伪君子才配称为其伙伴的地步"⑤。那些恶意的道德伪善自古以来就是要批判和打击的对象。还有些人在道德问题上对人对己的态度是不一样的。在指出和批评他人的道

---

① [英]罗斯玛丽·阿什顿:《大恶臭:1858 伦敦酷夏》,乔修峰译,北京:东方出版社,2019 年,第 279 页。
② Gertrude Himmelfarb, *The De-Moralization of Society: From Victorian Virtues to Modern Values*, p.26.
③ [法]弗雷德里克·鲁维洛瓦:《礼貌史》,王琪译,上海:上海文艺出版社,2014 年,第247 页。
④ [法]弗雷德里克·鲁维洛瓦:《礼貌史》,第 43 页。
⑤ [英]艾瑞克·霍布斯鲍姆:《革命的年代:1789—1848》,王章辉等译,北京:中信出版社,2014 年,第 215 页。

德问题时,他们会把他人的道德问题无限放大,而面对自己的道德问题时,则会无限缩小,可以说是严于律他、宽于律己,这也是一种道德伪善的表现。到维多利亚时代晚期,乔治·萧伯纳(George Bernard Shaw)等人通过各种方式,表达了他们对于维多利亚时代道德伪善的批评。乔治·萧伯纳在戏剧《华伦夫人的职业》(Mrs. Warren's Profession)中对道德上的伪善予以尖锐的批评。奥斯卡·王尔德嘲讽道,在维多利亚时代的英国,讲道德的男人通常都是伪君子。乔治·艾略特在《西奥弗拉斯特斯·萨奇的印象》(The Impressions of Theophrastus Such)中也对当时的道德评判标准提出了疑问,抨击了道德伪善行为。

尽管存在各种问题,总的说来,维多利亚时代的道德建设还是取得了很好的成效。1887年7月4日,皇家防止虐待动物协会(Royal Society for the Prevention of Cruelty to Animals)在阿尔伯特纪念堂(The Albert Hall)召开年度总结会议,自1835年起担任协会庇护人的维多利亚女王也出席了会议。协会在会议上向登基50年的维多利亚女王表达了崇高的敬意,称在女王在位的50年里,英国人的道德提升与物质丰富以前所未有的面貌呈现在世人面前。① 尽管这其中不免有溢美之词,但到维多利亚时代末期,整个社会风气的确有了很大好转,这一点也为当时许多到访英国的人士所证明。当然,维多利亚时代的道德并不能做到约束每一个人,即便在这种严肃的道德氛围之下,"依旧存在着纵情享乐的贵族、崇拜财神的商人、无视道德规则的工人,也存在着被贫穷驱使走向维多利亚时代下层社会的乞丐、扒手和妓女"②。然而,维多利亚时代道德建设的深远意义在于,它所确立的一系列道德规范已经成为英国文化传统的重要组成部分。尽管时间的脚步不断加快,但:

---

① M. J. D. Roberts, *Making English Morals: Voluntary Association and Moral Reform in England, 1787-1886*, p.245.
② [美]克莱顿·罗伯茨、戴维·罗伯茨、道格拉斯·R. 比松:《英国史》(下册),第286页。

> 维多利亚时代及其中产阶级传统并没有轻易远去,它主导着当时的社会并产生了一个至今仍没有完全消失的社会和道德环境。每当英国经历其周期性道德阵痛时,维多利亚时代的中产阶级行为规范和道德信条就会被拿出来检视、探讨,有时被奉为圭臬,有时却被厌恶憎恨。①

可以说,"现代英国政治、商业和社会体制大部分都是维多利亚时代改革和调整的产物。同样,20 世纪的社会价值观也带有维多利亚时代论争的烙印"②。1983 年,撒切尔夫人(Margaret Hilda Thatcher)在大选当中反复表达了她对维多利亚时代道德规范的高度赞同。她表示,自己从老祖母那里学到了维多利亚时代的道德规范:

> 我们被教导要辛勤工作、以苦为乐;我们被教导要去努力证明自己的价值;我们被教导要自力更生;我们被教导在生活上要量入为出。你们被教导干净整洁是仅次于虔诚的高尚美德;你们被教导要自尊自重;你们被教导要永远与邻居守望相助;你们被教导要为自己的祖国感到无上光荣而自豪。所有这些都是维多利亚时代的重要价值,也是人类的永恒价值。③

这说明,即使在一个世纪以后,维多利亚时代的道德规范仍在深深地影响着英国人的生活。

---

① [英]劳伦斯·詹姆斯:《中产阶级史》,第 205 页。
② [美]马丁·威纳:《英国文化与工业精神的衰落:1850—1980》,第 16 页。
③ [英]劳伦斯·詹姆斯:《中产阶级史》,第 205 页。

参考文献

一、英文文献

(一) 专著、书信、小册子、文章

1. Accum, Frederick, *A Treatise on Adulterations of Food and Culinary Poisons: Exhibiting the Fraudulent Sophistications of Bread, Beer, Wine, Spirituous Liquors, Tea, Coffee, Cream, Confectionery, Vinegar, Mustard, Pepper, Cheese, Olive Oil, Pickles, and other Articles Employed in Domestic Economy, and Methods of Detecting Them*, London, 1820.
2. Anonymous, *The First Report of the Horncastle Teetotal Society*, Horncastle, 1843.
3. Anonymous, *Tricks of Trade in the Adulteration of Food and Physic: With Directions for Their Detection and Counteraction*, London, 1856.
4. Arnstein, Walter L., *Lives of Victorian Political Figures Ⅲ*, Vol.1, London: Pickering and Chatto, 2008.
5. Barrett, Richard, *The Temperance Movement: Its Rise, Progress and Results*, London: Mark Lane, 1854.
6. Bartley, Paula, *Prostitution: Prevention and Reform in England, 1860–1914*, London: Routledge, 2000.
7. Benson, Arthur Christopher and Viscount Esher, eds., *The Letters of Queen Victoria: A Selection from Her Majesty's Correspondence Between the Years 1837 and 1861*, Vol.1–3, London: John Murray, 1908.

8. Blackwell, Elizabeth, *Counsel to Parents on the Moral Education of Their Children*, London: Hatchards, 1879.
9. Borel, T., *The White Slavery of Europe*, London: Dyer Bros., 1880.
10. Bristow, Edward, *Vice and Vigilance: Purity Movements in Britain Since 1700*, Dublin: Gill and Macmillan, 1977.
11. Buckley, Vincent, *Poetry and Morality*, London: Chatto and Windus, 1959.
12. Bullen, Robert, *Our Duty as Teachers with Reference to Social Purity Work*, London: Social Purity Association, 1886.
13. Burn, James Dawson, *The Language of the Walls: And a Voice from the Shop Windows*, London, 1855.
14. Burnett, John, *Plenty and Want: A Social History of Food in England from 1815 to the Present Day*, Harmondsworth: Penguin, 1966.
15. Burnie, Robert William, *The Criminal Law Amendment Act 1885: With Introduction, Commentary and forms of Indictments*, London: Waterlow and Sons Ltd., 1885.
16. Butler, Josephine, *Social Purity: An Address Given to Students at Cambridge*, London: Dyer Bros., 1881.
17. Butler, Josephine, *Josephine E. Butler: An Autobiographical Memoir*, Bristol: J. W. Arrowsmith, 1909.
18. Chant, Laura Ormiston, *Speech at the Annual Meeting of the Social Purity Alliance, June 13th, 1883*, London: Social Purity Alliance, 1883.
19. Clark, G. Kitson, *The Making of Victorian England*, London: Routledge, 1994.
20. Cook, Chris, *The Routledge Companion to Britain in the Nineteenth Century, 1815-1914*, London: Routledge, 2005.
21. Couling, Samuel, *History of the Temperance Movement in Great Britain and Ireland*, London: William Tweedie, 1862.
22. Cowman, Krista, *Women in British Politics, c. 1689-1979*, Basingstoke: Palgrave Macmillan, 2010.
23. Dingle, A. E., *The Campaign for Prohibition in Victorian England: The United Kingdom Alliance, 1872-1895*, London: Croom Helm, 1980.
24. Fisher, Trevor, *Scandal: The Sexual Politics of Late Victorian Britain*, Gloucestershire: Alan Sutton Publishing Ltd., 1995.
25. Foot, Paul, *The Vote: How It Was Won and How It Was Undermined*, New York:

Viking, 2005.

26. French, Michael and Jim Phillips, *Cheated Not Poisoned? Food Regulation in the United Kingdom, 1875–1938*, Manchester: Manchester University Press, 2000.
27. Greenaway, John, *Drink and British Politics Since 1830: A Study in Policy-Making*, Basingstoke: Palgrave Macmillan, 2003.
28. Grube, Dennis, *At the Margins of Victorian Britain: Politics, Immorality and Britishness in the Nineteenth Century*, New York: I. B. Tauris and Co. Ltd., 2013.
29. Harper, Edith K., *Stead: The Man*, London: William Rider and Son, 1918.
30. Harrison, Brian, *Drink and the Victorians: The Temperance Question in England 1815–1872*, London: Faber and Faber, 1971.
31. Hassall, Arthur Hill, *Food and Its Adulterations: Comprising the Reports of the Analytical Sanitary Committee of "The Lancet" for the Years 1851 to 1854*, London: Longman, 1855.
32. Hassall, Arthur Hill, *Food: Its Adulterations and the Methods for Their Detection*, London: Longman, 1876.
33. Himmelfarb, Gertrude, *The De-Moralization of Society: From Victorian Virtues to Modern Values*, New York: Vintage Books, 1995.
34. Hopkins, Ellice, *How to Start Preventive Work*, London: Hatchards, 1884.
35. Hopkins, J. Ellice, *Early Training of Boys and Girls: An Appeal to Women*, London: Hatchards, 1882.
36. Hopkins, J. Ellice, *The White Cross Army: A Statement of the Bishop of Durham's Movement*, London: Hatchards, 1883.
37. Hoyle, William, *Fifty Years of Drinking, and Its Influence upon the Wealth and Industrial Well-Being of the Nation*, Manchester: United Kingdom Alliance, 1880.
38. Hunt, Alan, *Governing Morals: A Social History of Moral Regulation*, Cambridge: Cambridge University Press, 1999.
39. James, Lawrence, *Aristocrats: Power, Grace and Decadence: Britain's Great Ruling Classes from 1066 to the Present*, London: Abacus, 2010.
40. Landels, W., *Lessons of the Street: A Lecture*, London, 1858.
41. Laqueur, Thomas Walter, *Religion and Respectability: Sunday Schools and Working Class Culture, 1780–1850*, New Haven: Yale University Press, 1976.
42. Ludington, Charles, *The Politics of Wine in Britain: A New Cultural History*,

London: Palgrave Macmillan, 2013.

43. Marcet, William, *On the Composition of Food and How It Is Adulterated, Practical Directions for Its Analysis*, London: John Churchill, 1856.
44. Mason, Michael, *The Making of Victorian Sexual Attitudes*, Oxford: Oxford University Press, 1994.
45. McHugh, Paul, *Prostitution and Victorian Social Reform*, London: Routledge, 1980.
46. Mitchell, John, *Treatise on the Falsifications of Food, and the Chemical Means Employed to Detect Them*, London, 1848.
47. Murray, Venetia, *High Society: A Social History of the Regency Period, 1788 – 1830*, London: Viking, 1998.
48. Nicholls, James, *The Politics of Alcohol: A History of the Drink Question in England*, Manchester: Manchester University Press, 2009.
49. Northcote, H. and C. E. Trevelyan, *Report on the Organisation of the Permanent Civil Service*, London, 1854.
50. O'Leary, Cornelius, *The Elimination of Corrupt Practice in British Elections, 1868 – 1911*, New York: Oxford University Press, 1962.
51. Paulus, Ingeborg, *The Search for Pure Food: A Sociology of Legislation in Britain*, London: Martin Robertson and Co. Ltd., 1974.
52. Perkin, Harold, *The Origins of Modern English Society*, London: Routledge, 2002.
53. Petrow, Stefan, *Policing Morals: The Metropolitan Police and the Home Office, 1870 – 1914*, Oxford: Clarendon Press, 1994.
54. Postgate, John, *A Few Words on Adulteration*, London, 1857.
55. Price, Richard, *British Society 1680 – 1880: Dynamism, Containment and Change*, Cambridge: Cambridge University Press, 1999.
56. Roberts, M. J. D., *Making English Morals: Voluntary Association and Moral Reform in England, 1787 – 1886*, Cambridge: Cambridge University Press, 2004.
57. Rowntree, Joseph and Arthur Sherwell, *The Temperance Problem and Social Reform*, London: Hodder and Stoughton, 1901.
58. Ryan, Michael, *Prostitution in London*, London: H. Bailliere, 1839.
59. Social Purity Alliance, *Schoolboy Morality: An Address to Mothers*, London: Social Purity Alliance, 1884.
60. Scola, Roger, *Feeding the Victorian City: The Food Supply of Manchester, 1770 –*

1870，Manchester：Manchester University Press，1992.

61. Shiman，Lilian Lewis，*Crusade Against Drink in Victorian England*，Basingstoke：Macmillan，1988.

62. Stead，Estelle W.，*My Father: Personal and Spiritual Reminiscences*，London：William Heinemann，1913.

63. Stead，W. T.，"Bishop Frazer on the Social Evil"，*The Northern Echo*，October 27，1871.

64. Stead，W. T.，"Of Good Cheer Indeed"，*The Pall Mall Gazette*，July 10，1885.

65. Stead，W. T.，"The Maiden Tribute of Modern Babylon Ⅰ：The Report of the Secret Commission"，*The Pall Mall Gazette*，July 6，1885.

66. Stead，W. T.，"The Maiden Tribute of Modern Babylon Ⅱ：The Report of the Secret Commission"，*The Pall Mall Gazette*，July 7，1885.

67. Stead，W. T.，"The Maiden Tribute of Modern Babylon Ⅲ：The Report of the Secret Commission"，*The Pall Mall Gazette*，July 8，1885.

68. Stead，W. T.，"The Maiden Tribute of Modern Babylon Ⅳ：The Report of the Secret Commission"，*The Pall Mall Gazette*，July 10，1885.

69. Thompson，F. M. L.，"*The Rise of Respectable Society: A Social History of Victorian Britain，1830–1900*"，London：Fontana Press，1988.

70. Walkowitz，Judith R.，*Prostitution and Victorian Society: Women，Class，and the State*，Cambridge：Cambridge University Press，1980.

71. Waller，Maureen，*The English Marriage: Tales of Love，Money and Adultery*，London：John Murray，2009.

72. Weeks，Jeffrey，*Sex，Politics and Society: The Regulation of Sexuality Since 1800*，Harlow：Pearson Education Ltd.，2012.

73. Winskill，P. T.，*The Temperance Movement and Its Workers*，London：Blackie and Son，1892.

（二）论文

1. Edman，Johan，"Temperance and Modernity：Alcohol Consumption as a Collective Problem，1885–1913"，*Journal of Social History*，Vol.49，No.1（2015）.

2. Parker，Graham，"The Legal Regulation of Sexual Activity and the Protection of Females"，*Osgoode Hall Law Journal*，Vol.21，No.2（September，1983）.

3. Rix, Kathryn, "'The Elimination of Corrupt Practices in British Elections?', Reassessing the Impact of the 1883 Corrupt Practices Act", *English Historical Review*, Vol.123, No.500 (February, 2008).

4. Robson, Ann P., "The Significance of 'The Maiden Tribute of Modern Babylon'", *Victorian Periodicals Newsletter*, Vol.11, No.2 (June, 1978).

5. Tholfsen, Trygve R., "Moral Education in the Victorian Sunday School", *History of Education Quarterly*, Vol.20, No.1 (Spring, 1980).

二、中文文献

(一) 专著

1. 陈力丹、董晨宇:《英国新闻传播史》,北京:人民日报出版社,2015年。
2. 丁建定:《英国济贫法制度史》,北京:人民出版社,2014年。
3. 龚长宇:《道德社会学引论》,北京:中国人民大学出版社,2012年。
4. 郭家宏:《富裕中的贫困——19世纪英国贫困与贫富差距问题研究》,北京:社会科学文献出版社,2016年。
5. 郭忠:《法律秩序和道德秩序的相互转化》,北京:中国政法大学出版社,2012年。
6. 蒋承勇等:《英国小说发展史》,杭州:浙江大学出版社,2006年。
7. 雷结斌:《中国社会转型期道德失范问题研究》,北京:人民出版社,2015年。
8. 李宝芳:《维多利亚时期英国中产阶级婚姻家庭生活研究》,北京:社会科学文献出版社,2015年。
9. 李强:《英国工业革命时期社会道德的文化研究》,昆明:云南大学出版社,2015年。
10. 李义中:《从托利主义到自由主义——格拉斯顿宗教、政治观的演进》,北京:中国社会科学出版社,2005年。
11. 刘成:《英国现代转型与工党重铸》,北京:生活·读书·新知三联书店,2013年。
12. 刘金源:《现代化与英国社会转型》,北京:生活·读书·新知三联书店,2013年。
13. 吕佩爱:《诗歌即人生批评——马修·阿诺德的诗学研究》,上海:同济大学出版社,2017年。
14. 吕晓燕:《施善与教化:伦敦的慈善组织研究(1700—1900)》,北京:中国社会科学出版社,2018年。
15. 罗经国编选:《狄更斯评论集》,上海:上海译文出版社,1981年。
16. 钱乘旦:《第一个工业化社会》,成都:四川人民出版社,1988年。

17. 钱乘旦、陈晓律:《在传统与变革之间——英国文化模式溯源》,杭州:浙江人民出版社,1991年。
18. 钱乘旦、高岱主编:《英国史新探:工业革命的新视角》,北京:北京大学出版社,2018年。
19. 钱乘旦主编:《英国通史》(第五卷),南京:江苏人民出版社,2016年。
20. 钱青主编:《英国19世纪文学史》,北京:外语教学与研究出版社,2018年。
21. 乔修峰:《巴别塔下:维多利亚时代文人的词语焦虑与道德重构》,北京:中国社会科学出版社,2017年。
22. 邵政达:《英国宗教史》,北京:中国社会科学出版社,2017年。
23. 舒小昀、高麦爱、褚书达:《恩格斯〈英国工人阶级状况〉研究读本》,北京:中央编译出版社,2017年。
24. 王振林:《人性、人道、人伦——西方伦理道德问题研究》,北京:中国社会科学出版社,2011年。
25. 韦政通:《伦理思想的突破》,北京:中国人民大学出版社,2005年。
26. 魏秀春:《英国食品安全立法与监管史研究(1860—2000)》,北京:中国社会科学出版社,2013年。
27. 阎照祥:《英国贵族史》,北京:人民出版社,2015年。
28. 阎照祥:《英国政治思想史》,北京:人民出版社,2010年。
29. 阎照祥:《英国政治制度史》,北京:人民出版社,1999年。
30. 殷企平:《"文化辩护书":19世纪英国文化批评》,上海:上海外语教育出版社,2013年。
31. 袁晓军:《文化观念与市侩习气:马修·阿诺德的文化与社会批评》,北京:中国文史出版社,2015年。
32. 袁弋腾:《19世纪英国中产阶级自愿社团研究》,北京:中国社会科学出版社,2017年。
33. 赵炎秋、刘白、蔡熙:《狄更斯学术史研究》,南京:译林出版社,2014年。

(二)译著

1. [美]阿拉斯代尔·麦金太尔:《伦理学简史》,龚群译,北京:商务印书馆,2014年。
2. [英]阿萨·布里格斯:《英国社会史》,陈叔平、陈小惠、刘幼勤等译,北京:商务印书馆,2015年。
3. [英]艾瑞克·霍布斯鲍姆:《革命的年代:1789—1848》,王章辉等译,北京:中信出版社,2014年。
4. [法]爱弥尔·涂尔干:《道德教育》,陈光金等译,上海:上海人民出版社,2001年。
5. [法]爱弥尔·涂尔干:《职业伦理与公民道德》,渠东等译,上海:上海人民出版社,2001年。
6. [美]爱默生:《英国人的特性》,张其贵、李昌其、胡莉莉译,北京:中国社会科学出版社,2008年。
7. [法]安·莫洛亚:《狄更斯评传》,王人力译,上海:上海译文出版社,1986年。
8. [英]比·威尔逊:《美味与欺诈:食品造假与打假的历史》,周继岚译,北京:生活·读书·新知三联书店,2010年。
9. [英]彼得·阿克罗伊德:《伦敦传》,翁海贞等译,南京:译林出版社,2016年。
10. [美]彼得·盖伊:《施尼兹勒的世纪:中产阶级文化的形成,1815—1914》,梁永安译,北京:北京大学出版社,2006年。
11. [英]查尔斯·狄更斯:《狄更斯全集》(第22卷),潘一禾等译,杭州:浙江工商大学出版社,2012年。
12. [英]查尔斯·狄更斯:《狄更斯全集》(第23卷),丁建民、殷企平、徐伟彬译,杭州:浙江工商大学出版社,2012年。
13. [英]查尔斯·狄更斯:《双城记》,石永礼、赵文娟译,北京:人民文学出版社,1993年。
14. [英]戴雪:《公共舆论的力量:19世纪英国的法律与公共舆论》,戴鹏飞译,上海:上海人民出版社,2014年。
15. [英]丹尼尔·笛福:《笛福文选》,徐式谷译,北京:商务印书馆,2011年。
16. [英]E. 罗伊斯顿·派克编:《被遗忘的苦难——英国工业革命的人文实录》,蔡师雄等译,福州:福建人民出版社,1983年。
17. [德]恩格斯:《英国工人阶级状况》,中共中央马克思恩格斯列宁斯大林著作编译局译,北京:人民出版社,1956年。
18. [美]凡勃伦:《有闲阶级论》,蔡受百译,北京:商务印书馆,2011年。
19. [法]菲利浦·阿利埃斯、乔治·杜比:《私人生活史Ⅳ:演员与舞台》,周鑫等译,哈尔滨:北方文艺出版社,2008年。
20. [法]弗雷德里克·鲁维洛瓦:《礼貌史》,王琪译,上海:上海文艺出版社,2014年。
21. [法]弗洛朗斯·塔玛涅:《欧洲同性恋史》,周莽译,北京:商务印书馆,2009年。
22. [英]哈维、马修:《19世纪英国:危机与变革》,韩敏中译,北京:外语教学与研究出版社,2007年。

23. [英]吉拉恩特·H. 詹金斯:《威尔士史》,孙超译,上海:东方出版中心,2017年。
24. [英]克拉潘:《现代英国经济史》(中卷),姚曾廙译,北京:商务印书馆,1975年。
25. [美]克莱顿·罗伯茨、戴维·罗伯茨、道格拉斯·R. 比松:《英国史》(上下册),潘兴明等译,北京:商务印书馆,2013年。
26. [英]克里斯蒂娜·科顿:《伦敦雾:一部演变史》,张春晓译,北京:中信出版社,2017年。
27. [英]劳伦斯·詹姆斯:《中产阶级史》,李春玲、杨典译,北京:中国社会科学出版社,2015年。
28. [英]雷蒙·威廉斯:《文化与社会:1780—1950》,高晓玲译,北京:商务印书馆,2018年。
29. [英]罗伯特·基:《爱尔兰史》,潘兴明译,上海:东方出版中心,2010年。
30. [英]罗斯玛丽·阿什顿:《大恶臭:1858伦敦酷夏》,乔修峰译,北京:东方出版社,2019年。
31. [美]马丁·威纳:《英国文化与工业精神的衰落:1850—1980》,王章辉、吴必康译,北京:北京大学出版社,2013年。
32. [英]马修·阿诺德:《批评集:1865》,杨果译,北京:中央编译出版社,2017年。
33. [英]马修·阿诺德:《文化与无政府状态》,韩敏中译,北京:生活·读书·新知三联书店,2008年。
34. [美]乔治·萨拜因:《政治学说史》(下卷),邓正来译,上海:上海人民出版社,2010年。
35. [英]塞缪尔·斯迈尔斯:《金钱与人生》,张杰译,北京:中国方正出版社,2012年。
36. [英]塞缪尔·斯迈尔斯:《品格的力量》,李迎春译,北京:光明日报出版社,2011年。
37. [英]塞缪尔·斯曼尔斯:《自己拯救自己》,朱绍格译,西安:陕西师范大学出版社,2005年。
38. [英]斯特雷奇:《维多利亚女王传》,薛诗绮译,北京:新星出版社,2017年。
39. [美]威尔·杜兰:《世界文明史》(第8卷),幼狮文化公司译,北京:东方出版社,1999年。
40. [英]威廉·葛德文:《政治正义论》,何慕李译,北京:商务印书馆,1980年。
41. [英]沃尔特·白哲特:《英国宪制》,李国庆译,北京:北京大学出版社,2005年。
42. [英]伊恩·布兰德尼:《有信仰的资本——维多利亚时代的商业精神》,以诺译,南昌:江西人民出版社,2008年。

43. [英]约翰·坎农主编:《牛津英国历史辞典》,孙立田等译,北京:人民出版社,2018年。
44. [美]约翰·马丁·里奇等:《道德发展的理论》,姜飞月译,哈尔滨:黑龙江人民出版社,2003年。
45. [英]约翰·密尔:《论自由》,许宝骙译,北京:商务印书馆,2011年。
46. [美]詹姆斯·弗农:《远方的陌生人:英国是如何成为现代国家的》,张祝馨译,北京:商务印书馆,2017年。

(三) 期刊和专辑论文

1. 蔡熙:《西方狄更斯研究的道德批评传统及其反思》,《湖南工业大学学报》2016年第1期。
2. 陈友义:《试论19世纪中期英国文官制度改革》,《嘉应大学学报》2003年第1期。
3. 程西筠:《由恩赐官职到择优录士——十九世纪中叶英国文官制度的改革》,《世界历史》1980年第5期。
4. 池小平:《无产阶级道德原则的精辟阐述——学习恩格斯〈英国工人阶级状况〉札记》,《内蒙古电大学刊》2006年第2期。
5. 邓若迅:《英国贿赂罪改革研究》,《中国刑事法杂志》2012年第3期。
6. 丰华琴:《社会底层的福音——英国街坊文教馆的兴起与功能探析》,《学海》2010年第3期。
7. 高兆明:《主观善、客观善与商业道德——重读恩格斯〈英国工人阶级状况〉1892年序》,《浙江社会科学》2004年第1期。
8. 兰教材:《19世纪初英国食品药品掺假泛滥的历史原因》,《哈尔滨师范大学学报》2018年第3期。
9. 兰教材:《论英国媒体的食品药品掺假观(1850—1860)》,《吉林广播电视大学学报》2018年第12期。
10. 李增、龙瑞翠:《英国"黄金时代"道德风尚之流变——英国维多利亚社会阶级与道德关系流变探论》,《东北师大学报》2008年第6期。
11. 刘金源、骆庆:《19世纪伦敦市场上的牛奶掺假问题》,《世界历史》2014年第1期。
12. 刘戎:《从恩格斯〈英国工人阶级状况〉论当代中国工人阶级的道德现状与认同》,《江苏社会科学》2012年第2期。
13. 刘星:《简论〈英国工人阶级状况〉的阶级伦理思想》,《南昌大学学报》2006年第6期。

14. 马娅:《19 世纪英国现实主义小说与伦理道德》,《贵州大学学报》2005 年第 5 期。
15. 毛利霞:《19 世纪末英格兰社会净化运动》,《历史教学》2017 年第 12 期。
16. 毛利霞:《19 世纪英国围绕性病防治的争端》,《世界历史》2016 年第 5 期。
17. 毛利霞:《约瑟芬·巴特勒与维多利亚时代废除〈传染病法〉运动》,《北方论丛》2015 年第 4 期。
18. 施兴和、舒一新:《一八六七年英国议会改革起因、动因、后果简论》,《历史教学问题》1996 年第 3 期。
19. 魏秀春:《1875—1914 年英国牛奶安全监管的历史考察》,《历史教学》2010 年第 12 期。
20. 魏子任、丁双双:《近代英国陆军士兵酗酒问题及禁酒运动》,《军事历史研究》2013 年第 3 期。
21. 吴仁平:《恩格斯对资产阶级利己主义和金钱道德的批判及其意义——读恩格斯〈英国工人阶级状况〉》,《宜春师专学报》1995 年第 1 期。
22. 许志强:《19 世纪英国禁酒运动与工人文化转向》,《苏州科技学院学报》2014 年第 3 期。
23. 许志强:《英国主日学校运动的背景、发展与影响》,《历史教学》2011 年第 14 期。
24. 杨新新:《诚信首先是经济范畴——重读恩格斯〈英国工人阶级状况〉序言》,《许昌学院学报》2004 年第 6 期。
25. 尹康敏:《时代良知的呼唤——作为社会批评家狄更斯对英国社会发展的影响》,《信阳师范学院学报》2014 年第 4 期。
26. 曾亚英:《维多利亚时期英国城市的娼妓问题》,《妇女研究论丛》2005 年第 3 期。
27. 曾亚英:《英国维多利亚时期的女性酗酒现象分析》,《绵阳师范学院学报》2015 年第 1 期。
28. 张怀印:《19 世纪英国治理选举舞弊现象的法律规制及其借鉴》,《湖南科技大学学报》2008 年第 2 期。
29. 张延华:《廉洁与效率:英国两次文官制度改革的共同价值取向》,《山东师范大学学报》2002 年第 1 期。
30. 赵炎秋:《论狄更斯的道德观在其长篇小说人物塑造中的作用》,《陕西师范大学学报》1987 年第 4 期。
31. 朱法贞:《恩格斯伦理思想简论》,《杭州大学学报》1989 年第 1 期。
32. 邹穗:《试论维多利亚精神的双重性特征》,《历史教学问题》2008 年第 6 期。
33. 邹翔:《维多利亚时代的〈接触传染病法〉与中下层妇女的废法运动》,《世界近现代史研究》(第八辑),北京:社会科学文献出版社,2011年。

(四) 学位论文

1. 陈翠翠:《试论 1780—1870 年的英国主日学校》,苏州科技学院硕士学位论文,2010年。
2. 陈礼伟:《马修神父与 19 世纪爱尔兰禁酒运动研究》,南京大学硕士学位论文,2016年。
3. 韩红华:《19 世纪英国城市的娼妓问题》,南京大学硕士学位论文,2007年。
4. 霍翔:《英国维多利亚女王的历史形象》,苏州科技大学硕士学位论文,2018年。
5. 潘锐:《斯迈尔斯品格教育理论研究》,湖南师范大学硕士学位论文,2014年。
6. 裴子卫:《塞缪尔·斯迈尔斯的道德教育思想及其当代启示》,西华师范大学硕士学位论文,2016年。
7. 邱振裕:《论 1829—1853 年英国的禁酒运动》,南京大学硕士学位论文,2015年。
8. 王晨辉:《英国 19 世纪禁酒运动研究》,北京师范大学博士学位论文,2015年。
9. 温小辉:《维多利亚时期英国食品掺假问题研究》,河北大学硕士学位论文,2018年。
10. 吴宪:《19 世纪末 20 世纪初英国政治腐败问题探析》,辽宁大学硕士学位论文,2014年。

译名对照

A

阿铂利,查尔斯·詹姆斯(Charles James Apperley)

阿尔伯特纪念堂(The Albert Hall)

阿尔伯特亲王(Prince Albert)

阿库姆,弗雷德里克(Frederick Accum)

阿莫斯,谢尔登夫人(Mrs. Sheldon Amos)

阿姆斯特朗,理查德牧师(Rev. Richard Armstrong)

阿姆斯特朗,伊丽莎(Eliza Armstrong)

阿诺德,马修(Matthew Arnold)

埃德加,约翰(John Edgar)

埃德蒙顿救助之家(Edmonton House)

艾尔顿,A. S.(A. S. Ayrton)

艾略特,乔治(George Eliot)

爱丁堡保护少女协会(The Edinburgh Society for the Protection of Young Girls)

B

巴尔扎克,奥诺雷·德(Honoré de Balzac)

巴雷特,理查德(Richard Barrett)

巴特勒,约瑟芬(Josephine Butler)

白十字军(The White Cross Army)

白十字誓约(White Cross Pledge)

邦廷,珀西(Percy Bunting)

保护少年儿童联合委员会(Minor's Protection Joint Committee)

保护少女和防止童妓卖淫协会(The Society for the Protection of Young Females and Prevention of Juvenile Prostitution)

鲍尔弗,C. L.夫人(Mrs. C. L. Balfour)

鲍尔弗,T. 格雷厄姆(T. Graham Balfour)

鲍尔弗,亚历山大(Alexander Balfour)

北方各郡废除联盟(The Northern Counties League for Repeal)

《北方回声报》(Northern Echo)

贝尔法斯特圣教书会(The Belfast Religious Tract Society)

贝克尔,莉迪亚(Lydia Becker)

贝文,威廉(William Bevan)

贝赞特,安妮(Annie Besant)

《笨拙》(Punch)

波斯特盖特,约翰(John Postgate)

伯恩哈特,萨拉(Sarah Bernhardt)

伯恩,詹姆斯·道森(James Dawson Burn)

伯明翰废除协会(The Birmingham Association for Repeal)

《伯明翰市民的谦卑请愿书》(The Humble Petition of the Inhabitants of Birmingham)

伯明翰完全戒酒协会(The Birmingham Total Abstinence Society)

《不定期报》(Occasional Paper)

不奉国教派福音净化联盟(The Nonconformist Gospel Purity Alliance)

不奉国教派良心(Nonconformist Conscience)

《不列颠禁酒倡导者》(British Temperance Advocate)

不列颠禁酒联盟(The British Temperance League)

不列颠女性禁酒协会(The British Women's Temperance Association)

不列颠推进禁酒协会(The British Association for the Promotion of Temperance)

不列颠医学禁酒协会(The British Medical Temperance Association)

《不列颠医学杂志》(British Medical Journal)

不列颠与海外遏制酗酒协会(British and Foreign Society for the Suppression of Intemperance)

不列颠与海外禁酒协会(British and Foreign Temperance Society)

布拉德福德禁酒协会(Bradford Temperance Society)

布拉德劳,查尔斯(Charles Bradlaugh)

布莱克维尔,伊丽莎白(Elizabeth Blackwell)

布鲁斯,H. A.(H. A. Bruce)

布伦,罗伯特(Robert Bullen)

布斯,凯瑟琳(Catherine Booth)

布斯,威廉(William Booth)

C

查普曼,约翰(John Chapman)

《晨露》(Morning Dewdrops)

《城镇警察法》(Town Police Act)

《传染病法》(The Contagious Diseases Act)

纯洁文学协会(Pure Literature Society)

促进扩展《传染病法》协会(The Association for Promoting the Extension of The Contagious Diseases Acts)

D

《大卫·科波菲尔》(David Copperfield)

《丹斯伯里一家》(Danesbury House)

《道德》(Morality)

道德改革(Moral Reform)

道德改革联盟(The Moral Reform Union)

《道德改革者》(Moral Reformer)

道德教育分会(Moral Educational Branch)

邓洛普,约翰(John Dunlop)

狄更斯,查尔斯(Charles Dickens)

迪尔克,查尔斯(Charles Dilke)

迪斯累利,本杰明(Benjamin Disraeli)

地方否决权(the local veto)

《地方否决权法案》(The Local Veto Bill)

《地方选择决议》(The Local Option Resolution)

《董贝父子》(Dombey and Son)

《斗争》(The Struggle)

《都市警察法》(Metropolitan Police Act)

独立禁酒会(The Independent Order of the Good Templars)

《对男孩和女孩的早期教育：对妇女的呼吁》(Early Training of Boys and Girls: An Appeal to Women)

《对有关人身侵害法律的修正案》(An Act to Amend the Law Relating to Offences Against the Person)

《盾牌》(Shield)

《多佛海滩》(Dover Beach)

E

恩格斯，弗里德里希(Friedrich Engels)

《恩培多克利斯在埃特纳》(Empedocles on Etna)

儿童向导(The Children's Guild)

F

反烈酒(anti-spirits)

菲尔波茨主教(Bishop Philpotts)

废除《传染病法》全国女性协会(The Ladies National Association for the Repeal of The Contagious Diseases Acts)

废除《传染病法》全国协会(The National Association for the Repeal of The Contagious Diseases Acts)

废除国家监管卖淫不列颠与欧陆总联盟(British Continental and General Federation for the Abolition of State Regulated Prostitution)

废除派(The Repealers)

《弗兰克·奥德菲尔德》(Frank Oldfield)

《弗雷泽杂志》(Frazer's Magazine)

福布斯，亨利(Henry Forbes)

《福布斯·麦肯齐法》(The Forbes Mackenzie Act)

福楼拜，居斯塔夫(Gustave Flaubert)

福斯特，威廉(William Forster)

福西特，米利森特(Millicent Fawcett)

福音禁酒(Gospel Temperance)

福音净化协会(Gospel Purity Association)

腐败行为(Corrupt Practice)

妇女联盟(The Woman's League)

G

改造与救助联盟(The Reformatory and Refuge Union)

格拉斯顿,威廉(William Gladstone)

格雷格森,J. G.(J. G. Gregson)

格林,托马斯·希尔(Thomas Hill Green)

《给父母对子女进行道德教育的建议》(Counsel to Parents on the Moral Education of Their Children)

《工读学校法修正案》(Industrial Schools Amendment Act)

工人阶级全国联盟(Working Men's National League)

《公共博物馆法》(The Public Museums Act)

公共道德促进会(The Association for the Improvement in Public Morals)

《公共机构腐败行为法》(The Public Bodies Corrupt Practices Act)

《公共图书馆法》(The Public Libraries Act)

公理会委员会(Congregational Committee)

公谊会(The Society of Friends)

公谊会废除协会(The Friends' Association for Repeal)

公谊会推进社会净化协会(The Friends' Association for the Promotion of Social Purity)

共济会(Fraternal Society)

《关于保护少女免遭引诱陷入放荡生活法》(The Law Relating to the Protection of Young Girls from Artifices to Induce Them to Lead a Corrupt Life)

《关于地方当局打击食品与饮料掺假行为的议会法令》(Act of Parliament for the Prevention of the Adulteration of Food or Drink by Local Authorities)

《关于建立常任英国文官制度的报告》(Report on the Organisation of the Permanent Civil Service)

《关于有效打击妓院及诱拐和卖淫行业的提案》(Bill for the Effectual Suppression of Brothels and Trading in Seduction and Prostitution)

国家感化院(State Reformatories)

国教会改革禁酒协会(The Church of England Reformation Temperance Society)

国教会感化协会(The Church Penitentiary Association)

《国教会感化协会 1860—1873 年档案》(Church Penitentiary Association Records, 1860 - 1873)

《国教会禁酒年报》(Church of England Temperance Chornicle)

国教会禁酒协会(The Church of England Temperance Society)

国教会净化协会(The Church of England Purity Society)

国教会绝对禁酒协会(The Church of England Total Abstinence Society)

国教会少年团队(The Church Lads Brigade)

国教会完全戒酒协会(Church of England Total Abstinence Society)

H

哈考特,威廉(William Harcourt)

哈塞尔,阿瑟·希尔(Arthur Hill Hassall)

捍卫个人权利警惕协会(Vigilance Association for the Defence of Personal Rights)

《黑皮书》(*Black Book*)

红衣主教曼宁(Cardinal Manning)

胡德,托马斯(Thomas Hood)

互济会(Benefit Society)

《华伦夫人的职业》(*Mrs. Warren's Profession*)

怀特曼夫人(Mrs. Wightman)

皇家防止虐待动物协会(Royal Society for the Prevention of Cruelty to Animals)

霍普金斯,艾莉丝(Ellice Hopkins)

霍伊尔,威廉(William Hoyle)

J

吉本,爱德华(Edward Gibbon)

《季刊评论》(*Quarterly Review*)

济贫院玛格德林分会(Workhouse Magdalen Branch)

《艰难时世》(*Hard Times*)

《检测掺假或发现食品和药品掺假的简要说明》(*Adulterations Detected; or, Plain Instructions for the Discovery of Frauds in Food and Medicine*)

《简说掺假》(*A Few Words on Adulteration*)

教会军团(The Church Army)

揭露与打击贩卖英国少女到欧陆卖淫委员会(Committee for the Exposure and Suppression of the Traffic in English Girls for the Purposes of Continental Prostitution)

街坊文教馆(Settlement Houses)

杰弗里斯夫人(Mrs. Jeffries)

杰克逊,詹姆斯(James Jackson)

《金钱与人生》(Thrift)

《紧急救助》(Haste to the Rescue)

《禁酒倡导者》(The Temperance Advocate)

《禁酒灯塔》(Temperance Lighthouse)

禁酒合作协会(Temperance Cooperative Society)

《禁酒年报》(The Temperance Chronicle)

禁酒运动(The Temperance Movement)

禁酒之子(The Sons of Temperance)

禁售派(Prohibitionists)

《禁止食品、饮料与药品掺假法》(An Act to Amend the Law for the Prevention of the Adulteration of Food and Drink and of Drugs)

禁止在主日贩卖烈酒中心协会(The Central Association for Stopping the Sale of Intoxicating Liquors on a Sunday)

《警惕杂志》(Vigilance Journal)

救世军(The Salvation Army)

救助妇女儿童协会(The Society for the Rescue of Women and Children)

救助协会(The Rescue Society)

《救助协会1853—1881年年度报告》(The Rescue Society Annual Reports, 1853-1881)

绝对禁酒(Teetotalism)

绝对禁酒派(Teetotallers)

绝对禁酒派卫斯理宗信徒(The Teetotal Wesleyan Methodists)

绝对禁酒运动(The Teetotal Movement)

K

卡尔,乔治(George Carr)

卡莱尔,托马斯(Thomas Carlyle)

卡彭特,玛丽(Mary Carpenter)

凯尔,E.(E. Kell)

凯利,C. H.(C. H. Kelly)

《抗议》(The Protest)

库林,塞缪尔(Samuel Couling)

库珀,丹尼尔(Daniel Cooper)

L

拉伯雷,弗朗索瓦(Francois Rabelais)

拉斯金,约翰(John Ruskin)

莱瑟比,亨利(Henry Letheby)

兰开郡与柴郡少年禁酒会联盟(Lancashire and Cheshire Band of Hope Union)

蓝带(Blue Ribbon)

蓝带协会(The Blue Ribbon Association)

朗特里,约瑟夫(Joseph Rowntree)

《老古玩店》(*The Old Curiosity Shop*)

老卫士(Old Guard)

里斯,罗兰(Rowland Rees)

理查德,亨利(Henry Richard)

利奥波德一世(Leopold Ⅰ)

利夫西,约瑟夫(Joseph Livesey)

利物浦民主管理与许可证改革协会(The Liverpool Popular Control and Licensing Reform Association)

利兹禁酒联盟(The Leeds Temperance Union)

利兹禁酒协会(Leeds Temperance Society)

利兹天主教完全戒酒协会(Leeds Catholic Total Abstinence Association)

联合王国遏制酒类贸易联盟(The United Kingdom Alliance for the Suppression of the Trade in Alcohol)

联合王国禁止贩运所有烈酒联盟(United Kingdom Alliance for the Suppression of the Traffic in all Intoxicating Liquors)

联合王国少年禁酒会联盟(The United Kingdom Band of Hope Union)

联合王国铁路禁酒协会(The United Kingdom Railway Temperance Society)

《联盟新闻》(*Alliance News*)

林恩,J. H. (J. H. Lynn)

林肯救助之家(Lincoln House)

刘易斯夫人(Mrs. Lewis)

《流浪法修正案》(*Vagrancy Law Amendment Act*)

《柳叶刀》(*The Lancet*)

《柳叶刀》卫生分析委员会(*The Lancet*'s Analytical Sanitary Committee)

鲁尔,H.(H. Rule)

伦敦城废除委员会(City of London Committee for Repeal)

伦敦促进公共道德委员会(The London Council for the Promotion of Public Morality)

《伦敦的卖淫》(*Prostitution in London*)

伦敦禁酒联盟（The London Temperance League）

伦敦禁止贩运英国女孩委员会（The London Committee for the Prevention of Traffic in English Girls）

伦敦救助协会（The Rescue Society of London）

伦敦女性寓所（The London Female Dormitory）

《伦敦评论》（*London Review*）

《伦敦图文报道》（*Illustrated London News*）

《论食品掺假和厨房毒物》（*A Treatise on Adulterations of Food and Culinary Poisons*）

《论食品造假及其化学检测方法》（*Treatise on the Falsifications of Food，and the Chemical Means Employed to Detect Them*）

洛根，威廉（William Logan）

洛奇代尔禁酒协会（The Rochdale Temperance Society）

M

马蒂诺，R. F.（R. F. Martineau）

马蒂诺，哈丽雅特（Harriet Martineau）

《马丁·朱述尔维特》（*Martin Chuzzlewit*）

马塞特，威廉（William Marcet）

马修神父（Father Mathew）

玛格德林性病医院（The Magdalen Hospital）

麦克拉伦，邓肯（Duncan McLaren）

卖淫（prostitution）

曼彻斯特和索尔福德技工绝对禁酒协会（Manchester and Salford Mechanics Teetotal Association）

《曼彻斯特卫报》（*The Manchester Guardian*）

梅休，亨利（Henry Mayhew）

《每日新闻》（*Daily News*）

《每周》（*Once a Week*）

《每周报道》（*Weekly Record*）

米德兰各郡选举联盟（Midland Counties Electoral Union）

米歇尔，约翰（John Mitchell）

《秘密投票法》（*Ballot Act*）

《秘密投票法案》（*The Ballot Bill*）

密尔，约翰·斯图亚特（John Stuart Mill）

莫利，约翰(John Morley)

母亲联盟(The Mothers' Union)

N

南丁格尔，弗洛伦斯(Florence Nightingale)

《尼古拉斯·尼克尔贝》(*Nicholas Nickleby*)

纽金特神父(Father Nugent)

女孩美好生活向导(The Girls' Guild of Good Life)

女孩友谊会(The Girls' Friendly Society)

女性关怀孤单女孩协会(Ladies' Association for the Care of Friendless Girls)

女性关怀与保护少女协会(Ladies' Association for the Care and Protection of Young Girls)

女性联盟(Women's Union)

诺布尔，威廉(William Noble)

诺尔顿，查尔斯(Charles Knowlton)

P

《帕尔摩报》(*Pall Mall Gazette*)

帕默斯顿子爵(Viscount Palmerston, Henry John Temple)

《啤酒法》(*The Beer Act*)

《匹克威克外传》(*The Pickwick Papers*)

《品格的力量》(*Character*)

《葡萄酒与啤酒馆法》(*The Wine and Beerhouse Act*)

Q

《前进》(*Onward*)

《墙上的语言：商店橱窗发出的声音》(*The Language of the Walls: And a Voice from the Shop Windows*)

乔治三世(George Ⅲ)

请愿分会(Petitioning Branch)

《取缔选举舞弊及非法行为法》(*The Corrupt and Illegal Practices Prevention Act*)

全国反《传染病法》协会(National Anti-Contagious Diseases Act Association)

《全国改革者》(*National Reformer*)

全国禁酒代表大会(The National Temperance Congress)

全国禁酒联盟(The National Temperance League)

全国禁酒协会(The National Temperance Society)

全国警惕协会(The National Vigilance Association)

《全国联盟杂志》(National League Journal)

全国女工联合会预防与救助委员会(The Preventive and Rescue Committee of the National Union of Women Workers)

全国社会科学促进协会(The National Association for the Promotion of Social Science)

全国推进社会净化协会(The National Association for the Promotion of Social Purity)

全国医学协会(The National Medical Association)

R

《人身侵害法》(Offences Against the Person Act)

《人生的职责》(Duty)

瑞安,迈克尔(Michael Ryan)

S

《色情出版物法》(The Obscene Publications Act)

《莎乐美》(Salome)

莎士比亚,威廉(William Shakespeare)

《少年戒酒者》(Juvenile Abstainer)

少年禁酒协会(The Band of Hope)

少年禁酒协会联盟(The Band of Hope Union)

《少年禁酒协会评论》(Band of Hope Review)

少年联合会(The Juvenile Union)

舍韦尔,阿瑟(Arthur Sherwell)

《社会报》(The Social Gazette)

社会病(social diseases)

社会恶习(social evil)

社会改革(The Social Reform)

社会净化(The Social Purity)

社会净化斗争(Social Purity Crusade)

《社会净化:对剑桥学生的讲话》(Social Purity: An Address Given to Students at Cambridge)

社会净化联合委员会(Social Purity Committee of Conference)

社会净化联盟(The Social Purity Alliance)

社会净化运动(The Social Purity Movement)

《圣诞故事集》(The Christmas Books)

《圣诞小说集》(Christmas Stories)

圣经基督徒(The Bible Christians)

十字架联盟(The League of the Cross)

食品掺假(food adulteration)

《食品成分与掺假手段及其分析的实用指南》(On the Composition of Food and How It Is Adulterated, Practical Directions for Its Analysis)

《食品及其造假：〈柳叶刀〉卫生分析委员会1851年至1854年报告集》(Food and Its Adulterations: Comprising the Reports of the Analytical Sanitary Committee of "The Lancet" for the Years 1851 to 1854)

《食品与药品掺假的行业手段：及其检测与应对指南》(Tricks of Trade in the Adulteration of Food and Physic: With Directions for Their Detection and Counteraction)

《食品与药品销售法》(Sales of Food and Drugs Act)

《双城记》(A Tale of Two Cities)

斯宾塞,赫伯特(Herbert Spencer)

斯科菲尔德,威廉(William Schofield)

斯科特,本杰明(Benjamin Scott)

斯迈尔斯,塞缪尔(Samuel Smiles)

斯坦斯菲尔德,詹姆斯(James Stansfeld)

斯特德,W. T.(W. T. Stead)

苏格兰禁酒联盟(The Scottish Temperance League)

苏格兰全国协会(The Scottish National Association)

苏格兰自由教会(The Free Church of Scotland)

索尔泰尔(Saltaire)

T

塔尔伯特,J. B.(J. B. Talbot)

塔林,C. J.(C. J. Tarring)

泰特,威廉(William Tait)

坦普尔,弗雷德里克(Frederick Temple)

天主教绝对禁酒联盟(Catholic Total Abstinence League)

天主教完全戒酒协会(Catholic Total Abstinence Society)

《铁路信号》(The Railway Signal)

托迪斯公园(Toxteth Park)

W

完全戒酒誓约(Total Abstinence Pledge)
王尔德,奥斯卡(Oscar Wilde)
威蒂,J.F.(J. F. Witty)
威尔金森,E.T.(E. T. Wilkinson)
威尔森,T. P.(T. P. Wilson)
威尔斯登禁酒协会(Wilsden Temperance Society)
威克利,托马斯(Thomas Wakley)
威廉四世(William Ⅳ)
《威斯敏斯特评论》(*Westminster Review*)
韦克菲尔德,H. G.(H. G. Wakefield)
维多利亚女王(Queen Victoria)
维泽特利(Vizetelly)
《卫理公会抗议》(*Methodist Protest*)
卫斯理宗废除协会(Wesleyan Society for Repeal)
卫斯理宗完全戒酒派联合会(Wesleyan Union of Total Abstainers)
温和禁酒派(Moderationist)
温和禁酒运动(Moderate Movement)
温斯基尔,P. T. (P. T. Winskill)
问题女孩(wayward and troublesome girls)
《我们共同的朋友》(*Our Mutual Friend*)
沃德洛,拉尔夫(Ralph Wardlaw)
沃恩,罗伯特(Robert Vaughn)
伍德,亨利夫人(Mrs. Henry Wood)
《舞弊行为法》(*The Corrupt Practices Act*)
《舞弊行为法案》(*The Corrupt Practices Bill*)
《雾都孤儿》(*Oliver Twist*)

X

《西奥弗拉斯特斯·萨奇的印象》(*The Impressions of Theophrastus Such*)
西斯克,J. (J. Sisk)
夏普诉维克菲尔德案(Sharp vs. Wakefield)

《现代巴比伦的少女献祭》(The Maiden Tribute of Modern Babylon)

消除白奴运动(White Slavery Campaign)

消除恶习协会(The Society for the Suppression of Vice)

萧伯纳,乔治(George Bernard Shaw)

谢恩,威廉(William Shaen)

新不列颠与海外禁酒协会(New British and Foreign Temperance Society)

《新不列颠与海外协会手册》(The Tracts of the New British and Foreign Society)

《刑法修正案》(The Criminal Law Amendment Act)

性病医院(Lock Hospital)

休斯,休·普赖斯(Hugh Price Hughes)

《许可禁止法案》(The Permissive Prohibition Bill)

《许可证法案》(Licensing Bill, The Permissive Bill)

许可证法修订联盟(The Licence Amendment League)

酗酒(intemperance)

《酗酒成瘾法》(Habitual Drunkards Act)

《学生道德：对母亲们的讲话》(Schoolboy Morality: An Address to Mothers)

《雪莲花》(The Snowdrop)

雪莲花社团(Snowdrop Bands)

Y

《妖市》(Goblin Market)

夜晚俱乐部(Evening Club)

夜晚之家(Evening Homes)

伊丽莎·阿姆斯特朗案(The Eliza Armstrong Case)

《医学调查者》(Medical Enquirer)

《医学明镜》(Medical Mirror)

犹太教女性协会(The Jewish Ladies' Association)

《游大沙特勒兹修道院而作》(Stanzas from the Grande Chartreuse)

与年轻女仆交友都市联盟(The Metropolitan Association for the Befriending of Young Servants)

预防分会(Preventive Branch)

原初循道宗(Primitive Methodists)

约克郡少年禁酒协会联盟(Yorkshire Band of Hope Union)

Z

在民众中普及纯洁文学协会(Society for the Diffusion of Pure Literature Among the People)

詹姆斯,亨利(Henry James)

《哲学的果实》(*The Fruits of Philosophy*)

中央主日停业协会(The Central Sunday Closing Association)

主日停业协会(The Sunday Closing Association)

主日停业运动(The Sunday Closing Movement)

主日学校(Sunday Schools)

注册地方感化院(Certified Local Reformatories)

《自己拯救自己》(*Self-Help*)

左拉,爱弥尔(Émile Zola)

后　记

本书是北京大学钱乘旦教授主持的教育部人文社会科学重点研究基地重大项目"英国社会转型研究"（项目批准号：16JJD770026）的最终成果之一。2017年，我有幸成为钱乘旦教授课题团队的成员，承担了这个项目的子课题"英国社会转型时期的社会道德变化"的研究任务。考虑到此前我承担的国家社科基金项目的研究内容，遂将"维多利亚时代的道德建设"作为研究内容。

这个项目的研究工作得到了南开大学历史学院的大力支持，特别是南开大学历史学院的丁见民教授为项目研究的开展、经费的拨付做了大量工作。在此，对丁见民教授的工作表示感谢！

在项目研究及本书写作过程中，南京师范大学出版社的郑海燕老师付出了很多心血，既有在项目研究过程中所做的细致繁琐的管理工作，也有为这个项目研究成果获批国家出版基金资助的奔走努力，更有对本书写作的时常督促。真诚感谢郑海燕老师的辛苦与付出！

本书在写作过程中，参考了大量国内外学界的研究成果，除了书中注释和参考文献中已经注明的，还有许多学者的研究成果未能列出，但他们的真知灼见对本书写作助力良多，在此谨致谢意！

维多利亚时代的道德建设是一个复杂的问题，涉及当时英国社会生活的方方面面。尽管本书在分析与诠释上做了很多努力,但这些工作仍然是粗浅的,不少问题的分析还有待进一步深入;也存在很多不足之处,甚至有的问题可能会存在谬误。但是,丑媳妇总是要见公婆的。恳请学界同仁多多批评指正!

2019 年 10 月 1 日,于大黑山麓